뇌가 아니라
몸이다

생각하지 않고 행동하는 몸의 지식력

뇌가 아니라

THE POWER OF NOT THINKING

몸이다

사이먼 로버츠 지음 | 조은경 옮김

소소의책

루시, 조, 마사, 그리고 키트를 위해

서문 · 우리 몸은 무엇을 알고 있을까?   009

자동차를 운전하는 방법   009
몸을 주목하라!   015
뇌로 정의되는 세상   018
경비원 이야기   022
지식의 요체   025
분별력을 갖는다는 것   029

제1부

몸인가, 정신인가

1 데카르트의 기계인형 딸   033

기계 속에 있는 유령   035
데카르트가 남긴 유산   039
자동화 사고   041

2 데이터와 지능   046

세상을 측량하다   046
첨단 기술이 알려주지 못하는 것들   049
빅데이터   053
지능 만들기와 창조하기   058

3 세상을 경험한다는 것   067

문어의 몸   067
생각하지 않고 인식한다   070
몸으로 습득하는 지식   075
정신보다 몸   077

제2부
몸의 학습법

4   **관찰**   **083**
       사막에서 본 다양한 풍경   084
       싸구려 양복, 그리고 강력한 신호   088
       동물이 되어보다   091
       눈으로 지식을 훔치다   098
       관찰하고 행동하고   102

5   **연습**   **106**
       자전거 타기   106
       유리 공방은 유리공의 몸을 빚어낸다   110
       전문가는 '생각'을 하지 않는다   114
       '숨 막힘'이 일어날 때   118
       문화 배우기   125

6   **즉흥성**   **128**
       인생의 미들게임   128
       자율주행차는 왜 만들기 어려울까?   136
       결정을 내려야 할 때   144

7   **공감**   **148**
       늙어간다는 느낌   148
       공감이란 무엇인가   151
       몸으로 표현하는 감정   155
       거울에 비춰지는 것들   159
       몸에서 몸으로   164
       공감하는 몸   167

8   **보유**   **172**
       몸으로 기억 상기하기   175
       정체성의 체화   177
       대사 외우기   180
       확장된 정신   183

9   **체화된 지식이 왜 중요할까?**   **188**

제3부

몸의 지식력 활용

10 몸에 주목하는 비즈니스   195

거리, 데이터, 그리고 비체화   197
특별한 캠핑 여행   200
2G로 살아보는 화요일   205
삶의 현장에서 이루어지는 체화 작업   209
인간 비즈니스   215

11 정책 입안과 소통하는 정치   219

난민 모의 체험   221
더러운 신발을 신은 외교 대사   229
감정 측정하기   232
몸적으로 접촉하다   237
타인의 세상을 위한 정책   241

12 창의력은 어디서 솟아나는가   244

지각에 생기를 불어넣다   244
강도를 당하는 체험   249
브레인스토밍이 아닌 바디스토밍   255
지식 연기해보기   261

13 인공지능과 로봇   268

초기 인공지능의 약속, 그리고 가능성   271
셰이키가 허버트를 만났을 때   273
돈으로 살 수 있는 최고의 감각기관   281
쉽고도 어려운 일   289
지식의 요체   291

• 감사의 말   295
• 옮긴이의 말   298
• 참고문헌   302

우리 몸은 무엇을 알고 있을까?

자동차를 운전하는 방법

실리콘밸리 뒷거리에 위치한 평범한 단층 사무실동 하나를 그려보자. 교차로의 한쪽에는 구글 직원들이 구내의 다른 건물을 오갈 때 사용하는 빨강, 초록, 노란색 자전거들이 아무렇게나 세워져 있다. 이 작은 건물 안에서 고도로 숙련된 로봇 연구가, 컴퓨터 과학자, 연구자들이 모여 아주 어려운 문제를 풀기 위해 고심하고 있다고 생각할 만한 단서는 없다. 그런데 실은 거기서 그들 연구팀이 많은 사람들이 매일 하는 일을 복제하기 위해 애쓰고 있다. 이들이 복제하려는 것은 너무나 자연스러워서 사람들이 거의 아무런 생각 없이 하는, 어떻게 하는지 설명하기도 매우 어려운 일들이다.

자동차 운전은 너무나 일반적인 행위라서 거의 자동적이다. 우리는 자동차에 타서 엔진을 가동한 후 기어를 넣고 출발한다. 동승자가 있는 경우에는 속도를 줄이지 않고도 운전하며 그들과 대화를 할 수 있다. 눈이 많이 오거나 빙판길인 경우, 또는 안개가 짙은 상황이 아니라면 운전을 하면서 당황하는 경우는 거의 없다. 익숙하지 않은 도로나 새로운 교통 상황에 맞닥뜨려도 문제가 되지 않는다. 우리는 금방 차에 익숙해진다. 그리고 꼭 내 차가 아니라 다른 차에 타서도 익숙하지 않은 도로를 얼마든지 수월하게 운전하는 능력을 발휘한다.

인간 운전자는 이렇게 물 흐르듯 유려하고 직관적이며 상황에 맞춰 즉각적으로 변화에 대응하는 기술을 가지고 있다. 그리고 이 건물 안의 연구팀은 이런 인간의 기술을 복제하려 노력하고 있다. 자동화 산업 전반에 걸쳐 여러 과학자가 어디에서나 어떤 조건이든지 운행이 가능한 '자율주행 5단계'를 달성하려 하고 있다. 지금까지 수백만 킬로미터의 시범 주행을 했고 눈부시게 진보했지만 아직까지 인간 운전자가 할 수 있는 능력에 도달하지 못한 상태이며 과연 그것이 가능한지도 미지수다.

간단하고 단순해 보이는 운전은 실은 인간이 수행하는 가장 복잡한 행위 중 하나다. 운전을 할 때 우리는 단순히 운전대를 잡고 조종해 방향을 찾는 게 아니라 지속적으로 인지기능을 수행한다. 달리고 있는 도로와 주변에서 일어나는 일을 감지하고 다른 사람(단순히 다른 운전자뿐 아니라)이 무엇을 하고 있고 다음에 어떤 일이 벌어질지 등을 이해해 계획하고 예측한다. 그리고 이 모든 일을 직관적으로 해낸다. 일단 운전대 앞에 앉으면 빠르게 움직이는 이 커다란 금속 물체는 우리의 신체가 연장되어 그 일부가 되는 셈이다. 그리고 우리는 자기 몸인 양 그것을 조작하고 이용한다.

자율주행차량의 트렁크 안을 들여다보면 이 차가 얼마나 엄청난 컴퓨터 연산력을 필요로 하는지 알게 된다. 여행 가방을 집어넣을 공간은 고사하고 장바구니 하나 넣을 공간조차 없다. 컴퓨터 연산장치가 꽉 들어찬 자동차는 운전하는 데 얼마나 고도의 지능이 필요한지를 상기시킨다. 실리콘밸리 연구팀의 엔지니어들(이 중에는 화성 탐사 차량 프로젝트를 맡은 미국 항공우주국NASA의 로봇 연구가도 포함되어 있다)과 잠시만 이야기해보면 그들이 얼마나 어려운 프로젝트를 실행하고 있는지 깨닫게 될 것이다. 그리고 인간이 얼마나 영리한 존재이며, 운전을 흉내 내기가 얼마나 어려운지도 실감하게 된다.

그런데 여기서 영리하다는 특성은 무엇을 말하는 것일까? 운전을 할 때 우리가 실행하는 활동은 분명하고 논리 정연하게 표현하기가 어렵다. 운전 행위를 설명하려 하면 답보다 질문을 더 많이 하게 된다. 영국의 자동차 서비스 회사인 RAC Royal Automobile Club에서 작성한 자동차를 발진시키는 방법을 참고해보자.

- 점화장치에 열쇠를 꽂고 엔진이 작동할 때까지 돌린다.
- (왼쪽에 있는) 클러치 페달을 밟는다.
- 기어를 1단에 놓는다.
- 오른발로 가속페달을 살짝, 부드럽게 밟아 엔진의 회전 속도를 천천히 올린다.
- 클러치 페달이 부드럽게 진동할 때까지 왼발을 천천히 떼어 클러치 페달을 위로 올린다.
- 핸드 브레이크를 풀면 차는 천천히 움직이기 시작할 것이다.
- 앞으로 나아가게 클러치 페달에서 발을 천천히 떼어내며 속도를 올린다.

당신이 운전을 할 줄 안다면 이런 지시 사항이 이해되지만, 만약 운전을 할 줄 모른다면 그다지 도움이 되지 않을 것이다. 이제 막 운전을 시작한 사람이 이 지시 사항을 따라 하면 회전 속도가 과하거나 모자라서 볼썽사납게 앞으로 몸이 쏠리고 자동차는 정지하게 된다. 이런 지시 사항은 자동차 운전을 시작하는 데 필요한 단계를 상기시켜주고 그 단계를 순서에 맞게 실행하는 데 도움이 되기는 한다. 하지만 자동차에 타서 차를 몰고 나가기까지 얼마나 많은 개별 행위와 반복을 해야 하는지를 고려할 때, 이런 지시 사항은 턱없이 딱 기본적인 것으로만 보인다.

운전 절차를 외우거나 지시 사항을 따라 하며 운전을 배우는 사람은 없다. '클러치 페달이 부드럽게 진동할 때까지 왼발을 천천히 떼어 클러치 페달을 위로 올린다'라는 말이 무슨 뜻인지 안다고 해서 운전을 할 수 있는 게 아니다. 우리가 부드럽게 차를 몰고 나갈 수 있는 것은 클러치 페달에서 얼마나 천천히 발을 떼야 하고 시동을 꺼뜨리지 않기 위해 가속 페달은 얼마나 세게 밟아야 하는지 감으로 알고 있기 때문이다. 그리고 운전을 배우면서 도로의 표면이나 경사가 다를 때 이것을 어떻게 달리해야 하는지의 감각도 빨리 발전시킨다. 직관적인 느낌으로 운전하고, 경험을 통해 개선해나간다.

운전을 배우기 시작할 때 어렵다고 느낀다면, RAC가 제시한 단계별 설정을 의미하는 '명제적 지식'과 씨름을 하고 있기 때문이다. 처음에 당신은 어떤 순서로 운전을 실행할지 기억하려고 애쓰며 정신의 기어를 돌린다.

- 클러치 페달을 내리고, 기어는 1단에. 가속페달을 약간만 밟고, 클러치 페달을 조금만 떼고, 다시 가속페달을 조금만 밟는다.
- 회전 속도가 과하다. 가속페달에서 발을 조금만 뗀다.
- 클러치 페달에서 발을 너무 빨리 뗐다. 시동이 꺼졌다.
- 처음부터 다시 한다.

이런 학습 주기는 뇌와 신체가 함께 작동하는 현상과 관련되어 있는데, 몸이 자동차가 우리 행동에 반응하는 방식에서 얻은 감각을 처리하는 법을 배울 때 이런 현상이 발생한다. 좀 더 전문적인 용어로 표현하면, 지시 사항이나 명제가 생각하지 않고도 효율적으로 임무를 수행하는 '감각 운동 과정'으로 전환되고 있는 것이다. 운전자가 이 과정을 실행하면서 '생각나는 대로 말을 한다'면, 이는 그가 여전히 학습을 하고 있다는 신호다. 인류학자 모리스 블로흐Maurice Bloch의 표현을 빌리자면 '오로지 자신이 하고 있는 일을 말로 생각하지 않을 때[1] 운전자는 진정한 전문가'이다.

시간이 경과하면서 운전자는 자신의 행동에 어느 정도 능숙해진다. 엔진 소리를 듣고 언제 기어를 바꿔야 할지 알고 자기 차의 특이성에도 익숙해진다. 너무 빨리 달리는 것을 감지할 수 있고, 그러면 의식하지 않고도 가속페달에서 브레이크로 발을 옮긴다. 그들은 생각하지 않고, (좀 더 정확히 표현하면 생각에 대한 생각을 하지 않고) 행동할 수 있다. 이들의 행동은 자동적이 된다. 뇌뿐 아니라 몸이 자동차를 운전하는 법에 대한 지식을 발전시킨 것이다.

그렇다면 운전자는 도로에 있는 다른 이들을 어떻게 이해하고 고려할까? 한 운전자가 앞을 보고 있는데 어떤 사람이 도로로 걸어 들어오고 있다고 가정해보자. 이 사람은 앞에 주차되어 있는 차의 조수석에 탈까, 아니면 길을 건너갈까? 교차로에 서 있는 자동차는 우리가 계속 길을 건너길 기다리고 있는 것일까, 아니면 곧바로 출발할까? 인간은 이 모든 상황을 의식적으로 생각하지 않고 해석해낸다. 하지만 똑같은 일을 수행해낼 기계를 만드는 일은 매우 힘들다.

자율주행차량을 개발한다는 것은 행동과 절차, 그리고 도로의 규칙을 컴퓨터에 프로그램화하는 것 이상을 의미한다. 자율주행차량 개발은 매우 실용적이고 가변적인 능력, 무슨 일이 벌어지고 있고 그다음에 우리는 무엇을 해야 하는지 이해하도록 우리에게 알려주는 환경에서 나오는 수많은 신호를 처리할 수 있는 기능을 복제하는 일이다.

자동차를 운전하는 인간의 능력, 그리고 자율주행차량을 만들어내는 작업의 어려움이 이 책의 핵심적 전제다. 즉 인간의 지적 능력은 뇌에서만 발생하는 게 아니다. 지적 능력은 단순히 뇌가 추상적 정보를 '처리'하고 세상을 재현해내는 작업이 아니다. 또한 우리가 특정한 방법으로 생각하고 특정 행위를 수행하게 하는 규칙이나 명제로 프로그램되는 것도 아니다. 그보다 우리 몸이 세상과 상호작용(이런 상호작용을 통해 우리 몸은 지식을 획득한다)을 하고 세상을 지각함으로써 우리는 세상을 이해한다.

우리가 몸을 이용해 만들어서 몸속에 저장하는 지식을 연산력을 이용해 복제해내기는 매우 어렵다. 운전 행위를 일련의 규칙과 절차라고 간단하게 줄여버릴 수 있고, 세상과 운전자들을 완전하게 예측할 수 있다면 자율주행 자동차의 알고리즘을 알아내기는 상당히 쉬울 것이다. 그러나 우리가 만나게 되는 운전자와 보행자는 모두 다르고 그 모두를 예측할 수도 없다. 게다가 상황을 더 복잡하게 만드는 것은 한 운전자가 이전에 경험한 것과 똑같은 시나리오는 하나도 없다는 것이다.

운전은 복잡한 행위이지만 운전을 배우는 사람들 대부분은 운전 기술을 습득해서 보유한다. 운전 실력이 완벽하지 않을 수 있지만 이들은 상황을 이해하고 무엇이 중요하고 적절한 반응이 무엇인지 평가하는 능력을 얻는다. 게다가 이 모든 것을 생각하지 않고 해낸다.

우리는 뇌와 몸을 모두 사용해 운전의 복잡성을 다룰 수 있다. 자동차 운전은 내가 '체화된 지식embodied knowledge'이라 부르는 것의 대표적 사례다. 체화된 지식이란 우리가 실용적 이해를 통해서, 그리고 지각이나 경험을 해서 얻은 능력으로 습득한 지식을 말한다. 체화된 지식이 있으면 우리는 어떻게 행동할지를 본능적으로 안다. 용어가 암시하듯 이 지식은 뇌가 아닌 몸에 있다.

이 책에서 우리는 삶의 모든 영역에서 얻게 되는 체화된 지식에 대해 알아볼 것이다. 몸이 지능을 형성하고 보유하는 데 어떻게 중요한지, 오로지 정신에서 지능이 비롯되고 정신 안에만 존재한다는 생각에 반대하는 견해를 철학자, 신경과학자, 인지과학자, 로봇 연구가, 인공지능 전문가들이 어떤 식으로 발전시키고 구체화하는지 살펴볼 것이다. 체화된 지식은 신체 그 자체가 지식을 습득, 보유하고 사용할 수 있다는 관점을 견지한다. 어떻게 이런 일이 일어나는지 우리가 알게 될 때 몸은 단순히 뇌를 감싸는 도구가 아니라 지성의 근원이라는 생각을 이해하는 시작점이 될 수 있다.

몸을 주목하라!

20세기 철학 사조에서 현상학파는 꽤 오랫동안 몸이 우리가 세상을 경험하는 방식을 이해하는 중심이라고 보았다. 이로 인해 인류학과 같은 학문은 우리가 어떻게 문화적 지식을 습득하며 소통하는지, 그리고 어떻게 기술을 배우는지를 새로운 방식으로 이해하게 되었다. 요즘 들어 한창 융성하는 뇌과학은 처음에 '뇌에 집중'된 것으로 보이는 면이 있었지만 뇌와 몸이 서로 떼어놓을 수 없는 관계라는 점을 밝혀냈다. 예를 들면 추상적 개념은 신체적 경험을 동반할 때 더욱 잘 이해된다는 것을 보여주는 실험이 있다. 최근 들어 심리학자, 그리고 인지과학자들, 특히 인공지능의 가능성을 탐구하는 연구자들은 '체화된 인지'에 대해 이야기한다. 체화된 인지란 물리적인 신체(몸)와 맺는 관계의 맥락에서 정신을 이해해야 한다는 아이디어다. 이들의 작업은 우리가 뇌를 사용해 생각하는 것만큼 몸을 사용해 생각한다는 것을 보여준다. 이와 관련해 우리가 사고를 위한 '비계scaffolding(높은 곳에서 공사를 하기 위해 임시로 설치하는 가설물 – 옮긴이) 놓기 작업'으로서 주변 세상을 이용한다는 아이디어가 널리 받아들여지고 있다. 이 책에서 나는 이런 이론과 그것을 뒷받침하는 과학에 대해 알아볼 것이다.

또한 우리는 최첨단 기술이 작동하는 방법을 실연하기 위해 뇌를 이용하는 '브레인스토밍' 대신 몸을 이용한 '바디스토밍'을 행하는 실리콘밸리 개발자에서부터 영국과 유럽 사이에서 마찰 없는 무역 협상을 도출해내기 위해 화물차를 직접 얻어 타는 외교 대사까지 이런 원칙을 작업에 적용시키는 사람들을 만나게 될 것이다. 스위스의 다보스Davos에서 열리는 세계경제포럼World Economic Forum에서 사람들에게 난민 수용소 생활을 실제로 체험해보게 함으로써 고향과 집을 잃는다는 것이 어떤 것인지 알리는 프로그램을 진행하는 자선활동가들도 만날 것이다. 작업에 머리가 아닌 몸을 써서 노화에 대해 공부하는 건축가들도 접하게 될 것이다. 그리고 멕시코 국경에 근접한 캘리포니아의 국립공원에서 열린 캠핑에 참여해 한 주 내내 고객의 세상에 몰입해보는 기업 임원들을 만나게 될 것이다.

체화된 지식을 발전시키는 방법을 이야기할 때 내가 사용하는 몇 가지의 경험이 있다. 모두 내가 직접 디자인하고 참여했다. 컨설팅업에 종사하는 나는 정책입안자들, 글로벌 기업과 기타 기관들이 세상을 이해하려면 직접 체험하는 활동을 해보는 것이 핵심이라고 확신하게 되었다. 비즈니스 인류학자로서 나는 수많은 관련 기관과 작업을 한다. 최근에는 고객이 세상을 이해하는 방식에 체화된 지식의 이론과 실제를 적용시키는 방법을 연구하는 데 초점을 맞춰왔다.

나는 방대한 데이터 세트에 의존하기보다 다른 사람들의 세상에 스스로 몰입해 체험하는 방식의 훈련을 받았다. 1990년대 중반 북부 인도에 체류하며 위성 텔레비전 보급이 미친 영향에 대해 조사할 때의 일화 하나를 소개하겠다. 미국 드라마 「베이워치Baywatch」가 방영되자 낯뜨거워하는 가족이 많았다. 많은 여성들이 여배우 파멜라 앤더슨이 드라마의 상징과도 같은 빨간색 수영복을 입고 해변을 껑충껑충 달려오는 장면을 보고 시선을 피하거나 방에서 나가버렸다. 나는 이 일을 통해 세상은 몸으로 경험되고 표현된다고 확실하게 깨달았다.

비즈니스 컨설팅에서 인류학자로 활동한 내 경력은 비즈니스에서 빅데이터의 비중이 커져가며 주목을 받았던 시기와 맞아떨어졌다. 빅데이터 분석은 사람들의 디지털 발자국과 행동에서 비롯된 데이터의 요소들, 그리고 이것을 이해하도록 도와주는 엄청난 연산력에 의존한다. 빅데이터 지지자들은 빅데이터를 통해 우리 삶의 다양한 면을 들여다보고 깊이 있는 통찰을 할 수 있다고 약속한다. 거대 비즈니스와 정책입안자들은 세상을 사심 없이 공정하고 객관적으로 보는 관점을 만들어내는 것을 목표로 규모의 경제와 객관성을 담보하는 역량을 확신한다. 하지만 그와 동시에 상대적으로 소수에게만 알려진 인류학이라는 분야를 비즈니스에 접목시키는 작업도 활발하게 이루어지고 있다. 인류학자는 아주 작은 규모로 작업한다. 수백만이 아닌 열 명 단위의 표본 크기로 활동하며 주요 작업 도구로 '데이터 호수' 서버와 컴퓨터의 연산적 사고를 이용하기보다는 자신의 몸, 그리고 그들이 함께 살아가는 사람들과 나누는 경험을 사용한다.

표면적으로 보았을 때 세상을 이해하는 두 가지의 상반되며 호환되지 않는 방식 사이에 충돌이 일어난다. 한편에는 대규모로 이루어지는 '머리에 의한' 객관적 방식이, 다른 한편에는 소규모이며 주관적인 '가슴을 이용하는' 방식이 맞부딪치는 것이다. 하나의 견해를 받아들이면 다른 하나는 무시하기가 쉽다. 하지만 나는 데이터를 이해하게 해주는 체화된 경험을 이용할 때 우리가 데이터를 좀 더 잘 사용할 수 있다고 믿는다. 다시 말하면 우리는 몸과 뇌를 이용해 세상을 이해하는데, 지금까지 몸보다 뇌를 더 중요시하는 경향을 띠어왔다. 이제는 둘 사이에 균형을 잡을 시간이 되었다.

　데이터만으로 세상을 이해할 수 없다는 것이 내 지론이다. 좀 더 긍정적인 측면에서 볼 때 나는 우리의 몸이 타당하게 데이터를 받아들이고 이해하는 데 도움이 되는 매우 강력한 도구라고 믿는다. 비즈니스 업계에서 일하며 개인적으로 직접 얻은 경험에서 비롯된 생각이다. 나는 기업 간부들이 특정한 방식으로 보고서와 추상적 데이터를 이해하려 하고, 그와 동시에 다른 사람들의 세상과 직접적으로 관계하는 지점에서 정보를 이해하는 것을 직접 목격했다. 우리는 기본적으로 직접경험에서 파생된 이해를 통해 숫자를 의미 있게 받아들이고, 그것이 우리에게 말하는 바를 자신감 있게 판단할 수 있다.

뇌로 정의되는 세상

사람들에게 몸에서 지능을 담당하는 부분을 가리켜보라고 하면 대개는 머리를 지목한다. 수 세기 동안 그렇게 생각하도록 교육받아왔다는 점을 감안하면 충분히 이해할 만한 행동이다. 우리는 똑똑한 사람을 머리가 좋다고 말한다. 지능을 문학적으로, 그리고 예술적으로 표현할 때도 마찬가지다. 사람의 얼굴에서 두 귀 사이에 있는 것을 중요하다고 여긴다. 그렇게 지능은 우리의 뇌 속에 위치하는 것이다.

지능을 따지는 문제에서 뇌가 우세한 위치를 점하게 된 것은 일반적으로 17세기 철학자 르네 데카르트René Descartes의 사상에서 시작되었다는 생각이 지배적이다. 익히 알려진 데카르트의 명제 '코기토 에르고 숨cogito ergo sum' 혹은 '나는 생각한다, 그러므로 나는 존재한다'는 존재sum를 사고cogito에 부수적인 것으로 만들었다. 데카르트는 정신은 몸을 이용해 정보를 받아들이고 결과를 산출한다고 주장했다. 그리고 몸이 정신을 잘못된 방향으로 호도할 수 있다고 말했다. 몸은 기껏해야 정신을 지원하는 역할을 하고 최악의 경우 합리적 사고를 하는 데 장애가 될 뿐이라는 이원론적 시각이 오늘날까지 강력한 영향력을 미치고 있다.

그리고 컴퓨터가 뇌와 비슷하다는 발상은 뇌가 지능의 핵심이라는 생각을 실증한다. 우리는 카드 판독기에 구멍을 뚫는 컴퓨터가 발명되고 나서부터 이런 비교를 했다고 생각하지만 실은 데카르트가 이와 관련된 글을 저술하고 있을 때, 즉 우리 뇌가 수압 장치와 흡사하다고 생각했던 주장이 뇌 속에서 정교한 기계적 활동이 일어나고 있고 그로 인해 사고가 가능하다는 이론으로 대체되었을 때부터 시작되었다. 1958년에 위대한 수학자 존 폰 노이만John von Neumann은 자신의 책『컴퓨터와 뇌The Computer and the Brain』에서 컴퓨터와 뇌를 비교한 관련 주제의 최신 정보를 선보였다.[2] 그는 단순히 뇌와 컴퓨터가 만들어지는 방식뿐만 아니라 기능하는 방법에서 수많은 유사점이 있다고 주장했다. 노이만은 신경 체계가 '디지털'의 모습을 띠고 있다고 보았다.

역사적 전통에 따르면[3] 인간은 각 시대마다 가장 발전된 기술을 일컬을 때 지능(좀 더 구체적으로는 '두뇌')을 예로 들었다. 1830년대에 처음으로 상업용 전보가 나왔을 때 '전보가 바로 뇌'라고 비유했다. 그 후 논리적 사고를 수행할 수 있는 기계가 발명되자 그에 맞춰 새로운 비유적 표현이 나왔다. 최초의 컴퓨터는 '전자두뇌'로 불렸다. 컴퓨터가 얼마나 강력해졌고 인간종이 가진 우월성 콤플렉스를 감안하면 우리가 여전히 인간의 정신을 기계와 비교하고 있다는 사실이 전혀 놀랍지 않다.

앞선 비유들은 그럴듯하고 솔깃해 보이지만 뇌와 컴퓨터는 사실 그처럼 비슷하지 않다. 뇌는 컴퓨터처럼 작동하지 않는다. 뇌는 알고리즘을 실행하지 않으며 물리적으로 메모리를 가지고 있지도 않다. 그리고 뇌는 우리가 일반적으로 생각하는 방식으로 정보를 저장하고 검색하지 않는다. 컴퓨터는 세상에서 들어오는 정보의 상징적 표현을 작업하는 연산 기계로, 컴퓨터를 작동시키는 프로그램의 규칙을 따른다. 인지과학자 앤디 클락Andy Clark은 이것을 '비체화된disembodied 논리적 추론 기구'라고 불렀다. 인공지능을 만들어내도록 디자인된 새로운 연산 시스템에는 신경계적 처리 과정을 흉내 내는 시스템이 들어가 있을 수 있다. 하지만 뇌와 컴퓨터는 많은 부분이 확연히 다르다.

당신이 소셜 미디어에 올리기 위해 접시에 놓인 음식의 사진을 찍을 때, 이 행위는 수백만 개의 0과 1의 독특한 배열로 표현된다. 컴퓨터에게는 0과 1이 그 사진의 모든 것이다. 컴퓨터는 음식의 냄새나 그 음식을 준비하고 먹는 경험에 대해서는 아무것도 알지 못한다. 컴퓨터는 접시 위에 놓인 음식이 나에게 또는 다른 누군가에게 어떤 의미를 가지는지 이해하지 못한다. 컴퓨터의 지능은 추상적 상징을 조작하는 데 의존하며 그 이상으로 확장되지 않는다. 컴퓨터에게 접시에 놓인 음식은 그저 0과 1을 모아놓은 것일 뿐이다.

이것을 인간이 접시에 놓인 음식과 상호 작용하는 것에 비교해보자. 우리는 감각을 이용해 음식을 맛볼 수 있다. 음식의 냄새는 우리가 가지고 있는 어떤 강렬한 기억이나 감정, 연상작용을 불러일으킬 수 있다. 사람은 음식을 경험하고 의미를 부여한다. 그리고 그것을 다른 사람들과 나누고 소통할 수 있다. 그 음식에 대한 우리의 생각은 단순한 인지 차원이 아니라 우리가 음식을 경험한 결과이며, 거기에서 어떤 의미를 만들어낼 수 있는 능력까지를 포함한다.

뇌와 컴퓨터를 동일시하는 행위는 수 세기 동안 만연되어왔다. 이는 몸의 역할을 경시하고 뇌를 논리적으로 추론하는 기계로 간주하는 풍조를 유지해온 서구 사상의 성향 탓이다. 하지만 인간과 컴퓨터의 지능을 비교하는 것이 양자가 작동하는 방식의 측면에서 맞는다고 해도(사실 그렇지 않다) 그것은 인간의 지능이 오로지 뇌의 특성이라고 가정하는 것이다(이 또한 사실이 아니다). 이런 통념에 이의를 제기하는 것이 이상하게 느껴진다고 해도 그렇게 해야 한다.

인공지능AI에 열광하는 요즘의 흐름은 알고리즘을 돌리는 수많은 서버가 인간의 지성을 재현하거나, 심지어 능가할 수 있다는 아이디어를 반영하고 있다. 지능이 오롯이 뇌에 있다는 이런 생각은 최근 인간의 뇌를 클라우드에 업로드하는 서비스를 시작한 넥톰Nectome 같은 신생 기업에 의해 나름의 논리는 있지만 여전히 만화 같은 결론으로 귀결되고 있다. 실리콘밸리의 선구자이면서 트랜스휴머니즘transhumanism(과학기술을 이용해 인간의 정신적·육체적 성질과 능력을 개선하려는 지적·문화적 운동 – 옮긴이)의 신봉자를 대표하는 레이 커즈와일Ray Kurzweil은 오랫동안 인간의 뇌를 몸에서 분리해 컴퓨터 시뮬레이터 안에서 작동시키는 작업을 꿈꿔왔는데, 이런 이들이 세운 오랜 전통을 이어가는 것이라고 할 수 있다. 커즈와일 등은 뇌가 신체에서 분리되어도 여전히 지능을 관장하고 구성하는 기관이라고 본다.

이제는 지식 습득에서 몸이 하는 역할을 무시하는 풍조를 멈추고 뇌와 몸이 어떻게 결합되어 우리가 인간의 지능으로 간주하는 것을 만들어내는지 탐색해볼 시간이다. 더 깊이 들어가면 지능이 신체가 없는 상태에서도 존재할 수 있는지 의문을 제기할 수도 있다. 이 책은 이 두 가지 질문을 고민한다. 그리고 지능은 뇌뿐 아니라 몸에도 있다는 것을 실증할 것이다.

경비원 이야기

2016년 구글의 딥마인드 팀은 구글의 방대한 데이터센터 중 하나의 냉방 비용을 40퍼센트가량 줄이는 데 인공지능이 도움을 주었다고 발표했다.[4] 바둑 게임에서 세계 챔피언 이세돌을 물리쳐 유명해진 알파고 프로그램을 만든 딥마인드 팀은 세계적으로 가장 정교한 기계학습 전문가들로 이루어져 있다. 이들은 복잡하고 변화가 많은 환경에서 온도 변화를 예측하고 에너지를 용이하게 사용하기 위해 컴퓨터 신경망을 사용했다.

　　미국에서는 데이터센터들이 대개 태평양을 면한 북서쪽 지방처럼 서늘하고 습한 곳에 위치해 있다. 마이크로프로세서 분야의 강자인 인텔의 연구팀은 오리건 주의 오래된 고등학교 건물 지하에서 일하는 경비원의 이야기에서 어떤 교훈을 얻었다. 학교의 전기, 배관, 기계 설비를 모두 관리하던 이 경비원은 오리건 주의 다른 학교에서 일하는 동료 경비원들과 마찬가지로 10년 이상 학교 건물을 관리하면서 특이점 등을 소상히 알고 있었다. 특정 창문이 닫히지 않는 이유, 어떤 라디에이터는 다른 것보다 좀 더 자주 공기를 빼줘야 한다거나, 어떤 수도꼭지가 특히 잘 새는지 등을 모두 파악하고 있었다. 그런데 변화가 생겼다.

　　2006년 포틀랜드 공립학교 시스템은 책상 앞에 앉아서 80개에 달하는 학교의 설비와 시설을 관리할 수 있는 기술을 도입했다. 이 계획의 원대한 목표는 에너지 효율을 높이고 비용을 관리하는 것이었다. 감지기를 장착하고 관리자가 중앙에서 집중 제어하는 시스템을 구축해 각 학교에서 올라오는 데이터와 보고를 관리하고 통제하게 만들었다. 난방 시스템을 관리하는 것 이상으로 훨씬 포괄적인 일을 해오던 경비원들은 온도 감지기와 에너지 사용 모니터기로 대체되었고 그들은 무기력하기만 한 새로운 역할에 염증을 느끼며 결국 일을 그만두었다.

구글 데이터센터와 이들 학교 모두 건물을 관리하고 통제하는 데 컴퓨터 연산 작업을 사용했다. 그런데 구글 데이터센터의 에너지 사용과 관리 비용은 떨어졌지만 학교의 비용은 올라갔다. 아이들이 창문을 열어두거나 온도조절장치를 가지고 장난을 치는데다 물이 새기도 하는 오래된 학교 건물은 구글의 첨단 데이터센터와 매우 다른 환경이다. 결국 학교는 경비원을 기계로 대체하기가 어렵다는 결론에 이르게 되었다. 각자 특이점이 있는 건물을 관리하기에 적합한 지식을 경비원이 가지고 있었기 때문이다.

우리가 사는 세상은 구글의 데이터센터보다 오리건 주의 학교 건물에 더 가깝다. 불규칙하고 안정적이지 못하며 변수가 엄청나게 많기 때문에 모든 문제를 컴퓨터의 연산을 빌려 0과 1로 만들기가 힘들다. 하지만 우리가 데이터를 충분히 모은다면 세상에 대한 정확한 모델을 발전시킬 수 있다는 생각이 점점 더 신빙성을 얻어가고 있다. 일상생활에서 우리는 어떤 가게 혹은 공항 보안 등을 경험하고 5점 만점을 기준으로 평가해달라는 요청을 받곤 한다. 비즈니스는 점점 더 그들이 이용할 수 있는 데이터와 모델, 그리고 그것으로 할 수 있는 예측에 심하게 집착하는 방향으로 돌아가고 있다. 집 주변을 좀 더 자세히 들여다보면 스마트 기기가 수면, 걷기 또는 사회적 연결 관계 등 우리 삶의 다양한 국면을 측정하여 종종 객관적 정보라는 이름으로 우리에게 제공하고 있다. 데이트 앱을 통해 우리가 만나는 사람들, 음악 스트리밍 서비스가 추천해주는 노래, 쇼핑 앱이 제시하는 상품들 모두 컴퓨터 연산 또는 알고리즘에 의한 사고의 결과물이다.

　1973년 미국의 사회학자 대니얼 벨_{Daniel Bell}은 '후기산업사회'라는 용어를 대중화시켰고 새롭게 떠오르는 정보, 연산 기술과 함께 '지적 기술'이 부상할 것이라고 예측했다.[5] 벨이 예상한 것은 연산 논리에 부합하고 연산 논리에 의해 뒷받침되도록 세상을 이해하고 사고하는 방식이었다. 벨은 데이터를 이용해 세상을 기술하고, 그에 기초해 판단을 내리는 사회가 올 것이라고 주장했다. 지금 세상을 보면 벨에게 선견지명이 있었던 것 같다. 컴퓨터 연산은 우리 주변의 세상을 이해하고 정보를 처리하는 강력한 화력뿐 아니라 세상의 지도를 그리고 모델을 만들어낼 수 있다고 주장하는 지적 사고의 틀까지 제공했다.

　오리건 주의 고등학교 경비원 이야기는 두 가지 다른 형태의 지식에 대해 이야기한다. 하나는 건물 곳곳에 장착한 다수의 감지기와 그로 인해 만들어지는 데이터 분석으로 형성되는 지식이다. 그리고 또 다른 하나는 건물을 살아 있는 개체로 경험하며 예측 못했던 변화 등을 이해하면서 오랜 시간에 걸쳐 획득되는 지식이다. 구글이 전기료를 절감하기 위해 인공지능을 이용해 성공한 사례는 그들의 환경이 목적에 맞게 디자인되었다는 사실에 근거한다. 비슷하지만 기술적으로 조금 덜 정교한 방식을 포틀랜드의 고등학교에 적용했을 때 실패한 이유는 학교 건물은 구글의 그것과 달리 변화가 많고 예측을 할 수 없었기 때문이다. 경비원은 자신이 관리하는 건물을 경험해 발전시킨 체화된 지식을 가진 덕분에 학교 건물을 원활하게 작동시키고 유지할 수 있었다. 경비원은 환경의 변화를 인지할 수 있는 몸을 통해, 그리고 학교의 보일러, 냉난방 시스템과 상호작용을 하면서 지식을 습득했다. 학교의 설비들이 어떻게 작동하는지에 대해 경비원이 보유한 지식은 경험을 통해 발전된 것으로, 필요한 결과를 얻기 위해 수정을 해야 하는 경우에 매우 유용하다. 경비원이 가지고 있는 학교 건물에 대한 지식은 새롭게 장착된 감지기에서 나오는 정보를 훨씬 능가하며, 그렇기 때문에 그는 자기 역할을 탁월하게 수행할 수 있는 것이다.

지식의 요체

'통 속의 뇌brains in vats'와 '박동하는 심장을 가진 피와 살로 이루어진 생명체'를 비교한 철학자 숀 갤러거Shaun Gallagher의 사유를 따라가보자.[6] 그러면 빅데이터에 의해 통제되는 학교 시스템과 경비원의 체화된 지식의 차이점이 강력하게 대비된다. 『몸은 어떻게 정신을 형성하는가How the Body Shapes the Mind』의 저자 갤러거는 뇌에 대해 두 가지 관점을 구별해보고자 했다.

첫 번째 관점은 인간의 뇌에 850억 개의 신경세포가 있는데, 이 세포들은 세상과 전혀 연결된 바 없이 윙 소리를 내며 오로지 그 신경세포끼리 연결되어 150조 개의 접속을 이루고 있다는 것이다. 이는 체화되지 않은 상태의 계산 기계를 의미한다. 통 속의 뇌는 세상과 분리된 강력한 기관으로, 주변 환경과 상호 소통하지 못한다.

또 다른 관점에 의하면 인간의 뇌는 몸 안에 자리하는데, 이 몸에는 심장이 뛰고, 움직여서 주변 세상을 돌아다니는 다리가 달려 있으며, 세상을 만지고 조작할 수 있는 손도 있다. 뿐만 아니라 감각 능력도 있어서 세상을 경험할 수 있다. 예를 들어 앞서 얘기했던 경비원은 피가 흐르고 뼈와 살로 이루어진 생명체다. 그는 자신의 지각적 공감 능력을 이용해 건물을 파악한다. 그렇게 건물이 작동하는 방법을 이해하고, 축적된 지식을 이용해 건물을 관리한다. 경비원의 지능이 체화되었다는 것은 뇌가 우리 몸의 일부라고 진술하는 것이다.

인간의 정신은 뇌에서 나오는데, 그 뇌는 머릿속에 위치한다. 머리는 어깨 위에 달려 있다. 그리고 이런 몸은 그 몸을 둘러싸고 있는 세상 속에 존재한다. 뇌와 몸은 합작해서 작동해 우리가 세상을 이해할 수 있게 한다. 몸에 달린 감지기를 이용해 우리는 주변 세상의 냄새를 맡고, 맛을 보고, 느끼고 듣는다. 다섯 가지의 감각과 몸이 없다면 과연 뇌가 어떤 지능을 가지고 있다고 말할 수 있을까? 한번 상상해보라. 뇌가 어떤 정보를 받을 수 있을 것이며, 어떻게 그것을 이용하겠는가? 갤러거가 통 속의 뇌에 대해 이야기할 때 시사한 사고실험이 바로 이것이다.

우리의 몸이 지능에 필수적이라는 생각에 동의한다면, 몸이 우리가 사고하는 방식을 형성하며 지능에 신체적 차원이 있을 수 있다는 생각도 가능할 것이다. 두려우면 몸이 떨린다고 생각하는 경향이 있듯, 미소 짓기에 대한 일반적인 통념은 행복할 때 나오는 얼굴 표현이라는 것이다. 그런데 미소를 지으면 행복해진다는 증거가 있고, 두려워서 몸을 떨기보다 몸을 떨 때 두려움을 느낀다는 증거도 있다. 육체적 움직임이나 몸의 감각이 우리가 느끼는 방식을 형성한다면, 지식을 보유하는 방식도 알려줄 것이다. 우리는 시간의 경과와 경험을 통해 지식을 습득하는데, 이런 지식의 많은 부분이 체화된다.

우리 모두는 체화된 지식을 가지고 있으며, 매일 그것을 사용한다. 현금지급기 앞에 서서 비밀번호를 기억해내려 애쓰다가 허공에 숫자를 쳐서 넣어보고 불현듯 생각난 경험을 해보지 않았는가? 조리법을 참고하지 않고, 또는 무슨 일을 하고 있는지 생각하지 않으면서 멋지게 음식을 요리해낼 수 있는가? 군중들 또는 파티가 열리는 곳의 분위기를 읽을 수 있는가? 또는 어려운 결정을 해야 할 때, 혹시 '촉이 오는데……'라는 느낌을 받은 적이 있는가? 그런 적이 있다면 그건 당신에게 몸이 있기 때문이다. 뇌는 통 속에 놓인 신경세포의 집합체가 아니라 촉각이 있고 움직이며, 감각으로 가득 찬 세상 속에서 돌아다니고 여러 가지 경험을 하는 몸에 연결되어 있다. 뇌가 몸의 일부가 아니라면 지능, 기억, 지식 습득 또는 이해는 결코 가능하지 않다.

우리는 어깨 아래 부위보다 어깨 위에 자리한 기관이 지능을 관장한다고 생각하는 경향이 있다. 이 책의 원제인 '생각하지 않는 것의 힘The Power of Not Thinking'은 우리 몸이 주변 세상을 이해하고 반응할 때 뇌에서 나오는 의식적인 지시 사항 없이 그 작업을 수행해낸다는 사실을 반영하고 있다. 또한 세상을 본능적으로 경험하는 것이 세상을 이해하는 데 핵심이며, 그 작업을 할 때 항상 의식적으로 정신을 작동시킬 필요가 없다는 것을 상기시켜준다. 데이터가 전부이고 인공지능이 미래라고 믿도록 이끌어지는 시대에 체화된 지식 개념은 세상을 이해하기 위해 지능은 몸에 의존한다는 생각을 환기시킨다.

그러나 이 책은 뇌를 무시하라거나 뇌에 대한 관심을 돌려 몸에 주목하라고 말하지는 않는다. 그보다는 지능이 어디에서 비롯되며 어디에 속해 있는지에 대해 균형점을 다시 찾으라고 말한다. 나는 독자 여러분이 몸에 주목해서 몸이 우리를 인간답게 만들도록 어떤 식으로 기여하는지 더욱 잘 이해할 수 있게 되길 바란다.

이 책은 뇌에 중점을 둔 지식의 한계, 그리고 그것이 만들어내는 세상을 종종 제한적으로 이해하게 되는 상황에 대해 알아본다. 그러고 나서 지능을 이해하는 대안적 시작점으로서 몸을 제시한다. 몸을 통해 배우고, 몸을 믿는 것, 몸이 무엇을 느끼고 무엇을 아는지를 인지하는 게 왜 좋은지 깨닫게 될 것이다.

제1부에서 나는 먼저 어떻게 정신이 지능과 지식에 대해 우리가 갖고 있는 생각을 지배하게 되었는지 알아볼 것이다. 정신과 몸을 최초로

구분한 철학에 대해 알아보고, 어떻게 정신이 이성과 지능의 영역으로 받아들여지게 되었는지 찾아볼 것이다. 그리고 그런 시각이 어떻게 이성과 감정을 분리하여 추상화하고 이성이 감정보다 우월하다고 생각하는 '현대의 지적 기술'에 표명되어 있는지를 탐색할 것이다. 지금 이 시대에 우리가 세상을 경험하고 이해하는 방식을 결정하는 GPS, 빅데이터, 교육을 통해 이런 시각이 어떤 식으로 표현되었는지를 우리는 배울 것이다. 그다음에는 정신을 우선시하는 접근 방식의 결과와 그 개요를 소개하겠다.

제2부에서는 우리가 이해를 하는 방식에서 어떻게 몸이 핵심이 되는지 설명하고 체화된 지식의 (다음과 같은) 특징에 대해 알아볼 것이다.

- ▶ **관찰** : 우리는 몰입과 모방을 통해 지식을 얻는다.
- ▶ **연습** : 몸은 반복된 행위를 통해 기술을 습득한다.
- ▶ **즉흥성** : 체화된 지식은 실용적이다. 그래서 우리는 그것을 이용해 익숙하지 못한 것을 다룰 수 있게 된다.
- ▶ **공감** : 몸을 통해 우리는 타인의 의도, 감정, 느낌 등을 이해한다.
- ▶ **보유** : 우리 몸은 지식을 보유하고 다시 불러낼 수 있다.

제3부는 체화된 지식이 비즈니스, 정치와 정책 입안, 인공지능과 로봇공학 분야에서 디자인에 적용되는 사례를 보여준다. 먼저 비즈니스에서 경영진이 빅데이터에 집착하기보다 경험을 통해 체화된 지식을 얻는 데 초점을 맞출 때 어떻게 번영하는지 살펴볼 것이다. 그리고 정책입안자가 어떤 식으로 체화된 지식을 이용해 포퓰리즘을 주도하는 사람들 또는 난민 위기와 같은 전 지구적 문제를 이해하는지 알아볼 것이다. 우리가 사는 세상은 우리가 매일 맞닥뜨리는 제품과 경험을 통해 정의된다.

제3부의 세 번째 장에서는 창의적 영역과 디자인에서 체화된 지식이 어떤 식으로 펼쳐지는지 탐색해볼 것이다. 마지막으로, 체화된 지식 이론이 어떻게 인공지능과 로봇의 발전과 진보에 영향을 미치는지 살펴보겠다.

분별력을 갖는다는 것

우리는 종종 삶의 다양한 영역에서 경험, 본능, 직관을 무시하고 확실한 데이터를 선호하라는 말을 듣는다. 본능, 직관 등은 단순한 '느낌'일 뿐이고 탄탄한 데이터는 반박의 여지가 없는 객관성을 가졌다는 이유에서다. '컴퓨터로 연산할 수 있는' 지식은 믿을 수 있고 우리가 세상을 경험해서 얻은 지식보다 신뢰할 만하며 우리를 속일 가능성도 낮다고 생각하라는 식으로 이끌려왔다. 그래서 감각, 감정, 그리고 느낌을 억제하려 노력했다.

컴퓨터의 사용은 이런 경향을 뒷받침하고 강화했다. 인공지능이 세상의 주목을 받고 있는 때에 인간종이 보유한 지능의 특색에 대한 신뢰가 약해지는 것은 애석한 일이 아닐 수 없다. 체화된 지식은 우리 삶의 방식을 정의하는 데 점점 더 많은 영향력을 미치는 인공지능과 우리 자신을 구분해주며 우리를 경쟁우위에 서도록 해준다.

이 책을 읽고 당신이 체화된 지식에 대해 좀 더 잘 이해하고 삶의 거의 모든 국면에서 그것을 잘 이용하는 방법을 습득하기 바란다. 체화된 지식이 빅데이터, 냉철한 합리주의, 환원주의의 해독제인 양 모든 문제를 해결하는 묘책이라고 주장하는 것은 아니다. 그보다는 체화된 지식의 개념을 조명하고 그것이 작동하는 방식을 보여줌으로써 우리가 세상을 경험해 얻은 것을 신뢰하는 방식을 배울 수 있게 되길 바랄 뿐이다.

이 책에서 얻을 수 있는 실용적인 메시지가 있다면, 세상을 이해하는 근원으로서 몸에 좀 더 점수를 줘야 한다는 것이다. 합리적 거리 두기보다는 좀 더 적극적으로 팔을 걷어붙이고 '행위를 통해 배우는' 방식을 실천해보라는 의미다.

적극적으로 체화된 지식을 발전시킬수록 불확실성에 더 잘 대처하게 되고 이해와 공감을 바탕으로 세상을 보며 올바른 결정을 내릴 수 있게 될 것이다. 우리가 알고 생각하고 느끼는 방식은 우리의 정신과 몸, 환경과 경험 사이의 상호 소통에서 생성된다는 것을 인정해야 할 때가 왔다. 체화된 지식이 우리에게 주는 이점을 인식하고 잘 활용하면서 우리가 인간이라는 것에 환희를 느끼자.

제1부

몸인가, 정신인가

1

데카르트의 기계인형 딸

컴퓨터의 디자인은 인간이 컴퓨터같이 될 거라는
의도로 이루어진 것처럼 보인다.[1]

브라이언 크리스티안

한 척의 배가 네덜란드에서 스웨덴으로 폭풍우 치는 거센 바다를 항해하던 중, 선장은 어느 선실에서 무엇인가를 발견했다. 그것은 '악마같이 생긴' 살아 있는 듯한 소녀 인형이었다. 악천후의 원인이 인형 때문이라고 믿은 선장은 선원들을 시켜 인형을 바다에 던져버리게 했다. 전하는 말에 따르면 문제의 소녀 인형, 혹은 자동 기계인형은 그 배에 승객으로 타고 있던 철학자 르네 데카르트의 것이었다.

1699년에 출판된 책에는 이 일화가 아주 간단하게만 언급되어 있지만 데카르트 사후 거의 40년이 지난 후부터 이 이야기는 수 세기에 걸쳐 반복적으로 회자되었다. 전달될 때마다 세부 사항은 조금씩 바뀌어도 이야기의 대부분은 반박할 수 없는 사실로 시작된다. 데카르트는 암스테르담에 있는 서적상의 집에서 일하던 하녀와의 사이에서 딸을 낳았고 아이에게 프랑신느Francine라는 이름을 지어주었다. 프랑신느는 1640년 어린 나이에 성홍열에 걸려 죽었고, 이후 데카르트는 스웨덴으로 건너갔다가 그곳에서 폐렴으로 사망했다.

여기까지는 있는 그대로의 사실인데, 이야기가 전달될 때마다 제멋대로 가지를 쳐나갔다. 인형이 유리로 만들어졌다는 이야기가 있는가 하면, 나무로 만들어졌다고 주장하는 이야기도 있다. 또한 인형이 말을 하고 움직였다고 전해지기도 했다. '한 선실의 포장용 상자 안에서 아름다운 금발의 자동인형이 발견되었는데, 사악한 마술이라고 확신한 선장이 치워버렸다'는 이야기도 있다.[2] 데카르트에게 프랑신느라는 딸이 있었고, 그 아이가 안타깝게도 어린 나이에 죽었다는 것은 사실이지만 이후 수 세기에 걸쳐 이야기되었듯 데카르트가 자동인형을 만들었는지, 정말 인형을 가지고 배에 탔는지 확인할 수 있는 증거는 없다.

역사를 살펴보면 이 인형 같은 기계 장비나 장난감이 당시에 유행한 것은 사실이다. 17~18세기 유럽에서는 정원이나 교회에 시간을 알려주는 자동인형을 장식해두곤 했다. 지식인층과 부유층에서는 해부학적이고 천문학적인 모델, 물시계, 그리고 장난감용 기계 동물을 소유하는 것이 크게 유행했다. 데카르트도 춤추는 사람 인형, 꿩을 쫓을 수 있는 기계 사냥개, 날아가는 비둘기 등을 디자인했지만 실제로 만들지는 않았다. 자동인형은 흥미를 자아냈고 정원이나 집에 생기를 불어넣었다. 하지만 이것들은 살롱이나 부유층의 여름 별장을 장식하는 단순한 장난감만은 아니었다. 이 기계장치들은 당대의 기계론적 사고를 구현한 것이었다.

17세기 유럽에서 우주와 천체가 어떻게 작동하는지를 말할 때는 기계론적 사고에 입각한 설명이 압도적이었다. 우주가 작동하고 행성이 이동하는 것을 기계론적 원칙에 따라 설명한 것이다. 우주가 시계 장치처럼 작동한다고 주장하는 문헌이 쏟아져 나왔고 천체도 기계론적 원칙에 따라 작동한다고 여겨졌다. 자동인형은 외부의 힘에 의해 움직인다고 보았다. 말하자면 정원 장식품은 물의 힘에 의해, 기계로 만든 동물은 태엽 장치로 작동하는 것이다.

이 당시의 해부학적·철학적 사고에 의하면 타고난 몸도 외부의 힘에 지시를 받아서 움직인다. 그리고 인간의 신체는 정신을 관장하는 영혼이 있기 때문에 작동한다. 즉 영혼이 몸에 명령을 내리는 것이다. 데카르트는『인간론Treatise of Man』에서 다음과 같은 주장을 펼쳤다.

(열정, 기억, 상상력을 포함해) 이와 같은 기능은 시계나 다른 자동인형이 평형추와 바퀴의 배열을 자연스럽게 따라가듯 기계의 기관 배열을 따른다는 점을 고려해보기 바란다.[3]

데카르트가 기계와 사람의 몸을 비교하면서 전혀 신령스럽지 않은 기계론적 설명을 하려 했기 때문에 교회는 그를 의심의 눈초리로 보았다. 데카르트는 기계와 인간의 몸 모두 지적인 힘이 내리는 지시 사항에 따라 작동한다고 생각했다. 기계로 만들어진 그의 딸과 같은 자동인형은 복잡한 태엽 장치에 의해, 인간의 몸은 정신이 지시하는 대로 움직인다고 본 것이다.

기계 속에 있는 유령

데카르트는 인간을 구성하는 두 가지의 '본질'을 구분했다. 먼저 비물질적으로 사고하는 능동적인 영혼 또는 정신이 있고, 다른 한편에는 물질적이고 사고하지 않는 수동적인 몸이 있다. 그는 정신이 기계적이고 생명이 없는 몸에 생기를 불어넣는데, 그것이 바로 우리 인간 지성의 근원이라고 주장했다. 반면 몸은 생명이 없는 뼈와 살일 뿐이고 지능도 보유하지 않고 있다. 태엽 장치가 있는 장난감은 주인이 태엽을 감아줘야만 작동하듯 몸은 오직 정신이 지시하는 대로 할 뿐이다.

이렇게 몸과 정신을 구분하는 데카르트의 이원론은 이후 수 세기 동안 반향을 일으켰다. 기독교 신앙은 인간에게 독특한 영혼과 몸이 있고, 불멸하는 영혼은 몸이 죽은 뒤에도 지속된다는 생각을 중요시한다. '기계 속에 있는 유령ghost in the machine'이라는 표현도 이원론의 흔적 중 하나다. 철학에서 시작되었지만 지금은 공상과학의 일부가 된 이 개념은 의식이나 영혼이 물리적 육체에 존재하고, 정신적 활동과 육체 활동은 동시에 일어날 수 있지만 분리된 별개의 것임을 표방한다. 동화「피노키오」나 영화「마네킹」같이 대중문화에서도 종종 정신과 몸의 역할 구분을 상기시킨다.

몸과 정신을 이분하는 데카르트의 견해는 양자가 분리되어 있고 구분할 수 있는 독립체라는 주장 이상으로 확대되어 세상을 이해하는 데 작동하는 각자의 역할에 대한 설명까지 나아간다. 『성찰Meditations』제2편에서 데카르트는 인지와 사고는 우리 몸과 관련되어 있지 않으며 몸이 지식의 근원이라는 생각을 전적으로 일축한다. 데카르트는 정신과 몸이 상호 소통한다는 점은 인정했지만 몸의 감각은 우리를 속이는 특징이 있다고 말했다. 그는 우리가 수평선에서 둥그런 탑을 보고 있다고 생각한 사례를 이용한다. 우리는 이 탑이 둥글다고 생각할 수 있고 그것이 맞을 수 있다. 하지만 실제로는 네모난 모양인데 우리 눈이 우리를 속이는 것일 수도 있다. 데카르트는 오직 수학과 기하를 통해 이것의 진정한 특성을 밝힐 수 있다고 말했다. 수학을 할 때 우리는 몸이 아닌 정신을 이용한다. 따라서 우리가 세상을 정확하게 이해하기 위해 믿어야 하는 것은 정신이라고 데카르트는 주장한다.

데카르트에게는 딸이 있었다. 하지만 그에게 기계인형 딸도 있었다는 증거는 없다. 1699년 데카르트의 수수께끼 같은 기계인형 딸의 이야기가 처음 알려졌을 때, 이는 '의미가 분명하고 간단한 두 문장짜리 이야기였다. 어쩌면 가상의 데카르트주의자가 비판자들을 따돌리기 위해 프랑신느 데카르트를 기계로 대체함으로써 아이의 존재 자체를 지워버리려 했던 시도였을 수 있다'.[4] 다시 말하면 당시로서는 매우 불미스러운 일로 간주되었던 혼외정사로 아이를 아버지의 평판을 바꾸기 위해 지어낸 이야기였을 수 있다는 의미다. 하지만 이 이야기의 후속 설명은 다른 해석을 제시했다. 그중 하나는 데카르트가 실제 딸의 죽음으로 인한 상실감을 이겨내는 데 도움을 얻고자 기계인형을 만들었다는 것이다. 훗날 영국의 총리가 되는 벤저민 디즈레일리의 아버지 아이작 디즈레일리Isaac Disraeli는 1791년 출간한 『문학에 관한 호기심Curiosities of Literature』에서 '데카르트의 나무로 만든 딸'에 대한 글을 쓰면서 그 인형은 철학자가 '짐승에게는 영혼이 없고, 그래서 그들은 기계에 지나지 않는다'는 점을 증명하려 한 시도라고 주장했다.

이 이야기는 지식인의 우화가 되었고, 그 의미도 회자될 때마다 듣는 사람들의 관심사에 따라 달라지면서, 그리고 편견들을 드러내면서 진화를 거듭했다. 시간이 지나면서 데카르트의 자동인형은 2014년 개봉된 영화 「엑스 마키나Ex Machina」의 에이바처럼 아름다운 갈색머리 미인으로 표현되었다. 이는 미래에 사람을 매혹시키는 로봇이 얼마든지 출현 가능하다는 통념을 키우는 데 적합한 상황이었다. 그러나 이 이야기와 관련된 발전상은 또 다른 관심과 우려를 낳기도 한다. 최근 인공지능이 부상하고 생물학과 디지털 기술이 융합되면서 '데카르트의 딸' 이야기는 이런 발전상이 제기한 실용적이고 도덕적이며 사회적인 난제 측면에서 반향을 일으키고 있다. 「블레이드 러너Blade Runner」, 「터미네이터The

Terminator」,「그녀Her」 같은 영화는 기계의 지각력, 그리고 정신과 몸의 관계에 대해 탐색한다.「블레이드 러너」에서 해리슨 포드가 연기하는 릭 데커드Rick Deckard는 복제인간을 죽일 것인가(혹은 '은퇴'시킬 것인가)를 평가하는 일을 한다. 평가 방법으로 데커드는 공감 테스트를 이용한다. 등이 뒤집힌 거북이를 구해주겠냐는 질문을 하는데, 이에 대한 답에 따라 인간과 복제인간을 구분하는 감정의 유무를 판별할 수 있는 것이다.

데카르트의 기계인형 딸 이야기는 데카르트를 철학자이자 초기 단계의 공상과학소설이라고 할 수 있는 끔찍한 인간 복제 인형을 창조한 프랑켄슈타인 박사로 만든다. 그러나 이 이야기는 우리가 지식을 보는 방법에 심각한 영향력을 미치는 정신과 몸의 관계에 대한 아이디어가 출현했음을 실례로 보여준 것이기도 하다.

데카르트의 코기토('나는 생각한다, 그러므로 나는 존재한다')로 알려진 문구는 서양 철학사에서 가장 유명한 표현이라고 주장되는데, 정신과 몸의 차이를 극명하게 보여준다. 이 문구는 생각을 할 수 있기 때문에 우리가 존재한다는 것을 알 수 있다고 말한다. 이 표현으로 사고가 우리와 동물을 구분하는 결정적 특징이 된다. 사고는 지식을 이끌어낸다. 바로 여기에서 데카르트 방식의 기본 개념 세 가지가 더 나오는데, 그러한 견해 모두 지식 습득에서 몸의 역할을 부차적으로 여긴다.

첫 번째 견해는 우리 몸이 복잡하기는 하나 기본적으로 데카르트 시대의 기계로 만들어진 장난감보다 더 지능적이지 않다는 것이다. 데카르트는 인간의 신체는 지능을 가진 정신의 지시 사항을 받아 작동한다고 보았다. 기계 장난감을 작동시키려면 태엽을 감아야 하듯 몸도 정신의 인도가 필요한 것이다. 몸은 지성을 쌓는 데 적극적으로 기여하지 않으며, 주변 세상에 우리 정신을 수송하는 도구 역할을 할 뿐이다.

둘째, 정신-몸의 이원론은 몸의 감각이 그릇된 정보를 전달하고 오도될 수 있으므로 지식을 얻는 일에서 몸의 역할을 제한해야 한다는 생각과 관련되어 있다. 데카르트에 의하면 신뢰할 수 있는 지식은 우리가 감정을 배제하고 정신을 적용시킬 때만 얻을 수 있다. 이렇게 주장함으로써 데카르트는 이후 수 세기 동안 이해를 하는 근본으로서 몸을 불신하는 사조의 토대를 놓았다.

셋째, 데카르트의 정신-몸 이분법은 정신이 몸과 분리되어 독립적으로 존재한다고 주장한다. 정신은 몸보다 격상된 위치에 자리함으로써 객관적으로 유리한 지점을 차지한다. 데카르트는 바로 이 지점에서 우리가 세상을 바라보고 이해해야 한다고 말한다. 사회학자 윌리엄 데이비스William Davies는 데카르트가 정신은 일종의 '관측소이며 이를 통해 다르고 분리되어 있는 물리적 세상을 조사하고 비판할 수 있다'고 보았다고 말한다.[5] 데카르트의 관점에서 보면 우리는 정신을 통해 세상을 정확하게 재현해낼 수 있다.

이 세 가지 견해는 모두 합쳐져 정신과 신체는 매우 독특하며 영속적으로 분리되어 있다는 개념을 정립한다. 정신은 지식과 진실을 촉진하는 근원으로서 우월한 위치에 있다. 반면 몸은 기껏해야 전달 도구의 역할을 하고 최악의 경우에는 감각을 이용한 기만의 원천이 된다.

데카르트가 남긴 유산

데카르트는 갈릴레오가 우주 안에서 우리가 어떤 위치에 있는지 다시 생각해야 한다고 강력하게 촉구한 시대에 살았고, 그런 변화의 중심에 있었던 인물이다. 그러나 그는 지구가 태양 주위를 돈다는 갈릴레오의 이론이 강력한 가톨릭교회를 분노케 하는 것을 목격했고, 갈릴레오가 제기한 것과 비슷한 개념을 정리한 논문의 출판을 철회했다. 데카르트의 이 논문은 해부학, 수학, 기하학은 물론 과학의 이론과 실천까지 관련되어 있었다. 데카르트는 경험, 그리고 실험을 통해 지식의 토대를 놓고자 했다. 그에게 이성은 지식 발전에 필수적이었다. 이 시각에서 데카르트는 과학이 데이터 수집과 분석의 과정이라는 입장을 정립하게 되었다. 이 새로운 과학적 방법은 18세기 유럽 사회를 왕성한 과학적·정치적·철학적 담론의 시대로 이끈 계몽주의의 핵심이다.

'이성의 시대'로 알려진 이 시기에 탐험과 발명, 기술의 진보와 도약이 이루어졌다. 또한 사람들이 지식에 대해, 그리고 지식을 얻는 방법에 대해 생각하는 데도 변화가 일어났다. 오늘날 이해되는 방식의 과학적 방법, 즉 객관적 지식을 목표로 삼고 반증反證을 통해 객관적 지식으로 나아가는 방법이 번창했다. 계몽주의 시대의 방법론, 이상, 그리고 발명은 '신기술, 수학적 물리학, 계산기, 로봇, 분자생물학, 유전공학의 세상'⁶인 현대의 기초를 놓았다. 그 결과 현대 세상은 철학자이자 데카르트 연구자인 리처드 왓슨Richard Watson의 표현을 빌리자면, '그 핵심에 데카르트의 사상이 자리한 곳'이 되었다.

이성의 시대는 지식을 취득하는 수단이 정신임을 확실히 했다. 데카르트의 철학은 몸을 단순히 가볍게 여기는 게 아니라 적극적으로 지양하고자 한다. 데카르트에 의하면 이성과 확실성은 몸에서 분리되어 감각을 완전하게 지배할 때 얻을 수 있기 때문이다. 데카르트는 매우 탁월한 수학자였으므로 그가 새로운 방식으로 세상을 그리기 위해 모형을 통한 표현을 선택한 것은 당연한 일로 보인다. 이처럼 새로이 모형으로 표현됨으로써 세계는 통제, 사용, 지배 가능하게 되었다.

데카르트의 정신-몸 이원론이 중요성을 띠는 이유가 여기에 있다. 그것은 단순히 소수만 이해하는 17세기의 개념에 그치지 않는다. 우리가 세상을 이해하는 데에 정신과 몸이 작동하는 각기 다른 역할에 대한 데카르트의 시각은 지속적인 유산을 남겼다. 우리는 뇌를 신성시하는 세상에 살고 있다. 지능을 이야기할 때 뇌를 핵심으로 보는 사고방식이 매우 일반적이다. 생각을 끌어올려야 할 때 우리는 '다른 사람의 머리를 빌린다'. 그리고 '막후의 두뇌'가 된 사람들의 공을 치하한다. 과학 저술가 조지 자카다키스George Zarkadakis가 말하듯 우리는 '뇌의 세기'에 살고 있다.[7] 우리가 얼마나 지능에 대한 외피적 모델에 집착하게 되었는지를 알려면 뇌과학의 발흥, 그리고 fMRI 뇌 스캐닝 기술이나 그것을 마케팅과 같은 비임상 분야에 적용시키고 있는 현실을 떠올려보면 된다.

데카르트가 남긴 유산 중 또 다른 면은 뇌가 데이터를 수집하고 처리하는 활동을 지식의 습득이라고 여기게 되었다는 것이다. 이는 지능을 인지적 관점으로 보도록 유도했다. 다시 말해 세상을 이해한다는 것은 데이터를 모아서 처리·계산하고 분석하는 작업이라고 보는 것이다. 이것은 지능이 일련의 정신적 표현(명제, 이미지, 사실 또는 수학 기호)과 그런 것들을 작동시키는 일련의 합리적 과정에 연관되어 있다고 생각하는 견해다. 이런 아이디어들은 지식에 관한 이후의 이론들에 지대한 영향을 미쳤다. 정신의 인지적 처리 과정을 기계적으로 재생하려는 시도로 이어졌기 때문이다. '생각하는' 기계가 만들어지면서 인간의 지능이 무엇에 기반을 두는가에 대한 구체적인 아이디어들이 증폭되었다.

자동화 사고

데카르트는 그가 살던 시대의 산물이다. 그리고 인간과 우주의 작동 원리에 대해 새로운 개념을 제시한 사상가가 데카르트만 있었던 건 아니다. 데카르트와 동시대에 살았던 프랑스인 블레즈 파스칼Blaise Pascal은 수학자이자 물리학자, 발명가이며 신학자였다. 그는 세금 징수원인 아버지를 돕기 위해 10대 때부터 계산 기계를 만들기 시작했다. 시제품을 50개 이상 만들어 실험을 한 후 파스칼은 최초의 '머신 아리트메티크machine d'arithmétique'를 완성했다. 이 기계는 나중에 '파스칼린Pascaline'이라는 이름으로 알려진다. 파스칼린은 두 개의 숫자를 더하고 빼는 것은 물론 곱셈과 나눗셈도 실행했다. 1649년 루이 14세는 파스칼에게 (특허와 비슷한) 왕실 특권을 수여했다. 즉 파스칼이 계산기를 디자인하고 제작하는 데 독점권을 준 것이다. 그리고 20년 뒤 독일의 수학자 고트프리트 라이프니츠Gottfried Leibniz가 파스칼의 것과 비슷한 계산기를 만들어냈다. (라이프니츠가 파스칼의 계산기를 본 적이 있었는지는 확실하지 않다.) 중국에서 이들의 계산기보다 먼저 최초의 계산기가 만들어졌기 때문에 파스칼이나 라이프니츠의 계산기는 세계 최초라고 할 수는 없다. 그러나 기계식 계산기로서는 최초라고 할 수 있다.

18세기 내내 수학자, 철학자, 과학자들이 계속해서 계산 기계를 개선하고 발전시키기 위해 노력했고, 1822년에 영국의 수학자 찰스 배비지Charles Babbage가 '미분기difference engine'를 내놓으면서 획기적인 전기가 마련되었다. 이 기계는 이전 계산의 결과를 다음 연산에 사용할 수 있다는 점에서 앞선 계산기들과 달랐다. 한 단계 더 높은 산술의 복잡성을 기계로 해결하게 된 것이다. 12년 후 배비지는 데이터를 읽기 위해 천공카드를 이용하는 '해석기관Analytical Engine' 디자인에 착수했다. 이 기계는 20세기 초에 방을 꽉 채우는 거대한 크기의 메인프레임 컴퓨터 발명의 청사진이 되었고 현대 컴퓨터의 시대를 열었다.

그런데 이런 기계의 잠재력을 꿰뚫어볼 수 있었던 사람은 시인 바이런 경의 딸, 어거스타 러브레이스Augusta Lovelace였다. 배비지는 에이다라는 이름으로 알려진 러브레이스를 '숫자의 마법사Enchantress of Numbers'라고 불렀고 두 사람은 가까이 협력해 작업했다. 배비지와 러브레이스의 작업은 두 번의 큰 도약을 이루어냈고 사고를 자동화할 수 있다는 아이디어를 도출했다. 에이다의 첫 번째 통찰은 배비지가 만든 다목적 기계 컴퓨터를 '숫자 이외의 다른 사물에서 작동시킬 수 있다고 본 것이다. 여기서 다른 사물이란 기본적인 상호 관계를 그것의 작동에 대한 추상적 과학의 관계로 표현할 수 있는 것이 된다'. 다시 말해 어떤 문제나 그 구성 부분이 적절한 표기법으로 표현된다면 기계가 그 문제를 해결할 수 있다는 의미다. 컴퓨터의 역사를 연구한 도런 스웨이드Doron Swade는 다음과 같이 말했다.

> 러브레이스는 숫자가 수량 이외의 개체를 표현할 수 있다고 보았다. 가령 숫자를 조작할 수 있는 기계가 있는데, 그 숫자가 글자, 음표 등과 같은 다른 것을 표현한다면 이 기계는 규칙에 따라 하나의 예에 해당하는 숫자를 부호로 다룰 수 있다. 숫자 계산기에서 규칙에 따라 부호를 조작하는 기계로의 근본적인 이행은 계산에서 연산(다목적 연산)으로의 근본적인 전환을 의미한다.[8]

러브레이스의 두 번째 공헌은 정신처럼 컴퓨터는 원래 수행하도록 프로그램된 것 이상을 수행할 수 있다고 본 것이다. 러브레이스는 이렇게 가정했다. 화성과 작곡을 수학적 형태로 표현할 수 있다면 '그 기계는 일정 수준의 복잡성을 갖춘 일정 정도의 정교하고 과학적인 음악을 작곡할 수 있을 것이다'. 이 한 구절의 문장으로 러브레이스는 미래의 수학자와 컴퓨터 과학자에게 생각할 수 있고 스스로 음악 혹은 다른 창조적인 행위를 할 수 있는 정신mind을 창조하라는 도전장을 던진 것이다.

러브레이스는 최초의 컴퓨터 과학자였다. 러브레이스의 이름을 붙여 과학과 기술, 공학, 수학 분야에 업적을 내놓은 여성에게 수여하는 상도 있다. 그녀는 자동화 사고와 추론 작업에의 열망을 불러일으킨 수많은 발명가와 사상가들의 흐름에서 맨 위에 자리한다. 이런 흐름은 기계 오리와 기계인형 딸에서 시작해 찰스 배비지와 러브레이스를 거쳐 메인프레임 컴퓨터, 빅데이터, 인공지능으로 이어졌다. 이 모든 발명이 정신과 몸을 구분하는 개념과, 지능이란 정신 또는 '정신과 같은 독립체'의 전유물이라는 생각에 기반을 두고 있다.

추상적 표현이 정신에서 처리되어 재생산되고 기계로 구현된다는 아이디어에서 시작해보자. 일단 이 과정을 성취했다면, 논리적으로, 당신은 기계 지능을 만들게 될 것이다. 지능을 기계화할 수 있다면 기계와 컴퓨터가 더욱더 강력해짐에 따라 이 지능은 더욱 빠르고 가공할 만한 능력을 갖게 될 것이다. 그리고 지능의 영역 자체도 확장될 수 있다. 정보화 시대는 바로 이 논리를 따라 컴퓨터 과학자, 특히 인공지능 분야에서 일하는 과학자들을 육성했다.

초기의 기계적 계산기에서 스스로 '생각'할 수 있는 기계의 가능성으로, 그리고 범용 인공지능AGI, Artificial General Intelligence으로 알려진 인간 수준의 지능 복제로의 변천은 모두 지능이 정신에서 비롯되고, 정신의 작동은 순수한 정보 처리의 형태로 표현된다는 개념에 근거한다. 이런 입장에서 정신이 자리하고 있는 몸은 그러한 고차원적 형태의 지능에서 거의 아무런 역할을 하지 않거나, 아무런 역할도 하지 않는 부차적인 것으로 무시된다.

앞으로 이 책에서 살펴보겠지만, 이와 같은 생각에 문제가 제기되고 있다. 우리의 몸은 초기의 현대 철학자들이 주장했듯 정신에 지배당하는 단순하고 생명 없는 개체가 아니다. 몸은 훨씬 더 심오한 영향력을 행사한다. 우리 지능에 최소한 동등한 파트너이자 지식 습득에도 중심적인 역할을 한다. 다음 장에서는 정신의 연산 이론을 좀 더 자세히 살펴보고 그것이 우리를 어디로 이끌었는지 알아볼 것이다. 그것은 우리가 매일 하는 모든 경험의 본질을 형성하고 비즈니스와 국가를 경영하는 방식도 만들어냈다. 그런데 항상 긍정적인 방향으로 나아간 것은 아니었다.

데이터와 지능

지도가 땅보다 더 진짜 같아 보인다.[1]

D. H. 로런스

세상을 측량하다

독일의 소설가 다니엘 켈만Daniel Kehlmann은 2005년 『세계를 재다Die Vermessung der Welt』라는 소설을 발표했는데 베스트셀러를 기록했다.[2] 이 책은 과학과 수학적 발견의 세계에서 전설적인 두 인물, 알렉산더 폰 훔볼트Alexander von Humboldt와 칼 프리드리히 가우스Carl Friedrich Gauss의 삶을 함께 엮었다. 가우스가 수학자이자 물리학자였다면, 훔볼트는 만물박사로 풍요롭고 다양한 삶을 살았다. 프로이센의 하급 귀족 집안에서 태어난 훔볼트는 10대 때 과학 저널에 논문을 게재했다. 그는 '권태의 성'이라고 조롱한 집에만 있기가 힘들었던 것 같다. 조숙하고 재능이 넘쳤던 훔볼트는 3년 과정인 광물업 강좌를 여덟 달 만에 마친 후 곧바로 광산 감독관이 되었는데, 외교단 소속의 의무까지 추가되는 일이었다. 20대 때 어머니가 사망하자 훔볼트는 상속받은 유산으로 1799년부터 1804년까지 5년 동안 프랑스의 식물학자 에메 봉플랑Aimé Bonpland과 함께 남아메리카를 탐험했다.

훔볼트는 일명 '마지막 만물박사'로 알려져 있다. 그는 12미터 길이의 보트에 과학 장비와 동물 우리를 잔뜩 싣고 오리노코 강을 거슬러 올라가며 탐사를 했고, 산꼭대기를 향해 오르거나 화산 가까이 접근하기도 했다. 훔볼트는 각도, 높이, 압력, 흐름, 거리, 온도 등 모든 것을 측량했다. 그는 질서 잡힌 우주를 정확하게 지도에 담을 수 있다고 믿었다. 훔볼트식 과학은 서로 연결된 현상을 정밀하게 측정하기 위해 도구를 주로 사용한다. 훔볼트의 시각에서 데이터는 모든 과학적 이해의 기본이다. 훔볼트는 여러 가지 면에서 이성과 미신을 완전히 분리하려 노력했고, 그런 점에서 이성의 시대를 체화한 사람이었다.

지리학자, 동식물 연구가, 탐험가인 훔볼트는 수많은 발견을 했다. 그는 적도를 향해 움직일 때 지구의 자기장 강도가 줄어든다는 것을 알아냈다. (훔볼트펭귄을 포함해) 수많은 종, 해류, 빙하, 강, 그리고 산에 그의 이름이 붙어 있다. 또한 그는 지도 전문가이기도 했다. 중남미 스페인령의 뉴스페인 지도 작업에 그는 크게 공헌했다. 중남미에 있을 때 훔볼트는 시간을 들여 토착민과 식민지민을 대상으로 인구조사를 했고 그들의 교역 패턴까지 작성했다. 지도 만들기에 매료되었던 훔볼트는 데카르트의 제자라고 할 수 있다. 데카르트가 세상을 숫자 체계로 전환해 표현할 수 있게 하는 좌표 시스템을 개발했기 때문이다. 이 시스템은 훔볼트 같은 탐험가와 과학자들의 노력에서부터 오늘날의 스마트폰에서 구동되는 구글 맵까지 현대 세상을 구성하는 많은 부분의 기초가 된다.

데카르트는 습관적으로 늦게 일어나곤 했다. 어느 날은 잠에서 깨어나 침대에 누워 있는데 불현듯 방 안에 있는 파리에 관심을 갖게 되었다. 데카르트는 파리가 날아다니는 경로를 지도로 만들 수 있을지 궁금했다. 그러다가 자신의 방 모양을 직각으로 만나는 축 두 개를 이용해 L자 형태로 그릴 수 있다면 방의 한쪽 모서리를 고정된 기준점으로 사용할 수 있다고 생각했다. 그는 이 그래프에서 어떤 점이든 두 개의 숫자로 표시할 수 있다고 추론했다. 여기서 두 개의 숫자는 파리가 위치한 위아래 또는 좌·우측의 좌표를 나타낸다. 이렇게 숫자의 세트를 이용해 파리의 위치를 표시할 수 있고, 연속되는 숫자로 공간 안에서 파리가 이동하는 것을 기술할 수 있는 것이다. 데카르트는 1637년에 발표한 논문 「기하학La Géométrie」에 이 작업의 개요와 물리적으로 구성할 수 없거나 쉽게 상상하기 힘든 것을 수식으로 표현하게끔 한 최초의 발견을 실었다. 데카르트식 기하학 또는 좌표기하학으로 알려지게 된 것이 창조되었고, 이로 인해 시각적·공간적 세상을 쉽게 소통되는 방식으로 지도화할 수 있게 되었다. 수학의 도움으로 세상을 지도로 표현할 수 있게 된 것이다.

데카르트라는 이름을 가진 캐나다 회사가 있다. 이 회사는 정교하게 균형을 잡아 '시간에 딱 맞춘' 공급 체인을 가동하는 물류 소프트웨어를 만든다. 가게들은 재고를 적절하게 유지하고 공장들은 필요한 부품을 안정적으로 확보하는 그 모든 일이 데카르트의 기하학으로 가능해진 지도 작업에 기반을 두고 있다. 회사의 이름이 데카르트라는 사실이 전혀 놀랍지 않다. 일상의 수많은, 하지만 대체로 눈에 보이지 않는 시스템이 GPS(전 지구 위치 파악 시스템으로, 수 미터 내의 위치를 알려준다)를 포함하는 31개 위성 연결망의 힘을 빌린다. 이 기술로 농장에서 매장으로 운송되는 과일이 목적지에 제대로 도달했는지 추적하고 배달 차량이 효율적으로 시간에 맞춰 도착하도록 경로를 최적화할 수 있다. 그런 일들이 데카르트가 기하학과 대수를 완전히 이해해서 만든 좌표 시스템에 의해 이루어진다.

GPS는 원래 미군이 개발했지만 1990년대부터 민간이 사용할 수 있게 되었고, 지금은 놀라울 정도로 많은 기술에 적용되고 있다. 자동차나 트럭 무리를 추적하고 휴대전화 기술을 뒷받침하고 사진처럼 지역 표식이 붙은 디지털 사물에 사용되기도 한다. 또한 사용자의 위치가 필요한 모바일 전화 기반 게임을 GPS 기술로 구동한다. 가장 확실한 사용례는 자동차에 달린 위성 항법 시스템이다. A에서 B로 가는 최적의 경로를 알려줘 도시에서 길을 찾아다니는 데 도움을 주는 애플리케이션은 우리가 일상적으로 사용하는 항법 기구다.

오늘날 도시 환경을 걸어 다니다 보면 스마트폰에 함몰되어 있는 사람을 어렵지 않게 찾아볼 수 있다. 고개를 숙인 상태로 보행자는 돌아야 할 곳을 놓치지 않는지 점검한다. 이제 우리는 우선 대략 합의해놓고 세부 사항은 실시간으로 협의하곤 한다. 지도를 보고 길을 찾아가거나 스마트폰이 없었을 때 어떻게 친구들과 만날 약속을 했는지 잘 기억나지 않을 정도이다. 자동차 여행도 그와 비슷하게 변화했다. 우리는 정확한 도착 예상 시각을 알 수 있고, 여행을 하며 발생할 것으로 예상되는 문제의 경고를 받으며 새로운 경로를 추천받고 과속 단속 카메라가 있는 곳을 주의하라는 신호를 받는다.

첨단 기술이 알려주지 못하는 것들

위성 항법 시스템의 지시에 따라 배를 타고 운하를 다니는 여행객의 이야기를 들으면 GPS가 사람을 아무것도 모르는 어린애로 취급한다는 사실을 쉽게 알 수 있다. 그리고 GPS가 운전자에게 미치는 영향을 연구한 논문은 이런 시스템이 '사람이 집중해야 할 많은 것을 앗아가버린다'고 보고한다.[3] 코넬 대학교 연구팀이 실시한 연구에 의하면 이런 GPS 시스템이 경로 안내와 지리적 방향성을 무료로 제공해줌에 따라 우리는 운전을 할 때 어디에 있는지 생각할 필요가 없고 운전 기술과 주의 집중의 필요성을 못 느끼게 된다. 위성 항법 시스템이 보여주는 가상 세계에 깊이 빠질수록 그곳에서 나오는 정보를 통해 세상과 '소통'함으로써 우리는 그만큼 주변 환경과 분리된다.

주변 환경과 유리되고 맹목적으로 지시 사항만 따른 결과, 주변 풍경에 대한 이해가 줄어들게 되었다. 내비게이션 스크린 바깥에 있는 것은 더 이상 집중할 필요가 없으므로 주요 지형지물을 신경 써서 보거나 향후 쓸모가 있을지 모르는 어떤 장소나 거리를 기억하려 애쓰지 않는다. 그 결과 우리는 주변 풍경에 대해 잘 모르게 된다.

내비게이션만으로 도시를 이해하는 것과 생생한 체험, 그리고 어떤 특정 거리에 반복적으로 노출됨으로써 얻는 이해도 사이의 충돌이 매우 극명하게 드러난 사례가 있다. 바로 런던의 택시 기사가 몸으로 경험해 얻은 지식과 위성 항법 시스템 기술이 만났을 때다. 영국에서 면허를 딴 택시 기사가 런던의 상징과도 같은 검은 택시, 즉 '블랙캡black cab'을 몰려면 '지식The Knowledge' 시험을 통과해야 한다. 택시 기사는 여러 차례에 걸친 면접을 통해 시험관에게 하나의 지점에서 다른 곳으로 이동할 때, 또는 런던 중심부의 채링크로스Charing Crosss 역 반경 약 10킬로미터 내의 유명 지형지물을 찾아가는 가장 짧은 경로를 설명할 수 있어야 한다.

이 지식 시험은 종종 기억의 승리로 인식된다. 런던 택시 기사들의 뇌를 살펴보면 공간과 방향 정보를 관장하는 영역인 해마가 확장되어 있다는 연구[4]가 있다. 예비 택시 기사는 구술시험에 나올 320개 경로를 교실에 앉아서가 아니라 스쿠터를 타고 1년에 10만 킬로미터씩 3년간 돌아다니며 익힌다. 이 과정에서 주목할 여러 가지 요소 중 하나는 '가리키기pointing'인데 각종 가게, 건물에 붙어 있는 간판, 새로 생긴 아파트 단지, 역사 유적지 등을 언급하고 기억하는 방식으로 런던 거리의 분위기를 익히는 것이다. 택시 기사는 단순히 거리 이름을 기억하고 운전하는 게 아니라 크고 작은 역사 유적지도 알고 있어야 한다. 택시 기사 지망생은 구술시험을 볼 때 열심히 공부한 것을 기억해내길 바라며 스쿠터나 자전거를 타고 도시 구석구석을 누비면서 세세한 부분까지 가능한 한 많은 정보를 얻으려 노력한다.

런던의 택시 기사는 위성 항법 시스템을 기피하는 것으로 유명하다. 그들은 위성 항법 시스템으로 작동하는 우버Uber 같은 서비스를 노골적으로 강력하게 반대한다. 또한 우버 때문에 택시요금이 인하되었으며 우버 기사들은 런던 거리를 모르고 교통이 어떻게 돌아가는지도 모른다고 주장한다. 이런 전문 택시 기사와 위성 항법 시스템 간의 분쟁은 흔히 전통과 현대성의 싸움 혹은 기술의 민주화를 일축하려는 기득권의 투쟁으로 보이기 쉽다. 계기판에 위성 항법 시스템을 장착하는 택시 기사도 있지만, 그래도 자신이 보유한 '지식'을 특별하게 생각한다. 그들은 내비게이션 사용자가 의존하는 추상적인 공간 재현에 의존하지 않으며 내비게이션의 지시 사항을 따르지도 않는다. 그들은 교통의 흐름과 밀도를 감지해 경로를 변경할 수 있다. 또한 GPS가 보내는 정보가 내비게이션에 업데이트되기 전에 먼저 도로 공사가 이루어지는 곳을 알아낼 수 있다고 주장한다. 이들은 계기판에 붙은 스크린에 신경 쓰지 않고 운전하면서 승객과 정감 어린 농담을 주고받으며 환대할 수 있다.

GPS와 그것이 장착된 수많은 기구에 '체화되지 않은 기술disembodied technology'이라는 꼬리표를 붙이는 것은 그런 기기를 무시하는 것이라기보다는 그 기기의 특징 중 일면을 강조하는 것이라고 할 수 있다. GPS는 정확하지만 어떤 장소에 대한 친근감을 전달해주지 못한다. 기술이 해내기엔 어려운 부분인 것이다. 구글에서 식당을 검색해보면 분명 유용한 정보를 얻게 된다. 주소, 영업시간, 전화번호, 심지어 평점까지도 나와 있다. 최근 구글은 해당 식당이 얼마나 붐비는지까지 보여주는 서비스를 시작했다. 이는 분명 유용하지만 식당의 분위기나 어떤 사람들이 그곳에 자주 가는지 등은 알려주지 못한다. 구글이 그 건물 안에 있는 스마트폰의 숫자를 파악해 식당이 얼마나 붐비는지는 알려줄 수 있지만, 낭만적인 저녁을 보내는 커플로 꽉 찬 식당과 파티를 즐기는 학생이 가득한 식당은 분위기가 사뭇 다르다. 금요일 밤의 분위기도 월요일 저녁과는 매우 다를 것이다. 그런 식의 세세한 사항은 붐비는 정도를 표시해주는 행위의 특징이라고 할 수 없다. 언어의 의미론을 연구하는 알프레드 코르지프스키Alfred Korzybski가 '지도는 영토가 아니다'라고 강조했듯, 어떤 사물을 묘사한 것은 그 사물 자체가 아니다. 세상의 모델이 세상이 정말 어떤지를 묘사한다고 주장할 수 없다.

여기에서 무슨 일이 진행되고 있는지를 생각해보는 또 다른 방법은 묘사로 얻은 지식, 그리고 경험으로 얻은 지식의 차이를 생각해보는 것이다. 구글이 그 식당에 대해 우리에게 말해줄 수 있는 것은 묘사로 얻은 지식이다. 즉 일련의 특징과 성격으로, 이것이 합쳐지면 어떤 장소를 부분적으로 묘사한다. 하지만 지인이 말해주는 지식은 세세하게 설명하는 부분뿐 아니라 우리가 직접 경험해서 알게 될 것도 포함한다. 흥미롭게도 우리는 종종 '묘사로 얻은 지식'을 지인이 말해줘서 알게 된 지식보다 더 신뢰할 정도로 그것을 제공하는 기술에 홀려버렸다.

GPS는 현대 세상을 대표하는 결정적 기술이다. 우리가 보았듯이 정신이 몸보다 우세하다고 생각하는 시대에 그 뿌리를 두고 있다. 침실에 있는 파리의 비행경로를 지도화하고자 한 데카르트의 바람에서 좌표기하학까지의 여정은 우리 일상에서의 이동을 바꿔놓은 것 이상의 효과를 가져왔다. 우리는 세상을 몸으로 경험하던 관행을 몸의 경험이 없는 효율성의 형태로 대체했다. 이 비체화된 효율성을 이용해 우리는 공간에 관계하지 않으면서도 그 공간을 분할할 수 있게 되었다. 경험을 동반하지 않는 효율성, 이해하는 감각이 없는 지식은 GPS같이 몸보다 정신이 우세하다고 말하는 다른 기술에도 선명하게 드러난다. 빅데이터의 출현과 분석은 경험에 의거해 세상을 바라보기보다는 객관적 시선에 의지하는 과학적 실행의 또 다른 사례다. 빅데이터 분석은 정신과 몸을 구분하는 데 근거한 지능공학이다.

빅데이터

'빅데이터big data'라는 용어를 처음 사용한 사람이 누구인지 확실하게 의견이 일치하지는 않지만, 다수가 미국의 기술 기업 오레일리 미디어O'Reilly Media의 로저 마골라스Roger Magoulas가 2003년에 이 단어를 처음 사용했다고 주장한다. 2000년대 초 온라인에 있는 사람과 사용되는 장비의 수치가 엄청난 양으로 데이터화되었고, 매년 얼마나 많은 정보가 만들어지는지를 알아내려는 시도가 여러 차례 있었다. 현존하는 데이터의 다양성과 분량이 상상을 초월하는 수준에 도달했다는 것이 분명해졌다. 구글의 선임 경제학자 발 하리언Val Harian이 주도한 연구에 따르면 2003년에 만들어진 정보는 5엑사바이트로,[5] 이는 미국 국회도서관 크기의 도서관 3만 7,000개에 담을 수 있는 정보량이다. 세계경제포럼은 2025년경이면 전 세계의 인터넷 사용자가 거의 40억 명에 달하고 새로운 감지장치와 인터넷 연결 장비가 과잉 상태에 이를 것이며, 매일 463엑사바이트의 데이터가 산출될 것이라고 예측한다.[6]

전통적인 데이터 처리 도구는 이 정도 되는 양의 '빅데이터'를 처리할 수 없다. 1979년 비지칼크VisiCalc라는 이름으로 세상에 처음 나온 스프레드시트는 전통적 데이터 처리 도구다. 열과 행에 데이터를 기입하는 스프레드시트도 각 칸마다 좌표가 붙어 있으므로 데카르트가 그의 침실에서 파리의 위치 좌표를 구할 때처럼 그의 기하학 덕분에 태어난 기술이다. 그리고 스프레드시트처럼 빅데이터 역시 정신과 몸을 구분하는 데카르트의 이원론과 연결된 역사를 가지고 있다.

빅데이터는 그 분량, 다양성, 속도 때문에 그렇게 불린다. 자동차나 가로등에 달린 감지기 또는 당신의 주머니 속에 있는 스마트폰과 같이 '디지털 배기가스'를 내뿜는 기구가 확산되면서 만들어지는 데이터의 양이 증가하고 있다. 어떤 웹사이트를 방문할 때마다 고유 데이터의 '디지털 경로'가 만들어진다. 세계적인 대기업의 비즈니스 모델은 빅데이터를 수집, 저장, 분석하는 데 의존하는 경우가 많다. 빅데이터 지지자들이 주장하듯, 빅데이터는 사람들의 현재와 미래의 행동뿐 아니라 교통, 기후 또는 바다와 같은 대규모의 시스템을 사람들이 이해하도록 도와줄 수 있다고 약속한다.

사회와 자연 속의 시스템을 연결하는 고리는 우연히 만들어지지 않는다. 이 연결고리는 빅데이터의 이면에 있는 기원과 동기를 이해하는 데 도움이 된다. 데카르트와 같은 시대에 살았던 갈릴레오(두 사람이 만난 적은 없다)는 고대 그리스의 일원론에서 영감을 얻었다. 일원론의 한 갈래는 다양한 것을 단일 현실의 조건에서 설명할 수 있는 '단일성oneness'의 존재를 주장했다. 일원론은 자연의 세상과 사회적 세상은 일련의 보편적인 원칙을 따른다고 말한다.

갈릴레오는 수학이 세상을 이해하는 데 기본이 되는 핵심 원칙을 제공한다는 아이디어를 발전시켰다. 그는 '자연의 책은 수학의 언어로 적혀 있다. 수학이 없으면 인간은 어두운 미로 속을 헤맨다'고 썼다. 갈릴레오는 사회가 자연과 같은 형태를 띤다면, 수학을 이용해 자연을 설명할 수 있듯 사회도 숫자로 표현할 수 있다고 주장했다. 자연의 세상을 수학적으로 이해하는 작업을 사회를 이해하는 작업으로 전환한다는 아이디어는 17세기의 수많은 과학자에게 자연을 이해하는 자신의 전문 지식을 사회를 모델링하는 데 이용하도록 해주었다. 이들을 세상을 설명하고 묘사하는 데 수학을 이용한 최초의 빅데이터 과학자로 간주할 수 있다.

혜성을 발견한 것으로 잘 알려진 천문학자 에드먼드 핼리Edmond Halley는 18세기 초에 대규모 사망률 속의 통계학적 규칙성을 알아내어 보험 통계업을 만들어내면서 천체물리학에서 생명보험사업으로 관심을 돌렸다. 존 그랜트John Graunt는 17세기 중반 런던에서 발생하는 질병에 관련된 대량의 데이터를 샅샅이 조사해 질병의 발생과 유포를 연구하는 전염병학의 지적 토대를 마련했다. 그와 비슷한 시기에 윌리엄 페티William Petty는 부와 수입에 대한 국가 통계를 편집해 현대 경제학의 기초를 마련하기도 했다.

이들이 벨기에의 천문학자이자 통계학자인 아돌프 케틀레Adolphe Quetelet가 '사회물리학'이라고 부른 것의 주창자이다. 1835년 케틀레는 파리의 범죄 통계를 샅샅이 분석한 결과에 기초한 책을 출판했는데, 여기서 그는 '무시무시할 정도로 정확한' 예측을 산출해냈다고 주장했다. 그로부터 200년이 채 지나지 않아 뉴욕 경찰이 헌치랩HunchLab이라는 범죄 예측 시스템을 만들고 있다는 보도가 나왔다. 이 시스템은 범죄의 시간적 패턴(시간, 요일, 계절적 요인), 기후, (술집, 버스 정류장이 있는 지역과 같은) 환경적 위험 요소, 사회경제적 지표와 역사에서 본 범죄 수준 같은 데이터를 이용해 범죄 발생을 예측한다. 뉴욕만 이런 시스템을 만들려 한 것은 아니다. 다른 도시들, 그리고 형법 시스템의 다른 특정 영역에서도 예측 시스템을 사용하고 있다. 미국 법원이 보석, 구형과 가석방 결정을 내리는 데 빅데이터를 사용한다는 것에 대한 논란도 일고 있다.

17세기에서부터 오늘날까지 이런 아이디어와 시행 사례를 하나로 묶는 것은 사회적 생활이 통계 법칙에 의해 드러나고 지배될 수 있다는 믿음에서 비롯되었다. 이런 철학을 옹호하는 사람들 중에 조지 지프George Zipf가 있다. 20세기 중반의 학자인 지프는 언어, 문학, 음악에서 수학적 법칙을 찾는 데 천착했다. 1942년 발표한 자연의 통일성에 대한 논문[7]에서 지프는 '우리 행성, 우리 행성에 사는 생명, 그리고 인간 정신을 가장 미세하고 감정적이며 지적으로 설명하는 활동을 포함해 살아 있는 활동의 가장 작은 특징의 구조와 행동이 똑같은 자연법칙에 지배를 받는다'면서 일원론자들에게 지적 채무를 졌다고 말했다. 지프는 하나의 분야에서 패턴을 찾는다면 다른 곳에서 역시 패턴을 찾을 수 있다고 믿었다.

지프는 빅데이터의 숭배에 지대한 영향을 미친 인물로 꼽을 수 있다. 그가 남긴 유산은 우리 일상에서 가장 놀라운 모습으로 나타난다. 당신이 스포티파이Spotify 같은 스트리밍 서비스를 통해 음악을 듣고 있다면, 아마도 음악의 조성과 분당 박자 같은 수학적 성질을 포함한 다양한 범위에 근거해 즐길 만하다고 느낄 가능성이 높은, 수학적으로 선택된 노래를 틀었을 것이다. 사실 컴퓨터 과학자들은 미학적으로 듣기 좋은 음악 소리가 어떤지를 수학적으로 '기술'하기 위해 지프-망델브로의 법칙Zipf-Mandelbrot law을 사용할 수 있다고 주장해왔다. 이것을 음악 서비스에 적용하면 통계 법칙을 사용해 미학적이라고 동의할 수 있고, 덜 즐거운 것은 쳐낼 수 있으며, 결론적으로 동종의 균질한 음악을 선택할 수 있다. 수학적 가능성이 우리가 좋아하는 것뿐 아니라 우리가 듣는 것까지 정의하는 것이다.

빅데이터는 아주 짧은 시간에 '발견'의 순간에서 실망의 골짜기로 옮겨갔고, 비즈니스 언론은 빅데이터가 가능케 할 수 있는 것에 대해 숨 가쁜 예측을 하며 그 길을 동행했다. 인공지능이 부상하면서 빅데이터를 부분적으로 보충했지만 종종 예측이 빗나가면서 실망의 대상이 되었다. 그래도 빅데이터는 현재 비즈니스에서 필수 사항으로 여겨진다. '데이터가 새로운 석유다'라는 격언(2006년 영국의 수학자이자 데이터 과학자인 클라이브 험비Clive Humby가 한 말이다. 험비는 대형 할인 매장 체인인 테스코TESCO의 클럽카드 보상 프로그램을 디자인했다)은 비즈니스가 어느 정도까지 빅데이터를 기본 재료로 생각하는지를 보여준다.

인간 생활의 거의 모든 면을 디지털 데이터로 표현할 수 있게 된 상황에서 빅데이터 지지자들은 예측적 컴퓨터 연산 모델을 강력하게 주장하지만, 이런 모델은 데이터 과학자들이 안다고 주장할 수 없는 인간 행동 이론에 의존한다. 빅데이터 신봉자들은 패턴 인식을 통해 빅데이터가 보여줄 수 있는 것을 주장하지만 그것이 보여주지 못하는 것도 많다. 빅데이터 분석에서 사라졌거나 무시된 것은 숫자로는 절대 기술할 수 없는 진짜 인간이다. 오늘날의 사회물리학으로 인간의 사회적 관계, 감정, 느낌과 내적 세계를 밝혀내지는 못한다.

빅데이터가 못하는 것(또는 배제하는 것)은 그것의 기원을 제공한 페티, 케틀레, 그리고 지프 같은 철학자와 사상가의 아이디어 자체에 놓여 있다. 정신-몸의 이원론은 느낌, 감정 또는 주관성의 개입 없이 객관적으로 사회를 표현할 수 있다는 생각을 뒷받침한다. 지프는 이런 생각을 자기 논리의 극단으로까지 끌고 갔다. 지프는 자신의 사회물리학이 '인간의 내면 가장 깊은 곳에 있는 꿈을 포함해 모든 것에 적용될 수 있다'고 생각했다. 그는 '영혼은 과학에 꼭 들어맞는 타당한 문제를 제공한다'고 주장했고,[8] 그것을 숫자로 표현할 수 있다고 느꼈다. 지프와 그의 제자들은 과학이 '주관적 서술'이나 '개성'과 같은 용어를 써서 공동체를 기술할 수 있다고 생각하는 이들을 혹평했다. 그들은 소규모의 연구로 또는 경험을 통해 세상을 이해하는 것, 사람들의 감정과 세상의 복잡성에 주목하고 강조하는 체화된 이해 방식 등을 받아들이지 못했다.

초기의 사회물리학과 빅데이터 지지자들은 숫자로 표현하는 추상적 과학 모델을 통해 세상을 이해할 수 있다고 주장하는 데카르트식 견해의 직계자손이다. 빅데이터는 이전에 가능했던 것보다 더 많은 데이터 포인트(데이터 안에서 규명할 수 있는 요소 - 옮긴이)를 끌어모아 사회물리학의 작업을 확장한다. 하지만 그 토대가 되는 기술과 의도는 똑같다. 바로 이유를 밝히고 예측 모델을 발전시키는 것이다. 빅데이터 지지자들은 우리에게 '이 지도가 바로 영토'라고 믿으라고 말한다. 사실 가끔은 D. H. 로런스의 주장처럼 '지도가 땅보다 더 진짜 같아 보인다'. 세상의 진짜 지저분함을 처리하느니 복잡하지 않은 모델을 통해 세상을 보는 게 더 편안한 때가 종종 있다. 우리는 한 사람이 접근할 수 있는 것보다 더 많은 데이터 포인트를 망라하는 연산 모델에 따르라는 권유를 받고 규모와 정확성은 동등하다고 믿도록 이끌려왔다.

현재성을 갖춘 빅데이터의 잠재적인 유용성을 노골적으로 일축하는 것은 아니다. 빅데이터를 이용해 과학, 비즈니스, 그리고 정책 입안의 방대한 영역에서 큰 이점을 누릴 수 있다. 하지만 데이터가 우리에게 말해주는 것에 우리의 세상 경험을 가미해야 할 필요가 있는 경우도 매우 많다. 우리의 이해 능력에 믿음을 가지려면 교육 초기에 우리에게 주입된 지능의 개념에 대해 색다른 시각을 가져야 한다.

지능 만들기와 창조하기

켈만의 『세계를 재다』를 통해 생명을 얻은 칼 프리드리히 가우스는 '수학의 모차르트'로 일컬어진다. 가우스는 학교에서 선생님을 놀라게 했다. 그의 조숙함을 교정하기 위해 선생님은 가우스에게 '독일어로 된 가장 어려운 수학책'을 공부하게 했다. 그다음 날 아침 가우스가 책을 다 보았다며 돌려주자 선생님은 '이 책을 하루 만에 뗄 수 있는 사람은 없어. 특히 여덟 살짜리 코흘리개는 절대 할 수 없는 일이지'라고 말하며 가우스의 말을 일축했다. 하지만 30분 동안 책 내용에 관련된 질문을 한 뒤 그는 자신이 천재를 가르치고 있다고 결론 내렸다. 그러고는 조숙증을 고친다며 아이를 때렸다.

탐험가로 경험과 지식을 좇아 외국으로 모험을 떠난 훔볼트와 달리 가우스는 실내에서 지적 생활을 하며 일생을 보냈다. 그는 머릿속으로 방정식을 연구하고 이색적인 아이디어에 골몰했다. 가우스는 갑작스럽게 깨달음을 얻고 놀라운 상상력의 도약으로 새로운 이론을 고안했다. 켈만은 가우스를 활력 넘치는 훔볼트의 육체와 완벽한 대비를 이루는, 탐구심으로 충만한 정신적 우주에 몰입한 인물로 그린다. 두 사람 모두 인간의 지식에 지대한 공헌을 했다. 가우스는 비유클리드 기하학을 발견했고 불과 스물한 살에 숫자 이론의 최고작인『산술에 관한 논고Disquisitiones Arithmeticae』를 출판했다. 가우스는 지능에 대한 오늘날의 지배적인 시각에 좀 더 어울리는 인상을 준다.

교육사상가이자 활동가인 켄 로빈슨 경Sir Ken Robinson은 서양식 교육에서는 아이들이 자라면서 교육 내용의 중점이 몸에서 뇌로 이동한다는 점을 지적한다. 교육은 초기에는 매우 실용적이고 몸을 이용해 이루어지는 탐험과 실험 등을 장려한다. 그런데 교육과정이 진행되면서 학교 교육은 점점 더 뇌 중심적이고 정적으로 변하고 몸이나 감각과 관련된 활동은 (로빈슨 경의 주장에 따르면) 체계적으로 배제된다. 교사에게 어린 아이들이 학교에서 배워야 할 기술이 무엇이냐고 물으면, 아마 '조용히 앉아 있기'가 배움 목록에서 윗자리를 차지할 것이다. 수학 교사이자 작가인 케스터 브레윈Kester Brewin은 아이들이 조용히 앉아서 움직이지 않고 있다면, 그 아이들은 '허리를 꼿꼿이 세우고 있는 자동인형'이 된다고 말한다.[9]

우리가 배우는 것은 날이 갈수록 소위 '스템STEM 과목'(science, technology, engineering, maths)을 선호하여 미리 정해진 주제들에 대해서이다. 몸과 관련된 좀 더 창의적인 훈련, 스포츠나 예술은 등한시된다. 무엇을 배워야 할지를 좁은 관점에서 보는 분위기와 더불어 기술이 교육과 평가에 적용되는 비율이 점점 더 증가하고 있다. 이른바 '에드테크EdTech' 시장[10]은 운용과 비용의 효율성을 약속하는데, 2020년이면 2,520억 달러의 가치가 나갈 것으로 예측되었다. 그러나 브레윈은 '학문적 기술을 과하게 주장하고, 조용하고 정적인 환경에서 그런 기술을 가장 잘 습득할 수 있다고 가정함으로써, 또는 디지털 기기를 이용해 아이들을 진정시키고 움직임이 지식 습득과 흡수에 중요한 역할을 한다는 점에 주목하지 않음으로 인해 우리는 한 세대를 망칠 수 있는 위험을 감수한다'[11]고 말한다. 개념으로든 실제적으로든 이해한다는 것은 세상과, 그리고 사물들과 직접 관계를 맺어감으로써 이루어진다는 증거가 매우 많기 때문이다. 아기의 언어 습득 사례를 이 쟁점의 핵심으로 들 수 있다. 아기의 부모는 아마 '물병'이라고 말한 뒤 아기에게 그 병을 건네줄 것이다. 이때 단어와 물건이 서로 연결된다. 아이는 그 병을 가지고 놀며 병의 특성에 관해 배울 수 있다. 가령 올바른 방향으로 세울 때만 물병이 똑바로 서고, 쓰러뜨려 놓으면 구르기도 한다는 사실 등을 알 수 있다.

가르치기뿐 아니라 채점에도 기술이 점점 더 많이 사용되고 있다. 아이들의 과제에 더 '효과적이고 효율적으로' 점수를 매기기 위해 인공지능을 배치하는 각축전이 벌어지고 있다. 비단 서구에서만 일어나는 일이 아니다. 2018년 〈사우스 차이나 모닝 포스트South China Morning Post〉[12]에 따르면 중국에 있는 학교 네 곳 중 하나가 학생들의 과제 점수를 매기기 위해 인공지능을 테스트하고 있다. 여기에 사용되는 기술은 '글의 전반적인 논리와 의미를 이해해 과제의 전체 품질을 합리적으로, 사람처럼 판단하도록 디자인'된 것이다.

이런 기술의 디자이너와 주창자들은, 이 시스템은 교사를 도와주기 위한 것이며 교사를 대체하는 것이 아니라고 주장한다. 하지만 유명한 교육학자 앤서니 셀던Anthony Seldon은 '10년 안에 인공지능 컴퓨터가 어린 학생들에게 지식을 불어넣는 필수적인 작업을 전적으로 도맡게 될 것'[13]으로 예측하고 있다. 그렇지만 최소한 가까운 미래까지는 공포감을 느끼지 않아도 될 것 같다. 중국의 인공지능 채점 시스템은 인간보다 훨씬 성능이 떨어진다고 한다. 또한 옥스퍼드 대학에서 나온 한 연구는 베테랑 교사들이 인공지능이나 자동화로 대체될 확률을 0.8퍼센트로 예측한다.[14] 그런데 셀던의 말에서 가장 흥미로운 점은, 교육은 몸보다 정신으로 하는 것이라는 인식이 깊이 뿌리박혀 있음을 보여주었다는 것이다.

인공지능이 도입되어 있는 교실의 상황에 대해 셀던은 '놀라울 정도로 영감을 주는 기계가 어린 학생들의 정신에 지식을 불어넣을 것이다. 수업이 진행되는 교실에는 여전히 사람이 돌아다닐 테지만 지적 자극이라는 측면에서 영감을 주는 일은 두뇌 활동을 켜는 작업에서 비롯될 것이며, 기계는 그 역할을 훌륭하게 수행하도록 만들어졌다. 기계는 당신이 가장 흥미로워할 것을 알고 당신에게 꼭 맞는, 너무 어렵지 않고 너무 쉽지도 않은 수준의 과제를 줄 것이다'라고 기술한다. 학교가 중점을 두는 부분이 앉아 있기, 듣기, 교사로부터 얻은 지식 소모하기라는 점을 감안하면 이런 예측이 전혀 놀랍지 않다. 이는 좁은 관점에서 지능을 보는 행위의 연장이다. 비용이 많이 드는 교사의 개입을 필요로 하지 않으면서 기계가 온라인에서 디지털 학습 플랫폼을 통해 효율적으로 지식을 배달할 수 있는 형태로 보인다. 교실에서 기술을 사용하지 말아야 한다거나, 교사가 학생들에게 영감을 주고 소통하는 시간을 더 가질 수 있는 이점이 없을 거라는 의미는 아니다. 다만 지능에 대한 특정 견해가 학교를 어떤 식으로 조직해야 하고, 교육과정을 어떻게 디자인하고 가르침이 어떻게 학생들에게 전달되어야 하는지를 계속 지배하고 있다는 점을 인식해야 한다는 뜻이다.

오랫동안 기술은 교육에 많은 변화를 가져왔다. 흑판이 쌍방향 소통이 가능한 화이트보드로, 다시 개인용 태블릿으로 바뀌었다. 하지만 기저에 깔린 시각은 똑같다. 첫째, 뇌는 하드 드라이브로 간주된다. 여기에 과목별 덩어리로 분리 포장된 정보를 가득 채우는 것이다. 둘째, 학습은 경험을 통해 얻어진다기보다는 교실이라는 분리된 환경에서 일어날 수 있는 지적인 활동이며 '효율성'을 위해 가능하다면 온라인 시스템을 사용한다. 셋째, 이런 종류의 지능은 정신력 측정 또는 아이큐IQ 테스트로 측정할 수 있다. 수많은 교육 시스템의 특징을 보여주는 '평가 중독' 현상에 이러한 생각이 나타나 있다.

아이큐 테스트는 지적 능력을 평가한다. 시험도 이해했는지를 평가하지만 아이큐 테스트는 종종 명시적 지식을 얼마나 많이 보유하고 있는지를 측정한다. 이런 정보는 날짜, 철자, 이름, 부호 또는 공식처럼 본질적으로 사실인 경우가 많으며 아이에게 외우게 해야 테스트를 할 수 있다. 이런 지식이 가치가 없는 것은 아니지만 세상과의 소통으로 발생하는 종류의 이해와는 완전히 다르다. 그런 종류의 지식은 상황에 기반을 두는 것이 아니다. 당신이 그것을 알면 상황이 어떻든 상관없이 아는 것이다. 그래서 의미의 손실 없이 말이나 글로 전달할 수 있다. 그 지식이 적용되는 맥락과 분리된 상태에서도 습득될 수 있다. 하지만 그렇기 때문에 경험적 방법으로 얻는 지식과 비교하면 감촉성이 부족하다.

그런데 지능을 인지 활동의 결과로 보고, 정신을 추상적 정보의 처리 기계로 보는 편견 때문에 오늘날의 교육은 명시적으로 사실에 기반을 둔 지식에 집중한다. 움직임이 학습에 도움이 된다는 개념을 적용한 교육 운동의 창시자 마리아 몬테소리Maria Montessori의 신념을 확증하는 연구 결과[15]가 풍부함에도 현대 교육은 경험과 움직임을 경시한다. 몬테소리는 1912년에 다음과 같이 기록했다.

'우리 시대가 저지른 가장 큰 실수 중 하나는 움직임을 고차원적인 기능과 상관이 없는 그 자체로 생각하는 것이다.[16] (……) 정신의 발달은 반드시 움직임과 연결되어야 하며 움직임에 의존해야 한다. (……) 아이를 관찰해보면 정신의 발달이 아이의 움직임을 통해 이루어진다는 것을 확실히 알 수 있다. (……) 정신과 움직임은 같은 개체를 구성하는 요소이다.'

서구의 주류 교육은 사고의 자동화와 뇌를 컴퓨터에 비유하는 개념을 영속화시키는 정신-몸의 이원론에 사로잡혀 있다. 아이들은 시각, 소리, 촉감, 냄새, 그리고 맛과 같은 감각으로 세상을 이해한다는 사실에도 불구하고 이런 감각은 교육과정이 진행될수록 더욱더 경시되고 있다.

실용적 지식보다 학문이 우월하다는 생각이 오랫동안 서구의 교육 체계를 암묵적으로 지배해왔다. 리버흄 미래지능센터Leverhulme Centre for the Future of Intelligence의 스티븐 케이브Stephen Cave가 지적하듯,[17] 영국의 교육 시스템은 오랫동안 아이들을 열한 살 때 장차 지적 능력을 사용하는 직업에 적합한지 아닌지를 결정하는 관점에서 평가했다. 케이브가 보기에 이것은 교육 시스템이 몸보다 정신을 중요시하는 방식을 극명하게 보여주는 실례이다.

탐험가이자 과학자였던 훔볼트와 수학자 가우스의 삶은 강력한 지적, 그리고 지리적 발견의 시대에 세상의 관심이 쏠리게 했다. 훔볼트는 광대한 자연의 세계를 보여주려는 노력을 기울이다가 사망했다. 그는 우주의 자연사를 의도한 『코스모스Kosmos』 5권의 마지막 부분을 끝내지 못했는데, 이 책은 훔볼트 사후 1862년에 출판되었다. 훔볼트는 세계를 측량한다는 계몽주의적 욕망의 전형이었다. 하지만 그의 탁월함은 단순히 지식에 대한 욕구뿐 아니라 목표를 성취하는 과정 중에 맞닥뜨릴 온갖 불상사와 고난을 감내할 의지가 있었다는 점에서 돋보인다. 훔볼트는 야생동물, 파리와 모기떼 등을 견뎌내고 매춘부의 유혹과 자연재해 등을 피하고 견뎌냈다. 남미에서 돌아왔을 때 그는 미국 대통령 토머스 제퍼슨의 환영을 받았고, 파리의 시민들은 그의 경험담을 듣고 싶어 했다.

훔볼트가 도서관 바깥의 먼 세계로 지적 탐구의 모험을 떠날 준비가 되어 있었다면, 가우스는 자신의 방식으로 복잡한 수학의 영역을 탐구하고 지적 상상력이라는 행위의 흔적을 남겼다. 훔볼트와 달리 가우스는 집에 머무는 탐험가로, 주로 뇌의 활동을 이용해 지식을 탐구하는 방식을 택했다. 가우스는 몸보다 정신에 집중한 이성적 인간이었다. 접근 방식은 확연히 달랐지만 훔볼트와 가우스 모두 자신을 둘러싸고 있는 세상을 이해하고 지도로 작성하고 모델을 만들고자 했다.

데이터를 만들고 그것을 분석하려는 욕구로 인해 GPS 같은 기술이 나왔고, 이런 기술은 우리가 주변 세상을 이해하는 방식에 커다란 영향을 미쳤다. 우리 주변 세상을 지도로 표현하는 이런 기술은 우리가 세상을 이해하는 방식에도 영향을 미친다. 스마트폰의 안내를 받으며 어딘가로 갈 때 우리는 자신이 어디에 있는지 실제로 감지하지 못한다. 위성 항법 시스템을 따라가면 그 과정을 별로 경험하지 않은 채 어딘가에 도착할 수 있다. 도시 구석구석을 누비며 효율적으로 그 경로를 기록할 수도 있지만, 보이지 않는 알고리즘이 지시하는 방향을 따라가다 보면 도시 생활의 심장에 자리한 경험과 뜻밖의 재미를 놓치게 된다. 이런 기술은 사물과 일정한 거리를 두고 분리된 상태에서 그것을 이해하게 한다. 경험보다는 기계가 서술하는 대로 사물을 파악하게 하는 것이다.

이런 기술은 경험, 참여 또는 진정한 이해가 아닌 효율성과 통제를 구현한다. 우리는 이런 기술을 이용해 복잡하고 수용할 수 없는 것들, 말하자면 감정이나 관계, 느낌, 분위기와 같은 것을 피한다. 대신 숫자, 패턴, 특이점과 상관관계에 주목한다. 그러는 사이에 세세한 부분과 색깔은 힘을 잃고 바랜다. 정신을 우위에 두는 관점은 환원주의적 관점과 일치하는 경우가 많은데, 그것이 가끔 유용한 때도 있다. 이에 대해 신학자 로완 윌리엄스Rowan Williams는 다음과 같이 말했다.[18]

가장 최소한도로 꾸며지고, 우리가 떠올릴 수 있는 가장 근본적인 패턴이나 구조의 탐색…… 모든 것을 이 방정식 또는 저 방정식으로 환원할 수 있다고 우리가 말했다면, 그것은 실은 그 어떤 것도 중요하지 않다고 말한 것이다. 단순히 수학적 과정이라는 게 있고, 그 과정이 없다면 그 어떤 것도 그 자체가 될 수 없다고 말한 것이다.

실생활에서 얻는 기술을 하찮게 여기는 풍조는 기본적으로 지능에서 '정신을 더 중요시하는' 관점으로 인한 편견 때문에 생겨났다. 지능과 교육에 대한 이런 관점은 보다 실제적인 지식으로부터 스스로 얼마나 멀어지고 있는가를 드러내준다. 지금이 이런 상황을 재평가하기에 좋은 시기이며, 체화된 지식 이론은 그것을 실행하기에 좋은 도구다. 인공지능을 이용해 수많은 지적·분석적 임무가 더 빨리(그리고 때로는 더 정확하게) 실행되는 때에 인간의 지능을 특별하게, 그리고 또한 복제하기 어렵게 만들어주는 많은 요소가 우리 몸에서 비롯된다는 점을 인식하는 것이 중요하다.

다음 장에서는 우리가 세상을 경험하고 이해하는 데 몸이 어떻게 우리를 도울 수 있는지 알아볼 것이다. 정신이 더 중요하다는 접근 방식에 아주 익숙해져서 그 외에 세상을 아는 다른 방법은 없다고 가정해도 별문제가 되지 않는다고 생각할 수 있다. 그러나 세상을 표현하는 최고의 모델은 지도가 아니라 세상 그 자체다. 그리고 우리는 세상에 관한 지식을 습득하는 도구로 몸을 사용할 수 있다.

3

세상을 경험한다는 것

우리가 피와 살로 만들어진 생물이며, 통 속의 뇌가 아닌 펄펄 뛰는 심장을 가졌다는
사실은 왜 우리가 경험이라는 것을 하는지를 어느 정도 설명해준다.[1]

숀 갤러거

문어의 몸

문어에게 접근하는 잠수부는 문어의 놀라운 행동을 보게 될 수 있다. 문어는 마치 잠수부에게 인사를 하고 자신을 잘 보여주려는 양 팔을 쭉 뻗는다. 수많은 작가가 문어의 외형이 완전히 끔찍하다고 표현했고 스웨덴의 동물학자 칼 폰 린네Carl von Linnaeus는 문어를 '특이한 괴물'로 묘사했다. 하지만 로마 시대의 작가 클라우디우스 아에리아누스Claudius Aelianus가 '짓궂고 술책을 부린다'고 묘사한 것처럼 문어는 특별한 개성을 가졌다. 문어는 온순하고 호기심이 많으며, 상당한 지능을 가졌음을 보여준다. 사람들에게 각기 다른 방식으로 반응하는 것으로 알려져 있는데, 이는 사람을 구분하는 능력을 가졌다는 의미다. 연구 환경에서 문어는 사람에게 물을 뿌리거나 그 사람의 행동을 따라 함으로써 사람들을 괴롭히는 능력을 보유한 것으로 알려져 있다. 그렇지만 야생에서 문어는 홀로 살아가고 수명도 짧다.

문어는 연체동물로 진화의 역사에서 어느 순간 껍질을 떨쳐버렸고 결국에는 더 연약하지만 탄력성 있는 부드러운 몸이 되었다. 문어의 몸은 뼈가 없는 부드러운 조직 덩어리이고 피부는 점액질로 덮여 있어서 제일 큰 문어도 너비가 3센티미터 정도 되는 공간에 들어갈 수 있다. 대왕문어giant Pacific octopus의 폭이 6미터라는 점을 감안하면 엄청난 유연성이라고 할 수 있다. 아이들도 알듯, 문어는 팔이 여덟 개이고 팔에는 흡반(빨판)이 달려 있다. 이 흡반을 통과해 팔을 타고 먹잇감이 전달된다. 흡반에서 흡반을 거쳐 먹이를 기다리고 있는 입으로 간다. 문어의 몸에는 색소가 가득 찬 주머니가 들어 있으며, 이것을 이용해 문어는 포식자로부터 몸을 숨기거나 그들을 위협할 때, 교미를 끝낸 후 '마음'의 상태를 소통할 때, 또는 인간이 쓰다듬을 때 색깔을 바꾸는 놀라운 능력을 발휘한다. 어떤 문어는 크림색에 가까운 하얀색으로 변하기도 한다. 철학자 아미아 스리니바산Amia Srinivasan은 '문어의 몸은 메가픽셀급 스크린이며…… 표현력이 좋은 대역폭을 가졌다'[2]고 말한다.

문어의 지능은 진화의 측면에서 이례적이다. 문어와 인간, 원숭이, 개, 까마귀, 돌고래 등과 같이 지능이 있는 동물의 가장 가까운 공통 조상은 약 6억 년 전에 살았던 무족 아메바다. 문어의 뇌에는 약 5억 개의 신경세포가 있는데, 개도 5억 개 정도를 가지고 있으며 인간은 1,000억 개를 보유하고 있다. 진화의 관점에서 볼 때, 문어의 뇌와 몸의 비율이 암시하는 것은 문어가 뇌에 엄청나게 많은 투자를 했으며 꾀 많은 문어의 가장 독특한 특징은 일반적인 몸의 배열을 거부하고 뇌를 독특한 해부학적 개체로 발전시켰다는 것이다.

문어의 신경세포는 몸 전체에 퍼져 있는데, 3분의 2 이상은 팔에 있다. 여덟 개의 팔에 달린 흡반마다 1만 개 이상의 신경세포가 있다. 먹이가 통과하는 식도는 머리에 있는 신경세포의 가운데를 관통한다. 잠수부들은 이런 해부학적 구조는 문어가 날카로운 물체를 삼킬 경우 뇌의 주요 부분을 찌를 수 있기 때문에 문제가 될 수 있다고 보고한다. 그래서 동물의 왕국에서 가장 비슷한 지능을 가진 인간과 침팬지처럼 문어는 중추신경계를 가지고 있다. 하지만 문어의 신경세포는 머리뿐 아니라 몸 전체에 분포되어 있다는 것이 큰 차이점이다. 이런 점에서 문어는 우리가 뇌와 몸을 구분하듯 뚜렷하게 구분을 하지 않는다. 몇 차례의 실험이 보여주었듯, 문어의 팔은 독립적이고 지능적으로 움직이며 뇌의 조종을 받을 필요도 없다. 스리니바산은 '외과적으로 절단된 팔도 뻗어나가 움켜쥘 수 있다. (……) 문어의 몸은 동물의 사고 영역에 의해 통제되지 않으며 그 자체가 사고하는 부위다'[3]라고 말한다. 해부학적 추정을 거스르는 연구는 더 있다. 그에 따르면 문어의 피부는 맛을 보고 냄새를 맡을 뿐만 아니라 '볼 수'도 있다. 피부가 눈이 되었다거나 몸이 뇌와 상관없이 볼 수 있다는 주장이 제기되고 있다.

문어를 통해 각기 다른 해부학적 부위의 역할에 대해 다시 추정해본다면, 그것은 뇌와 몸을 철학적으로 구분하는 것이 얼마나 고집스러운지도 동시에 보여준다. 우리가 배워온 모든 것이 눈은 보는 활동을 하고 정신이 몸을 통제한다고 믿으라고 했다. 그래서 팔은 '통제실' 역할을 하는 뇌와 분리되어 독립적으로 움직일 수 없다고 배워왔는데, 어떻게 독립적으로 보거나 행동하는 팔에 대한 글을 쓸 수 있겠는가? 문어는 매우 흥미로운 생명체다. 철학자이자 잠수부인 피터 고프리 스미스Peter Godfrey-Smith의 말처럼 문어는 우리가 생각하는 인식과 지능의 의미를 다시 생각해보라고 권한다.[4] 또한 서구 사상계에 만연한 데카르트식 이원론의 한계도 재고하라고 말한다. 문어가 그 놀라운 신체를 사용해 세상을 경험하는 방식은 우리에게 몸이 그 나름의 지능을 가졌음을 깊이 고려해볼 만하다는 것을 상기시켜준다. 이는 또한 뇌가 우리의 지능에 기여하는 것만큼 몸도 중요하다는 주장이 타당할 수 있음을 실례로 보여주는 것이다.

이런 맥락에서 문어는 정신이 몸에 연결되어 있고 몸의 영향을 받는다는 아이디어인 체화된 정신 개념의 원형이다. 이런 직관에 반하는 아이디어가 어떻게 인간과 연관되어 있는지를 이해하기 위해 체화 개념을 탐구한 20세기의 가장 중요한 철학자 중 한 명인 모리스 메를로 퐁티Maurice Merleau-Ponty의 사상을 살펴보기로 하자.

생각하지 않고 인식한다

데카르트가 인간의 본질은 정신이고 기계적 몸은 정신에 의해 작동하고 지시를 받는다고 생각했다면, 메를로 퐁티는 그 반대였다. 우리가 세상을 인식하고 이해하는 데 몸이 중심이라고 본 것이다. 메를로 퐁티는 이전의 사상가들이 몸과 뇌에 대해 수많은 의견을 제시했는데, 그러면서 우리가 인식과 지식 습득을 이해하는 방식이 영원히 바뀌었다고 주장했다.

메를로 퐁티는 1908년 프랑스 남서부의 로쉬포르 쉬르 메르Rochefort-sur-Mer에서 태어났다. 메를로 퐁티 철학 해석의 대표적 인물인 테일러 카르멘Taylor Carman에 따르면 '메를로 퐁티는 내적 논리와 자신의 철학 발전과는 특별히 상관없는 삶을 살았다'.[5] 그는 파리의 지적인 환경에서 살았고, 고등사범학교인 에콜 노르말 쉬페리외르École Normale Supérieure에서 공부하며 시몬 드 보부아르, 인류학자 클로드 레비스트로스, 장 폴 사르트르와 어울렸다. 사르트르와는 훗날 협력 작업을 했지만 정치적 견해가 심하게 대립하며 사이가 틀어졌다.

메를로 퐁티는 20세기 사상사에서 가장 중요한 학파를 선도한 인물이다. 현상학은 에드문트 후설의 작업으로 시작되었고 마르틴 하이데거, 사르트르, 메를로 퐁티의 기여로 발전했다. 작업의 핵심을 들여다보면, 이들은 앞선 철학의 체계를 허무는 데 헌신했다. 이들은 앞서 나온 철학을 특성상 주지주의로 간주했다. 현상학자들은 인지적 노력이 세계와 우리의 관계를 정의한다고 보지 않으며, 몸이 세계와의 근본적인 관계를 정의한다고 주장했다. 메를로 퐁티는 '모든 형태의 인간의 경험과 이해는 세계 속에서 우리 몸의 방향성에 근거하고 그 형태가 만들어진다'[6]고 주장했다. 메를로 퐁티에게 세상에 대한 우리의 인식은 정신이 아닌 몸에서 비롯된다. 데카르트 같은 이성주의자는 인식보다 사고가 먼저라고 생각한 반면 메를로 퐁티에게 세상에 대한 인식은 몸에서부터 시작된다.

현상학자들은 인간의 경험을 1인칭 관점에서 묘사하는 데 관심이 있었다. 그들은 사람들이 매일의 삶을 경험하는 방식을 이해하고 싶어 했는데, 이것이 정신의 산물인 객관적 개념, 과학적 지식을 특징으로 하며 일상생활과 거리를 둔 3인칭 관점의 철학과 현상학의 차이다. 이것은 현상학자들이 도전했던 현대 생활의 다양한 측면이 반영된 시점이었다.

현상학은 오래전에 세상을 떠난 데카르트, 그리고 몸이 세계와 관계하는 것은 세계를 이해하고 처리하는 행위와 상관없다는 데카르트의 관념과 대화를 했다. 메를로 퐁티는 우리가 세계와 분리된 상태로 그것을 보는 관찰자로 있을 수 있는 것은 정신 때문이라는 생각에 만족하지 않았고, 오히려 몸이 우리의 '정박지'이자 세계에 대한 우리만의 관점을 준다고 느꼈다. 그는 우리가 세계에 대해 알고 이해하는 모든 것이 몸과 세계의 관계에서 비롯된다고 믿었다. 데카르트가 남긴 유명한 격언, '나는 생각한다, 그러므로 나는 존재한다'가 정신을 가장 중요시했다면, 메를로 퐁티는 간결하게, '나에게는 몸이 있다. 그러므로 나는 알 수 있다'라고 말했을 것이다. 몸은 메를로 퐁티의 인식과 지식 이론에서 핵심을 차지한다. 메를로 퐁티는 이전 시대를 지배했던 고차원적 형태의 논리적

지능이 정신에 위치한다는 아이디어를 따라가지 않고 우리의 사고는 몸에 의지하고 몸의 안내를 받는다고 주장했다.

메를로 퐁티의 체화 이론embodiment theory을 다루려면 알아야 할 몸에 대한 두 가지 개념이 있는데, 그것은 바로 인식과 도식schema이다. 흥미로운 시각에서 철학을 보기 위해 콘서트장을 꽉 채운 군중 속으로 들어가 보자.

당신은 음악 축제장을 빽빽이 메운 군중 속에 있다. 당신이 보고 싶어 한 밴드가 드디어 무대에 올라 활기차게 연주를 하고 있다. 찬란하게 반짝이는 여름날, 당신은 친구들과 함께 있다. 기분 좋게 술도 한잔했고 삶이 이보다 더 좋을 수는 없다고 느낀다. 주변의 사람들이 음악에 맞춰 몸을 흔들며 함성과 환호성을 지른다. 그런 분위기 속에 당신이 있다. 갑자기 왠지 자신을 제어하고 싶지가 않다. 열광의 순간이 주는 희열 속에서 길을 잃은 것 같다. 무대에서 나오는 소리와 빛에 맞춰 사람들이 흔드는 몸이 당신의 몸으로 바뀌면서 군중의 움직임은 당신의 움직임이 된다.

이때 당신은 현상학자들과 당신이 '경험'이라고 부르는 것을 직접 체험하고 있다. 그리고 당신의 몸이 경험의 중심에 자리한다. 가끔 당신이 춤을 멈추면 내면의 목소리가 '우와!' 하며 생각을 할 수 있다. 하지만 전반적으로 이것은 뇌가 하는 경험이 아니라 감각에 관한 것이다. 멈춰서 소리, 냄새, 광경 등 모든 개별적 요소를 따로 쪼개어 처리하지 않으며, 그 모든 것을 종합해서 경험(그리고 나중에 기억)한다. 당신은 이때 메를로 퐁티가 '전체로서의 세계'라고 부른 것을 경험하고 있으며, 당신이 하는 인식은 몸과 깊이 관련되어 있다. 몸속에 들어가 있지 않으면서 이런 식의 느낌을 받는다는 것은 상상하기 어렵다. 아마도 나중에 친구들에게 그날 저녁에 있었던 일을 말해주고 싶지만, 그때의 경험과 느낌을 적절하게 말로 표현하기가 어려워서 그저 '거기, 그 순간에 거기 있어야 돼'

라고 말하게 될 뿐이다.

콘서트장에서의 경험은 인식의 '몸적bodily' 특징을 보여준다. 이는 뇌에서 일어나는 정신적 운동이 아니라 몸에서 시작되는 무엇을 의미한다. 고대 그리스 철학자들의 주된 관심사였던 인식은 아주 오래된 철학의 수수께끼이고 메를로 퐁티가 전 생애에 걸쳐 자신의 작업에서 보였던 지속적인 관심사였다. 메를로 퐁티는 인식을 정신의 상태가 아니라 우리 몸과 세계와의 관계에서 발생하는 그 무엇으로 보았다. 메를로 퐁티에게 몸은 모든 인간의 이해의 기초를 형성하는 것이었다. 몸으로 하는 인식이 세계를 보여주거나 밝힌다. 우리는 콘서트에 있었고, 콘서트가 우리 안에 있기 때문에 콘서트를 경험하고 이해한다.

몸이 없으면 세상을 경험할 수 없고, 인식이란 정신적 행위가 아니라 몸의 관여로 이루어지는 무엇이라는 개념은 너무나 자명해서 심지어 뻔해 보인다. 하지만 이전의 철학적 관점과 비교해보면, 이는 깊이 있는 변화였다. 콘서트에서 우리가 경험한 모든 것, 그리고 테일러 카르멘의 표현처럼 우리 일상의 삶에서 '사고하기, 판단하기, 기억하기, 상상하기, 예상하기……는 모두 몸 안에 닻을 내리고 있다'는 것을 받아들이면,[7] 우리는 몸이 사물의 중심에 있다는 것을 깨달을 수 있게 된다. 우리가 감각 상태를 단순히 정신의 상태가 아닌 몸의 상태로 경험하면, 그때 인식은 몸적 현상이다.

메를로 퐁티는 세계와 우리의 내적 상태 사이를 조종하는 것도 몸이라고 주장했다. 그의 '신체 도식body schema' 개념은 우리가 우리 몸을 이해하고 몸의 움직임을 이해하며, 몸 자체와 몸 위치의 관계, 타인과 관련된 몸의 위치, 세상과 관련된 몸의 위치를 이해하는 방법을 설명한다. 그리고 스스로에 대한 인식이 우리 주변에서 벌어지고 있는 일에 대한 인식을 어떻게 형성하는지도 설명한다. 또한 이 개념은 우리의 행동이 일상생활의 도구와 우리 주변의 사물에 어떤 식으로 작용하는지를 설명하는데도 사용된다. 콘서트장에서 당신은 휴대전화를 꺼내 친구에게 메시지를 보낸다. 당신은 그 일을 어떻게 하는지 알고, 방법을 생각할 필요도 없다. 주변의 몸들과 함께 몸을 흔들면서 당신은 사진을 찍고, 메시지도 함께 써넣을 수 있다. 메를로 퐁티는 이 과정을 그가 살았던 시대의 키보드였던 타자기를 예로 들어 기술했다.

> 말을 구성하는 글자가 자판에서 어디에 위치하는지 가리키는 방법을 몰라도 당신은 타이핑하는 법을 알 수 있다. 그때 타이핑하는 법을 안다는 것은 자판에서 글자의 위치를 안다는 것이 아니다. 각 글자를 보면서 생기는 조건반사 반응을 얻게 된다는 것을 의미하지도 않는다. (……) 이것은 우리 손안에 있는 지식과 관련되어 있다. 우리의 팔다리가 어디에 있는지 알듯 당신은 자판에서 글자가 어디에 있는지 안다. 익숙함의 지식인 것이다.[8]

신체 도식은 종종 아무런 생각을 하지 않고 우리가 주변에서 일어나는 상황에 어떤 식으로 반응하는지, 또는 의식적으로 많이 생각하지 않으면서 어떤 행동을 할 수 있는지를 말해주는 메를로 퐁티식의 설명이다. '손안의 지식'이란 개념은 반복된 연습을 통해 배운 지식을 묘사하는 메를로 퐁티의 방식인 것이다. 우리가 어떤 일을 하는 방법에 대해 많은 사람들이 여러 가지의 사례가 뇌 속에 저장된 처리 절차 목록을 상상한다. 그리고 우리는 필요할 때 그것을 불러낸다고 생각한다. 메를로 퐁티는 이것을 '내가 아는' 지식이라고 불렀다. 하지만 그는 실제적인 '내가 할 수 있는' 지식에 더 설득되었다. 텍스트 메시지를 치는 행위는 명시적이지 않고 의식적이지도 않다. 그것은 체화된 기술이고 익숙함에서 비롯된다. 그래서 깊이 생각하지 않고도 얼마든지 텍스트 메시지를 쳐서 보낼 수 있다. 일상생활을 하는 우리에게는 이런 손안의 지식이 많다. 이 지식은 어떤 '기술'을 반복적으로 연습해서 만들어진다. 여기서 내가 '체화된 지식'이라고 부르는 것이 대표적인 사례다.

몸으로 습득하는 지식

우리는 일상에서 체화된 지식과 연관된 일련의 행동을 한다. 콘서트장으로 다시 돌아가보자. 당신이 서 있고, 점프를 하고, 몸을 흔들고, 춤을 추고, 또는 특정한 자세를 취할 때 당신은 여러 가지의 '몸적' 움직임을 실행하고 있는 것이다. 도구도 사용하고 있다. 스마트폰으로 사진을 찍고, 성냥으로 담배에 불을 붙이고, 병에 든 음료를 빨대로 마시기도 한다. 발밑 땅에 자신을 두고 주변을 둘러싼 사람들과의 관계를 통해 사회적·물질적 환경에 대응하고 있다. 또한 당신은 폭넓은 범위의 비언어적 행동을 하고 있다. 다른 사람들의 표현을 읽고, 자신의 몸을 이용해 스스로를 표현하고, 주변에 서 있는 사람들과 적절한 거리를 두고 그것을 지키는 느낌을 유지하려 애쓰고 있다. 당신의 몸은 각기 다른 여러 가지의 일을 하고 있는데, 그 모든 것은 어떤 지식을 필요로 한다. 그리고 그 지식은 모두 당신의 몸에서 나온다.

이런 일을 하고 있을 때 어떤 지식에 의존한다는 생각은 들지 않는데, 그 이유는 부분적으로 당신이 하고 있는 일을 생각할 필요가 없기 때문이다. 정신으로부터 의식적인 지시를 받아야 할 필요가 없는 행동을 당신은 하고 있는 것이다. 생각하지 않고 실행할 수 있다는 아이디어는 지식이란 무엇이고 그것이 어떻게 작동하는지에 대한 일반적인 통념에 도전한다. 우리는 글로 쓰여 있거나, 일정한 형식을 따라 뇌와 소통하는 것이 지식이라고 가정하는 경향이 있다. 마치 그것이 '이해한다'의 문을 여는 열쇠인 듯 가능한 모든 것을 언어로 옮기려고 애쓰는 현상은 흥미롭다. 그에 반해 체화된 지식은 문서화된 것이라기보다 경험으로 만들어지며, 그래서 쉽사리, 세세히 말로 설명할 수 없다. 일상생활에서 익숙한 사례를 보면 확실하고 말로 세세히 설명할 수 있는 지식과 체화된 지식의 차이점이 드러난다.

새로운 조리법으로 처음 요리를 할 때 우리는 보통 요리책을 보고 조리법을 꼼꼼히 따라간다. 재료와 그 분량의 조절이 새롭기 때문이다. 제대로 된 결과를 얻기 위해 우리가 반드시 지켜야 하는 단계와 순서를 요리책 저자가 애써 글로 표현했다고 믿는다. 버터가 타지 않을 정도로 데운 팬에 투명해질 때까지 양파를 익히고, 토마토소스가 산화되는 것을 막기 위해 설탕을 작은 스푼만큼 넣는다. 하지만 일단 이렇게 조리법을 보고 요리를 해보고 나면 책에 덜 의지하고 책의 지시 사항을 해석하는 우리의 능력을 더 믿게 된다. 설탕을 조금 덜 넣어도 된다는 것을 알게 되기도 한다. 일을 수행하고 그 과정 중에 우리가 배운 것은 체화된 지식이 되고, 곧 그다지 많은 생각을 하지 않으며 토마토소스를 만들 수 있게 된다.

상황이 바뀌고 몸이 뭘 어떻게 할지 모를 때를 맞이하기 전에는 자신이 어떤 체화된 지식을 가졌는지 알기 어려운 경우가 있다. 열정적인 축제의 팬을 런던 위그모어 홀에서 열리는 베토벤의 현악 4중주 공연에 데려가보자. 이 사람은 달라진 환경에 맞는 행동을 하고 몸가짐을 할 수밖에 없을 것이다. 즉 바른 자세로 조용히 좌석에 앉아 점잖고 정중하게 박수를 치고 작곡가와 연주자의 곡 해석을 감상하고 있다는 신호를 얼굴로 표현할 것이다. 이렇게 어떤 상황에 맞지 않는 곳에 있다는 느낌, 뭔가 낯선 문화적 환경에 있을 때 우리가 경험하는 그 어떤 것은 우리 몸이 그 환경에 익숙해져 있지 않고 그에 맞는 적절한 지식을 보유하지 않고 있다는 사실로부터 발생한다.

체화된 지식을 경험하고 습득하는 데 시간이 걸릴 수 있다. 하지만 이 지식은 다른 세계 속에 몰입함으로써 가르침보다는 행동을 통해 얻기 때문에 우리가 상상하는 것보다 더 쉽게 습득하게 된다. 앞으로 알게 되겠지만, 사실 우리의 몸은 새로운 환경에 적합한 기술을 습득하지 않을 수 없다.

정신보다 몸

인식, 경험, 그리고 지식이 몸적 특성을 가지고 있다는 메를로 퐁티의 주장은 데카르트 이후 만연했던 관점과 대조된다는 면에서 서양 철학이 갈림길에 도달했음을 의미한다고 할 수 있다. 수 세기 동안 인식의 핵심은 정신이라고 여긴 견해가 균열을 일으켜 지식에 대한 새로운 그림이 그려지기 시작했다. 이 지식은 습득되는 방식, 존재하는 곳, 그리고 질과 특성 면에서 매우 다르다. 그러나 정신과 몸을 나누는 데카르트식 이분법은 여전히 고집스럽게 영향력을 미치고 있다. 우리가 교육을 구성하고 비즈니스에서 정보를 모으는 방식, 그리고 컴퓨터 과학의 세계에서 여전히 맹위를 떨치고 있다. 컴퓨터가 정신을 모델로 삼았고 인간의 사고는 데이터 처리와 비슷하다는 개념은 최근 들어 인공지능의 잠재력과 관련된 일련의 과장된 주장으로 이어지고 있다.

우리 주변 세상의 추상적 표현을 처리하는 작업이라고 이해되는 사고하기는 분명 인간이 이룬 업적이고 인간 생활의 핵심이다. 예를 들어 수학적 부호로 세상의 특징을 기술하고 이해함으로써 인간은 산의 높이를 측정하고, 증기기관을 발명하고, 튼튼한 다리를 건설하고, 강력한 소통 기술을 발전시켰다. 그러나 동시에 정신을 우선시하는 관점이 지배적이었기 때문에 몸으로 하는 경험을 통해 이루어지는 이해는 등한시해왔다. 메를로 퐁티가 나오기 전까지 우리는 정신은 이 세상에 존재하며 그 세상을 경험하는 몸의 일부라는 사실을 무시했다.

메를로 퐁티가 정신보다 몸의 중요성을 주장하자 경험과 지식의 특징에 대해 매우 다른 관점이 생겼다. 데카르트식 사고에서 몸의 역할을 강조하는 체화된 관점으로의 전환을 이해하는 하나의 방법은 생각하기와 행동하기의 관계에 주목하는 것이다. 철학은 생각하기에 중점을 두는 경향이 있다. 실용적이며 몸을 이용한 행동은 철학이 그다지 주목하지 않는다. 하지만 우리는 삶에서 생각하기와 행동하기를 모두 한다. 체화된 지식은 생각하기와 행동하기의 중간 지점에 자리한다. 체화된 지식은 우리가 생각하지 않으면서 행동할 수 있게 하는 형태의 지식이다. 몸에 각인되어 있어서 우리가 아는 것을 의식적으로 반영하지 않으면서 얼마든지 행동할 수 있기 때문이다. 우리 몸이 하는 경험, 그리고 몸이 실행하는 행동을 통해 습득하기 때문에 우리는 배우지 않고도 체화된 지식을 발전시킨다.

제2부에서는 체화된 지식에 대해 좀 더 깊이 있게 알아볼 것이다. 먼저 '관찰'을 통해 배우는 방법을 알아보고 '연습'을 통해 우리 몸이 지식과 기술을 습득하는 방식을 살펴볼 것이다. '즉흥성' 편에서는 체화된 지식을 통해 인간이 낯선 것에 반응하는 방법을 알아본다. 우리 몸은 다른 사람의 의도와 감정을 이해하는 데 핵심적이다. '공감' 편에서 그것에 대해 다룰 것이다. '보유' 편에서는 우리 몸이 경험한 것을 기억하는 방식을 알아보고, 그것이 어떻게 정신의 강력한 보완재 역할을 하는지 살펴

볼 것이다.

우리의 경험에서 몸이 하는 핵심적 역할에 대해 얼마나 많은 현상학자들의 주장이 과학적 발견에서 비롯되었는지 알게 될 것이다. 그리고 체화된 지식이 우리 일상의 모든 국면의 중심이라는 사실도 깨닫게 될 것이다.

제2부

몸의 학습법

관찰

몸은 인간이 보유한 최초이자 가장 자연스러운 도구다.[1]
마르셀 모스

서양 문화는 오랫동안 전통적으로 시각을 다른 감각보다 우위에 두었다. 그리하여 '보는 것이 믿는 것이다 seeing is believing'라고 말하며, 무엇인가를 이해했을 때 '아이 씨 I see'('본다'에 '안다', '이해한다'는 의미가 있음으로 해석된다 - 옮긴이)라고 말한다. 플라톤과 아리스토텔레스 모두 시각을 이성, 그리고 확실성에 연관시키기도 했다. '대중문화의 대제사장, 미디어의 형이상학자'로 일컬어지는 캐나다의 철학자 마셜 맥루한 Marshall McLuhan은 〈플레이보이〉와의 인터뷰에서 인간이 다른 감각과 비교했을 때 시각이 '멋지고 중립적인' 우월성을 가졌다고 믿게 된 것은 글을 읽고 쓸 줄 아는 능력과 인쇄물 때문이라고 말했다.[2] 맥루한은 우리가 시간과 공간을 인지하는 방식이 '시각의 부상'으로 인해 근본적으로 변화했다고 설명했다. 그는 '부족사회 세상의 인간은 복잡하고 변화무쌍한 삶을 살았는데, 그 이유는 바로 눈(시각)은 분석적이고 이성적인 반면에 귀(청각)는 초점을 맞출 수 없고 공감각적이기 때문이다'[3]라고 주장했다. 그는 또한 글을 읽고 쓸 줄 아는 능력이 인간에게 '귀를 위한 눈'을 주었으며, 이로 인해 듣기뿐 아니라 만지기, 맛보기, 냄새 맡기 능력도 줄어들었다고 말했다.

그런데 몸은 종종 우유부단한 '느낌'과 기만적 감정의 영역으로, 우리를 잘못된 길로 호도할 수도 있다고 간주된다. 그래서 우리는 감정을 배제하고 오직 사실만 보라는 말을 듣곤 한다. 하지만 우리가 이해하려 애쓰는 세계가 바로 우리가 서 있는 곳일 때 그 그림에서 우리 자신을 배제하기란 어려운 일이다. 몸을 통해 세상이 우리에게 그 실체를 드러낸다는 메를로 퐁티의 아이디어는 우리가 가진 모든 감각을 이용해 사고하라는 요청이다. 관찰은 단순히 '보는 것' 이상을 의미한다. 우리 몸에 꼭 맞는 모든 감각적 도구를 사용하라는 뜻이다. 단순히 눈으로 사물을 인식하지 않는 경우가 많다. 우리는 만지고, 냄새를 맡고, 또는 조작을 해서 어떤 사물을 인지한다. 그리고 일부러 의식해서 보지 않아도 우리 주변에서 벌어지는 일을 인식할 수 있고, 그것이 우리와 어떤 식으로 연결되는지도 안다. 의식적으로, 그리고 또한 의식하지 않으면서 몸으로 정보를 받아들이는 것이다.

사막에서 본 다양한 풍경

스티브 아이스만Steve Eisman과 동료들은 라스베이거스에서 며칠을 보낸 후 큰 재산을 벌 일을 포착했음을 깨달았다. 그들은 결정을 내려야 했다. 엄청나게 재산을 증식하고 2000년대 초에 발전된 금융 피라미드 구조(이 피라미드가 전 지구적 금융 시스템의 붕괴와 2007년부터 2010년까지의 엄청난 경기 침체를 야기했다)를 해체하는 데 주도적 역할을 하게 할 결정이었다.

스티브 아이스만은 빈센트 대니얼Vincent Daniel, 포터 콜린스Porter Collins, 대니 모지스Danny Moses와 함께 프런트포인트 헤지펀드FrontPoint hedge fund를 운영했다. '대담하고 거창하며 집중력이 강한' 아이스만은 통념에 반대하는 기질을 타고난 역투자가로, 1997년에도 서브프라임sub-prime(비우량) 대출 위기를 미리 포착해 이득을 본 적이 있었다. 서브프라임 대출 위기는 신용 기록이 불량하거나 아예 없는 사람들에게 대출을 해주고 그 대출금을 부도율default이 매우 높은 금융상품으로 '자산유동화'를 시킨 다음 이 두 가지를 묶어 투자은행이 큰 이익을 남기고 판매할 수 있는, 겉보기에 안전한 금융상품으로 둔갑시킨 사건과 관련되어 있다.

전 지구적 금융위기의 근원에는 주택담보대출mortgage loan의 자산유동화 문제가 있었다. 21세기 초에 주택 가격이 오르면서 은행가들은 규정이 매우 느슨한 대출상품을 재포장해 사람들에게 판매할 기회를 포착했다. 수입이 적은 사람들에게는 좋은 조건으로 돈을 빌려준다고 하고, 이미 주택담보대출을 받아 집을 소유하고 있는 사람들에게는 새롭게 대출을 받아 집을 한 채 더 마련하라고 제안한 것이다. 이런 과정이 여러 차례에 걸쳐 반복되면서 이 대출금은 수익성 높은 자산유동화의 재료가 되었다. 2005년경 미국에서 발행된 주택담보대출금만 6,250억 달러에 달했다. 대출금은 '생성된' 다음 월가의 은행에 팔려 채권으로 재포장되었고, 다시 투자자들에게 판매되었다. 2005년 말 '서브프라임 대출상품을 담보로 만들어진 채권'의 시장가치는 5,000억 달러에 달했다.

이런 채권들은 대개 소수만 이해할 수 있는 난해한 이름이 붙으며, 그래서 진짜 무슨 상품인지 애매하고 알 수가 없다. 그저 안전하고 안정적인 상품으로 들리도록 금융업자들이 이름을 붙인다.

그렇게 나온 채권인 '부채담보부증권Collateralized debt obligations'은 대출에 대한 부채를 묶어 포장한 상품이다. 이미지 쇄신을 위해 이동주택을 조립식 주택이라고 바꿔 말하는 것처럼 스스로 불분명한 명칭을 붙인 것이었다. 이런 언어적 속임수 때문에 혼탁한 그 세계의 전말을 자세하게 밝히기가 어려웠다.

이러한 대출 패키지 상품은 개별 대출상품이 부실화될 위험으로부터 대출기관을 보호하기 위해 만들어졌다. 최소한 이론상으로는 그렇다. 그런데 그럴듯하게 들리는 용어의 이면에서는 사람들이 갚지 못하는 대출금이 묶여서 정부 발행 채권만큼 안전하다고 선전되며 다른 투자자들에게 재판매되고 있었던 것이다. 아이스만은 무슨 일이 벌어지고 있는지 감지했지만 자신의 직감이 맞다는 것을 증명하려면 이 시장을 새로운 시선으로 봐야 할 필요가 있다고 생각했다. 아이스만과 그의 팀은 안개처럼 뿌연 서브프라임 증권화의 세상을 밝히는 작업에 착수했다.

아이스만은 10년 이상 월가의 내부와 주변에서 일했기 때문에 이를 꿰뚫어볼 수 있는 눈을 가졌는데, 기본적으로 그 세계에서 일하는 사람들과 그들의 방식을 불신했다. 그는 보통 사람들에게 대출해주는 개인과 회사를 잘 알고 있었고 투자은행에서 부채상품을 판매하는 맵시 있는 옷차림의 직원들에게도 익숙했다. 그리고 아이스만에게는 작지만 믿을 수 있는 프런트포인트 팀이 있었다. 항상 시장에 눈과 귀를 열어두는 빈센트 대니얼은 '신중하고 조심성이 많으며 디테일에 관심을 두는' 인물로, 1990년대 서브프라임 시장에서 불량 상품을 분석하면서 경력을 쌓았다. 그는 무슨 일이 벌어지고 있는지 이해하기 위해 대출상품에 관련된 대량의 데이터를 법의학자가 작업을 하듯 6개월 이상의 시간을 들여 정밀하게 분석했다. 그렇게 얻은 데이터로 철학자 토머스 네이글Thomas Nagel이 '초월적 관점view from nowhere'이라고 부른 객관적이며 분리된 관점을 가질 수 있었다.

프런트포인트 팀은 시장에서 이상한 냄새가 난다는 것을 감지했다. 매우 열광적인 자신감과 애매모호한 용어가 보내는 모순적 메시지를 받은 그들은 뭔가 이상하고 말이 안 된다는 것을 느꼈다. 아이스만은 이를 다음과 같이 회고했다.

"첫날부터 우리는 이것들을 공매도해 큰돈을 벌게 될 때가 올 텐데, 그러면 시장은 폭발해버릴 거라고 이야기했습니다. 그저 그 일이 언제, 어떻게 일어날지 모를 뿐이었죠."[4]

하지만 아이스만의 팀은 조심스러웠고 (앞을 내다보는 눈도 있어서) 자신들의 데이터 분석을 보충하고 다른 관점을 가져볼 필요가 있다고 생각했다. 그래서 해변과 사막이 많은 캘리포니아·플로리다·애리조나·네바다 주를 대상으로 '다른 곳에서 본 관점view from somewhere'을 수집해보기로 했다. 소위 이 '모래의 주들 sand states'은 주택시장이 특히 과열되어 있고, 라스베이거스의 경우 화려한 호텔이 즐비한 곳이었다.

2007년 초 아이스만의 팀은 라스베이거스의 베네치아 호텔에서 열린 채권 딜러와 채권 판매자들을 위한 회의에 참석했다. 아이스만의 실제 이야기를 토대로 『빅 쇼트The Big Short』를 쓴 마이클 루이스Michael Lewis는 이 호텔을 '외관은 두칼레 궁전인데 안에서는 단테의 신곡Divine Comedy이 벌어진다'고 묘사했다. 이곳에서 그들은 매우 불안정하고 이름만으로는 도저히 내용을 알 수 없는 금융상품을 팔아 돈을 버는 정장 차림의 남자들을 보게 된다. 회의장 내의 뜨거운 구매 유도 분위기에서 한 발 물러선 아이스만과 동료들은 두 개의 주사위를 사용하는 도박 게임 크랩스craps를 하고 있는 채권 딜러들을 발견했다. 크랩스도 그들이 파는 금융상품처럼 복잡한 외양의 게임으로, 주사위는 언제나 은행가에게 유리하게 포개진다는 사실을 숨기고 있다. 이들이 다른 사람의 돈으로 도박을 하고 있는 동안 회의 참석자들은 저임금을 받는 미국인 노동자들의 시중을 받고 있었다. 이 저임금 노동자들은 자신이 감당하기 힘든 주택을 구매하기 위해 대출을 받았지만, 애초에 은행가들의 모델이 추정한 것과 달리 집값은 영원히 오르지 않을 형국이었다. 빈센트의 동료가 저녁 외출을 마치고 돌아와 빈센트에게 다섯 채나 되는 집의 홈에쿼티론home equity loan(담보대출을 제외한 주택의 순가치를 담보로 다시 받는 대출 – 옮긴이)을 받았다는 스트립 댄서를 만난 이야기를 해주었다. 앞선 현장 조사에서 아이스만의 팀은 플로리다에 갔는데, 그곳에서는 자기가 기르는 개의 이름으로 주택을 등기한 남자에게서 집을 임대한 사람을 만나기도 했다.

싸구려 양복, 그리고 강력한 신호

1월에 라스베이거스에서 얻은 관점에는 흥미로운 이야기와 수많은 작은 디테일이 있는데, 이것들이 모여 전체적으로 불안한 그림을 완성시켰다. 아이스만은 특히 금융업자들이 입고 있는 양복을 보고 놀랐다. 그가 보고 있는 것은 무언가 뒤죽박죽이라고 말하고 있었다.

호텔에서 금융 영업 사원들이 열정적으로 판매하는 상품은 무디스Moody's나 피치Fitch 같은 신용등급 평가 기관의 승인을 받은 것이었다. 실은 불량한 상품인데 우량한 신용등급으로 축성함으로써 적합성을 인정받은 셈이다. 아이스만이 추론해보건대 이런 신용등급 평가 기관에서 일하는 것은 복잡한 상품을 가장 정확하게 분석해내야 하므로 보수를 많이 받는, 누구나 탐낼 만한 직업임이 틀림없었다. 그런데 이들이 입은 옷은 J. C. 페니 백화점에서 판매하는 저렴한 기성복인 '파란 양복에 넥타이, 그리고 풀을 너무 빳빳하게 먹인 셔츠'였다.[5] 아이스만에게 이들의 복장은 정점에 달한 시장에서 판매되고 있는 상품을 비판적 시선으로 바라보아야 할 때 펼쳐지고 있는 드라마의 주연의 것이 아니었다. 뭔가 상황에 맞지 않고 어색했다.

대니얼, 콜린스, 모지스, 그리고 아이스만은 다양한 경험을 한 뒤 시장에 대한 자신들의 생각을 굳히고 라스베이거스를 떠났다. 라스베이거스는 2009년 무렵 미국에서 주택담보권 행사를 주도적으로 이끌었다. 그 회의에 참석한 사람의 숫자(일반적으로 주식 상품 회의에 참여하는 사람의 숫자는 500명 정도인 데 반해 여기는 7,000명이었다), 현란하고 터무니없는 행동, 숨 가쁘게 이루어지는 판매 홍보, 영업 사원들의 복장 등은 아이스만과 그의 팀이 알아야 할 것을 말해주고 그들 나름의 결론을 내리는 데 도움이 되었다. 아이스만이 보기에 시장은 제정신이 아니었다. 아이스만의 팀은 앞서 서브프라임 시장이 하락할 것이라고 예측했고 수익을 내기 위해 이미 3억 달러를 공매도에 밀어넣기로 결정한 상태였다. 라스베이거스를 떠나면서 이들은 재빨리 액수를 5억 5,000만 달러로 올렸다. 그리고 한 술 더 떠 무디스의 주식과 싸구려 양복을 입은 분석가들도 함께 공매도해버렸다.

아이스만의 팀은 명석하고 분석적이며 세세한 부분도 놓치지 않았다. 그들은 무슨 일이 벌어지고 있는지 이해하는 데 도움이 되는 신호를 찾아 시장 데이터를 샅샅이 뒤졌는데, 올바른 방향으로 가고 있었다. 하지만 어려운 전문용어로 가려진, 극히 소수만 이해하는 시장에서 자신들의 믿음을 확신하려면 다른 정보가 필요했다. '초월적 관점'에서 나온 데이터로 분석한 시장의 그림은 분명 뭔가를 암시하지만 결정적이지는 않았다. 이와 대조적으로 스트립쇼장, 플로리다의 주택 사기판, 도박 게임 테이블에서 얻은 정보는 이들에게 서브프라임의 세계를 밝혀주고, 높은 곳에서 조망할 수 있는 풍부하고 전지적인 관점을 제공했다. 프런트포인트 팀은 그래서 확신했고 이것이 거대한 다단계 금융 사기임을 다른 사람들이 알아차리기 전에 시장을 거스르는 결정을 내릴 수 있었다.

라스베이거스로 가기 전 이들은 서브프라임의 세계에 대해 오직 이론적인 그림만 가지고 있었다. 추상적 데이터로 작성된 정교한 스프레드시트가 사용할 수 있는 최고의 모델이었다. 하지만 이런 모델은 내적으로 시장 참여자의 믿음, 즉 주택 가격은 계속 상승할 것이고, 사람들이 받은 주택 대출금은 상환될 것이며, 저임금 또는 아예 임금을 받지 않는 사람들에게 빌려준 대출금은 채권으로 다시 포장하면 안전할 것이라는 예측을 그대로 따라갔다. 서브프라임의 세계에 대한 이런 객관적 분석은 아이스만의 (라스베이거스가 있는) 네바다 주에서의 첫 경험에서부터 빗나가버렸다.

프랑스의 사회학자 마르셀 모스Marcel Mauss는 1935년에 쓴 글에서 '몸은 인간이 보유한 최초이자 가장 자연스러운 도구'⁶라고 말했다. 몸이 우리가 세상의 지식을 배우고, 인지하고 표현하는 방식의 중심에 있다는 의미다. 아이스만은 몸을 이용해 시장을 밀착 관찰함으로써 매우 복잡한 대규모의 현상에 대해 좀 더 통합적인 관점을 만들어낼 수 있었다. 이런 '다른 곳에서 본 관점'은 불완전하고 1인칭적이지만 구체적이었다. 시장의 모델들은 일견 말이 되는 것처럼 보였지만 프런트포인트 팀은 그것이 모순되고 일관성이 없다는 것을 금방 알아차렸다. 집값이 항상 오르지는 않을 수 있는데, 저임금 생활자가 집을 다섯 채씩 가지고 있다는 것은 좋은 징조가 아니었다. 그런데 시장은 공급과잉이다? 이것이 의미하는 것은 단 하나, 집값 하락이었다.

당신이 어디를 봐야 할지 알았다면 이런 관찰이 가능했을 수도 있다. 그런데 아이스만은 지성보다 경험에 근거한 관점을 만들어냈다. 라스베이거스에 가지 않았다면 결코 얻지 못했을 관점이다. 또한 그는 자신이 동원할 수 있는 모든 능력을 이용해 벌어지고 있는 상황을 파악하고 이해했다. 주변에서 아이스만이 포착해낸 단서, 예를 들어 수상한 냄새를 풍기는 싸구려 양복 같은 것은 그의 팀이 이미 마친 분석을 확인하는 효과를 증폭시켰다. 그렇게 작은 디테일이 금융의 수수께끼를 푸는 단서가 될 거라고 누가 알 수 있었을까?

몸을 통해 인식할 수 있고 각기 다른 감각, 세계와 소통해서 얻은 투입분이 통합되는 곳은 다름 아닌 몸이라는 메를로 퐁티의 통찰력은 우리가 아이스만과 그의 팀이 어떻게 라스베이거스에서 그토록 많은 것을 얻을 수 있었는지 이해하게 해준다. 시장의 객관적 관점은 수많은 데이터 포인트를 담고 있다. 하지만 아이스만은 서브프라임의 세계에 몰입했기 때문에 데이터가 놓치는 여러 가지의 신호와 단서, 실마리 등을 포착할 수 있었다. 다른 것보다 더 강한 신호가 있었지만 라스베이거스에서 한 전반적인 경험 덕분에 아이스만과 그의 팀은 시장에 대한 공식적이고 객관적인 관점과 실제 벌어지고 있는 일 사이의 격차를 이해할 수 있었다.

우리는 데이터를 신탁이자 진실과 통찰력을 전달하는 것으로 간주하는 세상에 살고 있다. 데이터는 우리에게 객관적인 3인칭 관점을 제공한다. 그리고 숫자가 지배하는 금융의 세계에서는 '초월적 관점'이 더 중요하다는 인식이 팽배하다. 프런트포인트 팀이 시장을 이해한 방식은 특이했지만 시장을 이해하려는 적극적인 접근 덕분에 결과적으로 이길 수 있었다. 서브프라임 채권을 공매도한 결과 그들은 7억 달러에서 15억 달러로 펀드를 두 배로 불릴 수 있었다. 여기서의 핵심은 그들이 몸으로 경험한 단서와 신호다. 그런데 타인 혹은 다른 종의 세계를 이해하기 위해 관찰의 힘을 사용한 사람이 아이스만 혼자는 아니다.

동물이 되어보다

법정 변호사가 런던 이스트엔드의 피자 가게 옆 좁은 골목에서, 또는 웨일스의 언덕에 굴을 파고 그 안에서 잠자는 모습을 상상할 수 있겠는가? 또는 물이 빠르게 흐르는 데본 강가에서 벌거벗고 있는 사람을 보거나 킁킁거리며 수달의 똥 냄새를 맡고 있는 사람을 본다면 아마도 조금은 놀랄 것이다. 인간은 보통 사냥을 하는 쪽이지만 만약 당신이 수사슴처럼 광활한 황야에서 사냥을 당하는 처지라면 어떤 느낌이 들 것 같은가? 런던 이스트엔드의 골목에서 여우들과 함께 잠을 자며 밤을 보낸다면 어떤 기분이 들까? 동물의 삶에 매혹된 찰스 포스터Charles Foster는 이 같은 질문에 답하고자 색다른 일을 시도하게 되었다.

찰스 포스터는 어린 시절 마을 도서관에서 동물 관련 책을 열심히 읽으면서 동물의 왕국에 매혹되기 시작했다고 말한다. 그런데 거기서 멈추지 않았다. 포스터는 의료법과 윤리학 박사학위를 가지고 있는 베테랑 변호사이자 수의사이기도 하다. 그는 자신이 키우는 동물들을 잘 알지만 항상 인간이 가지고 있는 동물에 대한 지식이 만족스럽지 않다는 생각을 하고 있었다. 그런 지식은 인간이 일방적으로 동물에게 부여한 것으로 느껴졌다. 가령 신경과학이 발달해 오소리가 삼림지대에서 예민한 코로 뭔가를 탐색할 때 뇌의 어느 부분에 불이 켜지는지는 알 수 있지만, 오소리에게 세상은 어떤 냄새가 나는지는 우리 인간이 알 수 없다. 또한 오소리에게 세상이 어떤 식으로 보이는지 우리는 어떻게 이해할 수 있을까? 오소리의 눈으로 본 세상은 우리에게 타자의 눈으로 세상을 보는 방식에 대해 무엇을 말해줄까?

포스터의 답은 매우 간단했다. 오소리처럼 되는 게 어떤지 알고 싶으면 오소리가 되어야 한다. 그는 JCB 굴착기를 가지고 있는 친구에게 부탁해 웨일스의 언덕 같은 환경을 만들고 거기에 아들과 함께 집처럼 머물 곳을 준비했다. TV 게임쇼처럼 꾸민 설정이 아니라 정말로 그들은 오소리처럼 벌레와 유충을 우적우적 씹어 먹고, 팔다리를 모두 사용해 주변의 서식지를 탐색했다. 오소리는 코로 사물을 보는 동물이다. 그래서 포스터는 아내에게 집 안에 냄새가 강한 스틸튼 치즈를 숨기도록 한 뒤 눈을 가린 상태에서 그것을 찾는 활동을 해보았다.

우리 인간이 세상을 보는 방식으로 타자, 특히 동물들도 세상을 본다는 생각의 함정을 피하는 것이 포스터의 원대한 야망이었다. 이를 위해 그는 동물 서식지에 완전히 몰입해 그들의 행동을 충실히 따라 해보기로 했다. 포스터는 "오소리가 되면 나는 굴속에 살면서 벌레를 먹습니다. 수달이 되면 이빨로 물고기를 잡으려고 하죠"[7]라고 말한다.

포스터의 이런 특이한 행동은 고대로부터 지금까지 지속된 동물에 매혹되는 인간의 특성이다. 동물을 그린 석기시대의 그림은 인간이 1,000년도 넘게 동물의 세계에 관심을 가졌음을 보여주는 증거다. 과학의 발전으로 세상을 새의 시점에서 볼 수 있고, 새의 청각은 어떻게 들리는지 알 수 있게 되었다. 하지만 다른 동물이 된다는 것이 어떤 것인지 우리가 진정 알 수 있을까?

철학자 토머스 네이글은 자신의 글에서 '박쥐가 된다는 건 어떤 것일까?'[8]라는 질문을 던졌다. 물론 이는 학문적으로 심사숙고한 뒤에 나온 질문이며 포스터가 한 노력과는 매우 다르다. 네이글이 박쥐를 선택한 것은 오소리와 마찬가지로 박쥐가 세상을 보는 방식이 인간의 그것과 다르기 때문이다. 박쥐는 사물을 찾고 인지하는 데 반향 위치 측정 방식을 사용한다. 네이글은 인간이 박쥐로 변해 반향 위치 측정을 하는 능력을 갖는다면 박쥐의 삶과 행동을 경험할 수 있을 테지만, 박쥐와 인간의 뇌 '배선'이 다르기 때문에 인간이 박쥐의 사고방식을 갖지는 못할 것이라고 주장했다. 그가 내린 결론은 수단이 다르기는 했지만 포스터가 내린 결론과 같은 부분이 있다. 다른 동물처럼 행동하면 그 동물이 세상을 경험하는 것에 좀 더 가까이 다가갈 수 있다는 것이다.

별나고 무모한 행위를 하는 목적을 설명하기 위해 포스터는 친구인 그리스 시인에게 자신의 모험담을 이야기했고 모든 것이 타인의 세상을 이해하기 위한 노력이라고 설명했다. 그런데 그 시인 친구는 먼저 '앨라배마 출신의 남부 침례교도의 세계에 산다는 게 어떤 것인지 전혀 감이 오지 않는다'고 말하면서 일단 문화적으로 거리가 먼 그룹의 사람들을 예로 들었다.[9] 포스터는 그 시인이 앨라배마에 가본 적이 없다는 것을 알기 때문에 그의 말에 동의할 의향이 있었다. 그리고 자신이 여우와 함께 지내본 덕에 여우를 잘 알게 되었음을 깨달았다.

"나는 근본주의자들보다 여우와 훨씬 더 많은 것을 나누었어. 숲과 흙, 뼈와 정액, 그리고 추위라는 체화된 감각의 세계에서 여우와 함께 지낸 거지."

포스터는 동물은 자신이 살고 있는 세상을 인식할 때 특정 감각 능력을 사용한다는 아이디어를 정립했다. 포스터가 동물이 가진 능력을 모두 보여줄 수는 없겠지만, 몸으로 먼저 그들의 세계를 가능한 한 많이 관찰함으로써 그는 동물이 되어본다는 것이 어떤 일인지 한층 더 깊이 있게 이해할 수 있었다.

◆———◆——◆◀◆▶◆——◆———◆

종 사이의 장벽을 넘어서려 한 괴짜 영국인이 포스터만 있었던 건 아니다. 포스터는 이렇다 할 지지를 받았다고 할 만한 것 없이 직접적인 접근 방식을 취했지만 디자이너 토머스 트웨이츠Thomas Thwaites는 조금 다른 방식을 시도했다. 트웨이츠의 이야기는 그가 일자리 때문에 힘들어하던 시기의 어느 날 아침에 시작되었다. 미래에 대해 약간 우울한 감정이 든 트웨이츠는 개를 데리고 산책을 나갔다. 직장으로 몰려가는 런던의 수많은 통근자와 반대 방향으로 반려견 노긴을 산책시키던 트웨이츠는 문득 개가 된다면 어떤 기분이 들까 궁금해졌다. 그러면 세금이나 직장

상사 걱정은 물론 수입 불균형, 기후변화나 테러 등에 대해 고민할 필요가 없지 않겠는가? 그는 스스로 '인간의 능력을 2주 동안만 꺼버리면 좋지 않을까?[10] 완전하게 이 순간을 살아보기 위해 무슨 일을 했는지, 앞으로 뭘 할지, 뭘 해야 하는지 같은 건 걱정하지 말고 말이야. 인간임을 그만두고 잠깐 쉬어보는 거야. 아주 잠시 동안만 동물이 되어보면 좋지 않을까?'라고 생각했다.

처음에 트웨이츠는 코끼리의 외골격을 만들어 알프스를 넘는 것을 목표로 삼았다. 심지어 이 목표를 달성하기 위해 웰컴 재단Wellcome Trust으로부터 자금을 지원받기까지 했다. 그런데 그 정도의 크기와 힘을 가진 동물로 변하기는 힘들 것이라는 점을 깨달았다. 이에 대해 그는 인간의 세계와 동물의 세계 사이를 넘나드는 경험을 한 덴마크인 주술사와 의논을 했고 주술사는 트웨이츠에게 코끼리 대신 염소가 되어보라고 조언했다.

이 모험을 위해 트웨이츠는 세 가지의 독특한 접근 방식을 고안해 냈다. 먼저 그는 책을 통해 염소의 뇌를 연구하고 가능한 한 많이 염소의 몸이 되어보고 염소로 사는 경험을 시도했다. 먼저 그는 염소들의 문화를 공부하고 많은 것을 읽었다. 염소의 사회생활, 무리 내의 엄격한 위계질서 등에 대해 배웠다. 트웨이츠는 언어능력은 염소의 세계에서 방해가 될 수 있다고 생각해 경두개 자기자극법transcranial magnetic stimulation 전문가를 찾아갔다. 경두개 자기자극법이란 자기장을 이용해 뇌 속의 신경세포를 자극함으로써 우울증 증세를 완화시키는 요법이다. 트웨이츠는 이 전문가가 그의 뇌에서 언어를 관장하는 영역의 스위치를 끄면 염소가 되는 모험에서 한 단계 더 앞으로 나아갈 수 있을 거라고 생각했다. 그런데 이것은 다소 위험할 수 있다는 것을 알게 되었고, 그래서 몸을 염소의 몸으로 바꾸는 데 초점을 맞추기로 했다. 트웨이츠는 염소처럼 생각하려 노력하는 것은 아주 좋지만 체화가 되지 않으면 절대 염소가 되었다고 느꺼지지 않을 거라고 생각했다.[11] 그래서 팔은 다리로, 손은 발굽으로 바꿔보기로 했다.

그는 보철 전문가에게 의뢰해 특수 다리를 디자인해 장착했고 염소처럼 네 다리로 걸을 수 있게 되었다. 심지어 320도의 시야를 볼 수 있는 염소의 시력을 재현하려 했지만, 그러려면 정교한 비디오 고글이나 탱크의 잠망경을 만드는 기술이 필요했다. 그래서 자신이 할 수 있는 선에서 가능한 준비를 마친 후 염소 무리를 만나고자 스위스령 알프스로 갔다.

트웨이츠는 염소들과 함께 지내는 시간을 즐겼다. 염소를 치는 주인은 자신의 염소들이 이 인간 염소에게 잘해준다고 생각했다. 트웨이츠는 '염소 수트'를 입고 염소들과 같은 눈높이에서 서로 쳐다보고 냄새나는 염소들과 같이 호흡했다. 그는 '다른 누군가의 입을 통해 세상을 볼' 수 있었고, 염소가 하는 대로 행동했다. 트웨이츠는 풀밭으로 걸어가 풀을 조금 뜯어 먹고 몇 분 후에 또다시 다른 풀밭으로 이동했다.

'산기슭을 내려오며 한쪽 팔로 프레스 업 운동을 하는 것처럼' 산에서 네발짐승이 되어 행동하는 것은 육체적으로 매우 힘들었다. 곧 엄청나게 땀이 났고, 팔을 너무 많이 쓴 나머지 심한 근육통에 시달렸다. 보철 장비를 착용한 상태에서는 산으로 걸어 올라가는 게 내려가는 것보다 쉽다는 것을 알았는데, 어느 순간 자신이 염소의 세계에서 실례를 범했다는 생각이 들었다. 언덕에서 무리보다 더 높은 곳에 있는 것은 그가 염소 사회의 서열에서 무리를 지배한다고 선언하는 것으로 보일 수 있기 때문이다. 곧 다른 염소가 다가와 그를 서열 정상에서 아래로 밀어냈다. 한 주를 그렇게 풀밭과 눈 덮인 들판을 가로지르는 경험을 한 뒤 트웨이츠는 자신의 노력 덕에 눈에 띄는 육체적 변화뿐 아니라 내면에도 변화가 생겼음을 느꼈다. 염소들을 가까이서 관찰함으로써 그들의 세계에 조금 더 가까워진 것이다.

트웨이츠가 염소의 몸에 대해 세세한 부분까지 초점을 맞추었던 것과 포스터가 알고 싶었던 동물의 세계를 경험한 노력에는 비슷한 점이 있다. 두 사람 모두 아무리 애써도, 가령 트웨이츠의 경우처럼 육체적으로 외형을 바꿔 다른 동물의 세계에 들어가 그 세계를 관찰한다 해도 다른 종의 세계에 들어간 자신을 생각하기는 쉽지 않다는 것을 알게 되었다. 트웨이츠와 포스터 둘 다 이 점을 깨달았다. 그것을 알기 위해 트웨이츠는 네 발로 걸어 다녀야 했고, 포스터는 교회 경내에서 앞을 보고 엎드린 채 여우를 관찰했던 것이다.

하지만 이들 동물 인간의 실험은 관찰이란 단순히 눈으로만 하는 활동이 아니라는 것을 보여주었다. 관찰이란 몸 전체로 확장해야 하며 동물이건 다른 사람이건 타자의 세계를 진정으로 이해하려면 그들의 세상을 체화해야 한다는 의미다. 인간의 몸은 화학적·기계적·시각적, 그리고 열을 느끼는 감지기로 도배되어 있다시피 한데, 이런 감지기로 우리는 주변 세상을 느낄 수 있다. 또한 우리에게는 위치와 몸의 움직임을 감지하는 자기수용 능력이 있다. 인간의 뇌는 대부분 이 모든 정보의 처리를 담당하기 때문에 세상을 이해하기 위해 이런 자원을 완전히 이용하는 것이 합리적인 듯하다.

네이글은 사고의 측면에서 우리가 박쥐의 세상으로 들어가 그 세계를 사고할 수 있을지에 관심을 가진 반면, 포스터와 트웨이츠는 주변 세상을 감지하도록 디자인된 강력한 성능의 장비를 가졌어도 정신과 몸을 분리하고 몸보다 정신에만 의존한다면 그런 장비가 그다지 실용적이거나 철학적 효용이 없다는 것을 깨달았다. 포스터는 '잠수복은 산천에 의해 수태되는 상상력을 방해하는 콘돔'[12]이라 결론짓고 영국 서남부의 엑스무어Exmoor에서 수달과 함께 나체로 강물에 뛰어들었다. 그는 감각을 방해하는 행동을 하지 않는 것이 합리적이라고 생각했다.

동물의 관점을 이해하려 한다면 '다른 곳에서 본 관점'은 그 동물의 관점이어야 하며, 오직 시각에만 의존해서는 안 된다. 포스터는 오소리가 하는 방식으로 '또렷하게 냄새를' 읽을 수 있길 바라며, 인간은 '매우 예민한 손을 가지고 있지만 그 손에 두꺼운 장갑을 끼고 세상을 만지며 형태가 없다고 불평하고 지루해한다'고 성토한다. 포스터와 트웨이츠의 모험은 우리에겐 몸이 있고 그 몸을 이용해 하나가 아닌 여러 가지의 감각적 방법으로 세상을 관찰할 수 있다는 것을 보여준다.

물론 사람의 몸에는 제약도 있다. 트웨이츠는 염소가 되는 과정에서 인간의 관절이 가진 한계를 경험했고 포스터는 칼새가 되길 원했다. 그러나 가장 큰 제약은 지식을 습득할 때 몸이 아닌 정신을 사용하려 하는 우리의 고집이다. 우리는 설명을 통해서가 아닌 관찰을 통해 얻은 지식을 다양한 상황과 환경에서 접할 수 있다. 지금부터는 어떻게 그 일이 일어나는지를 설명하는 흥미로운 과학 분야에 대해 이야기해보겠다.

눈으로 지식을 훔치다

인류학자 트레버 마천드Trevor Marchand가 탄 비행기가 예멘의 수도 사나Sana'a로 들어가고 있었다. 때는 1990년대 중반으로, 예멘을 잿더미로 만든 피비린내 나는 내전이 발발하기 수십 년 전이었다. 하늘 높이 우아하게 솟은 미나레트minaret(이슬람 사원의 탑 – 옮긴이)에서는 신실한 이들에게 기도 시간을 알려주는 종소리가 울려 퍼지고 있었다. 마천드는 주택 건축이나 복원 프로젝트에서 실습을 하며 기능장들의 작업을 배워볼 계획이었지만, 이내 길 끝에 반쯤 지어진 이슬람 사원에 높이 솟아 있는 미나레트에 마음이 끌렸다.

현지인들과 시간을 가질 방법을 찾으려는 인류학자라면 누구라도 그렇듯 마천드는 매일 아침 현장 맞은편에 앉아서 오가는 사람들과 작업 과정을 관찰하며 누군가의 주의를 끌기를 바랐다. 다행히 효과가 있었다. 재미있게 생긴 캐나다인이 매일 아침 사나 거리에 앉아 있는 것은 예사롭지 않은 광경이었다. 모스크 건설 현장의 석공 장인이 다가와 마천드에게 무엇을 하고 있느냐고 물었다. 마천드는 그곳의 도제 시스템과 사원 건설 과정을 이해하고 싶고, 그래서 사나의 건축업자들과 작업을 해보고 싶다고 대답했다.[13] 이에 흥미를 느낀 석공 장인은 마천드에게 작업 현장을 구경해도 좋다고 허락했다.

마천드는 어느새 돌조각이 여기저기 흩어져 있는 계단을 밟고 미나레트의 상층부로 올라가고 있었다. 탑의 각기 다른 지점에서 일하고 있는 인부들이 이따금 그를 보고 놀랐다. 이윽고 햇빛이 부서지는 미나레트의 정상에 이르렀다. 아찔한 높이의 정상에서 그는 작업자들과 잠시 이야기를 나누고 다시 내려왔다. 몇 주 후 마천드는 현장을 다시 찾아가 자신의 목적을 좀 더 자세히 설명했다. 자신이 건축가이며 그들의 작업에 관심이 많고, 전통적 작업을 하는 이들과 함께 일해보고 싶다고 말했다.[14] 인부들은 그를 안심시키는 듯 싱긋 웃어 보였고 마천드는 그다음 날부터 작업을 시작했다.

마천드는 훈련된 건축가로서 건축물을 만드는 방식이 어떻게 습득되는지에 오랫동안 관심을 가져왔다. 런던에서 열린 예멘의 건축물 사진 전시회를 계기로 그는 인류학을 공부한 자신의 배경을 이용해 전통 건축의 도제 시스템과 다양한 기술을 익히는 과정을 연구하게 되었다. 그는 말리의 전통 건물 건축업자에 대해 연구했고, 런던의 고급 가구 제조사에서 훈련을 받고 예멘의 미나레트 건축업자들과 1년 이상의 시간을 보냈다. 이 세 가지의 훈련과 경험에서 마천드는 사람들이 명백한 지시 사항이 주어지지 않는데도 정교한 기술을 습득하는 것에 매료되었다. 그는 사람들이 가르침을 받지 않고도 어떻게 특정 기술을 배우는지 알고 싶었다.

모스크에서 마천드는 동료 도제들처럼 바닥에서부터 시작했다. 도제들은 정식으로 고용되지 않으며, 그래서 직업 안정성이 매우 낮다. 이런 도제들은 말 그대로, 그리고 비유적으로 사다리의 맨 아래 칸에서 시작해 위로 올라간다. 간단한 일로 시작해 미나레트를 오르는데, 그렇게 단계적으로 기능공으로서 서열의 계단을 올라가는 것이다. 이들의 업무에는 좀 더 서열이 위인 선배가 알맞은 장비를 가지고 작업을 하도록 준비하고 현장에 필요한 물품이나 재료가 충분한지 등을 점검하는 것도 포함된다. 도제들은 장인이 의뢰인과 예산, 일정, 그리고 모스크를 짓는 일과 관련된 그 밖의 업무와 실무적 문제에 대해 대화하는 것을 듣는다.

도제가 되고 처음에는 거의 잡다한 일에만 전념하게 되지만 전체 작업이 어떻게 진행되는지 볼 기회는 아주 많다. 시간이 지나면 도제는 미나레트 외부에 벽돌 놓는 일을 마치고 외부와 내부 구조물 사이의 빈 공간 작업을 맡게 된다. 이 단계가 끝나면 좀 더 정교한 작업을 다룰 준비가 되는 것이다. 이렇게 각기 다른 일을 단계별로 통과하면서(어떤 일은 몇 년이 걸린다) 이들은 복잡한 3차원의 기하학적 공간에서 생각하고 행동하는 법을 배우고 재료와 건물의 공간적 관계에 대한 복잡한 사항을 이해하게 된다.

도제 기간을 보내면서 마천드는 공식적인 지시 사항이 거의 없다는 것을 알게 되었다. 모스크 건설 현장은 대화가 일어나는 곳이 아니며 수직으로 뻗은 미나레트는 대화를 하기에 적합한 곳도 아니다. 도제들은 공식적인 지도를 받아 기술을 배우지 않으며, 사적인 대화를 통해 배우는 것도 거의 없다. 마천드는 심지어 도제들이 뭔가를 잘못했을 때 왜 그렇게 되었는지를 배우기는커녕 한바탕 욕을 먹는 모습을 보았다. 더욱 놀라운 것은 공식적인 가르침이 없을 뿐더러 건축 설계 도면도 없이 미나레트가 지어진다는 점이다. 그들은 서구 모델과 반대되는 방식으로 작업을 했다.[15] 마천드는 이렇게 말했다.

"건축가 수업을 듣고 훈련을 받은 것과 완전히 반대였어요. 서구에서는 첫해에 먼저 도면이나 설계도를 그리는 것부터 시작해서 건축적 연구를 끝낼 때쯤 되어야 실제로 건물을 짓고, 재료의 특성 등을 배우기 시작합니다."

미나레트를 건설하는 직공의 이야기는 길고 복잡하며 정교한 건물을 지을 때 우리가 예상하는 것과 다른 세상을 보여준다. 그들은 이론적 이해보다 실용적 지식을 강조한다. 뭔가를 배우는 게 아니라 지시 사항 없이 관찰 과정으로 알고, 학생이 질문을 하는 것도 허용하지 않는 분위기다. 그런 조건에서 도제는 어떻게 정교하고 복잡한 미나레트 석공 작업을 배울 수 있는지 마천드는 이해하기 어려웠다. 그는 새로운 임무를 맡게 되면 도제가 이미 알고 있는 것을 토대로 근사치를 내는 것을 보았다. 더 중요한 것은 도제들은 선배들의 몸짓이나 움직임, 그리고 기술을 관찰하는 매우 예리한 눈을 가지고 있다는 점이다. 즉 그들은 관찰을 한 다음 흉내를 냈고 결국에는 반복해서 관찰한 행동을 완전하게 습득했다. 마치 언어가 배제된 상태에서 어떤 지식이 하나의 몸에서 다른 몸으로 전달되는 것 같았다.

미나레트 직공의 이야기는 명확한 지시가 주어지지 않은 상태에서 관찰을 통해 습득되는 수많은 기술의 사례 중 하나다. 바구니 짜기, 레이스 뜨기, 카포에이라(브라질의 무술 춤 - 옮긴이) 댄서, 그리고 요가 수행자 모두 관찰과 흉내 내기로 기술을 완전하게 습득한다. 인류학자 마이클 허츠펠드Michael Herzfeld는 자신이 연구한 중동의 도제들은 '눈으로 지식을 훔친다'고 말한다. 이것도 하나의 설명이 되지만 그 이외에 관찰을 통한 지식의 전달을 어떻게 설명할 수 있을까? 그리고 그것은 지식 습득에서 몸의 역할에 대해 우리에게 무엇을 말해줄까?

관찰하고 행동하고

오늘 누가 몇 번이나 당신을 향해 문장을 끝냈는가? 누군가와 어떤 대화를 했느냐는 질문인데, 대화는 매우 일상적으로 일어나는 일이다. 그런데 놀라운 일이 벌어진다. 당신이 사용하려 염두에 두었던 단어를 상대방이 먼저 사용하는 것이다. 이때 당신은 자신이 하려고 했던 말을 상대방이 어떻게 직관적으로 알아차렸는지 놀라워할 것이다. 마찬가지로 심지어 당신이 사용하려던 단어를 사람들이 말로 내뱉지 않아도 여전히 종종 정확하게, 당신이 의도하는 바를 짚어낸다.

   어느 커플이 주고받는 다음의 대화를 한번 살펴보자. 한 사람이 이렇게 말한다. "오늘은 정원에서 시간을 보내기에 참 좋은 날인 것 같아, 그러니까……" 이때 상대방이 끼어든다. "잔디를 깎아야 한다는 거지? 그래, 비가 올지도 모르니까 그러는 게 좋겠어." 언어학자들은 이것을 '발화공유shared utterance'라고 부른다. 발화공유란 한 사람이 '다른 사람의 발언 도중에 그 말을 완결하기 위해 혹은 그 생각을 더욱 두드러지도록 만들기 위해 끼어드는 것을 말하며, 그러는 동안 말하는 사람과 듣는 사람이 실시간으로 대화를 쌓으며 구성해가는 것'[16]을 말한다. 발화공유는 담화가 개인의 행위라기보다 집합적 행위라는 개념을 강조한다. 담화 소통은 서로 간의 이해를 만들어내고 지식이란 사람들 사이에 전달될 수 있는 정적인 사물이 아니라 사람들 사이의 소통을 통해 만들어지는 것임을 보여준다.

이런 종류의 구술 교환은 우리의 일상생활에서 일반적으로 일어나며, 사람들 사이의 육체적 소통을 긴밀하게 연결시켜준다. 달리 표현하면 우리가 대화를 통해 함께 의미를 만들어내는 언어의 발화공유는 몸의 움직임에서도 유사하게 일어난다. 가령 당신의 파트너가 한 손으로 소쿠리에 담긴 채소의 물을 빼려 하는데 여의치가 않아서 당신에게 도와달라고 손을 내민다거나, 붐비는 기차역에서 당신을 향해 걸어오는 사람들과 부딪히지 않으면서 복잡한 인파 속을 다닐 수 있는 것 등 간단하지만 매일 벌어지는 사례들이 있다. 이 모든 행동은 활동을 공유하면서 일어난다. 어떤 행위를 시작하는 사람이 있고 그것을 끝내는 사람이 있는데, 이두 사람 사이에는 의도한 또는 의도하지 않은 조정 현상이 일어난다.

대화를 통한 상호 소통과 육체적 소통은 모두 서로의 행동과 의도를 예상하는데, 이런 감각으로 상호작용이 가능해진다. 앞서 미나레트 건설 현장에서 일하는 사람들은 말을 많이 하지 않았다. 하지만 트레버 마천드는 실습을 하는 도제가 상급자의 일하는 모습을 지켜보면서 그 일을 완성하고 싶어 하는 것을 느낄 수 있었다. 우리가 대화를 하는 방식에서 확인할 수 있는 이런 욕구가 다른 사람의 행동을 관찰할 때도 나타난다는 것을 보여주는 증거들이 있다.

누군가가 당신에게 어떤 행동을 보여줄 때 또는 그들이 무엇을 하고 있건 간에 당신이 그것을 똑같이 따라 하게 되는, 뭔가 거의 저항할 수 없는 느낌을 경험해본 적이 있는가? 당신의 몸이 그들의 동작을 똑같이 하고 있는 느낌 말이다. 아마 그 사람은 당신에게 테니스의 포핸드 방법을 시범 보이거나, 당신이 보고 있는데 활기차게 허브를 따고 있을 수 있다. 또는 당신은 고속도로에서 속도를 줄이기 위해 기어를 조작하고 있는 운전자 옆에 타서 그 모습을 지켜보고 있는 탑승객일 수 있다. 그들의 행동을 따라 하지 않으려 해도, 당신의 몸은 실제적인 육체적 인식 없이 그들의 행동을 실행하는 느낌을 경험하고 있다. 누군가의 행동을 보면서 그 행동을 거의 따라 하거나 당신의 몸이 그 행동을 하도록 스스로 준비하고 있는 희미한 감각을 운동 시뮬레이션motor simulation 이론으로 설명할 수 있다.

운동 시뮬레이션 이론은 세기의 전환기에 인지과학자, 뇌과학자, 심리학자들에 의해 대두되었다. 이 분야는 주로 뇌와 정신을 이해하는 데 초점을 맞추는데, 최근 몇십 년 동안 수많은 학자들이 우리가 생각하는 방식과 우리가 아는 것이 감각 운동 경험과 밀접하게 연결되어 있다는 것을 이해하게 되었다. 감각 운동이란 감각과 운동기능의 결합을 말하는데, 대개는 인지능력과 대조되는 개념이다. 연구자들은 어떤 행동에 연관된 인지 상태가 어떻게 그 행동의 실행과 연관되는지를 보여주었다. 좀 더 정확하게 표현하면, 어떤 행동을 하지 않고 상상만 해도 행동을 할 때와 똑같은 신경 경로가 활성화된다는 것을 밝혔다는 의미다. 어떤 행동을 하는 것을 생각하면 뇌에서 실제로 그 행동이 이루어진 것처럼 나타난다는 것이다.

명백하게 가르침을 받지 않았는데 배울 수 있었던 미나레트 도제를 다시 한 번 생각해보자. 그들은 벽돌 장인을 관찰하며 스스로 기술을 발전시켰다. 운동 시뮬레이션의 과학은 이런 관찰에 의한 학습이 어떻게 이루어지는지를 설명해준다. 운동 시뮬레이션은 행동 그 자체가 이루어지는 동안 촉발되는 것과 유사한 뇌에 있는 운동 시스템을 작동시킨다. 운동 시뮬레이션 이론에서 흥미로운 점은 뇌에서 일어나는 일을 기술할 뿐 아니라 몸에서 일어나는 일도 말해준다는 것이다. 몸이 스스로 이 임무를 수행할 준비를 하고 있을 때, 신체의 해당 근육에서 미세한 신경 자극 전달(신경 활동)이 일어난다. 이것을 경우에 따라 느낄 수도 있고 느끼지 못할 수도 있지만, 어쨌든 어떤 행동을 생각하거나 관찰하고 나면 우리 몸은 해당 근육의 강도, 속도, 그리고 제어 상태를 개선한다. 미나레트 건설 현장에서는 직공들이 다른 직공의 숙련된 행동을 관찰하거나 그것에 대해 생각하는 일이 지속적으로 일어났다. 마천드의 말을 빌리면, 몸의 '운동 시스템이 몸에서 이해를 만들어낸다'.[17] 운동 시뮬레이션은 모방의 중심에 있는 기제이며, 이 맥락에서 새로운 기술을 습득하는 것이다.

어린 시절 학교에 다니던 때로 돌아가 체육 시간에 선생님이 공중제비 하는 법을 가르쳐준 장면을 떠올려보자. 선생님은 어떻게 공중제비를 하는지 설명해줄 수 있지만, 그보다는 직접 시범을 보여주었을 것이다. 언어능력이 좋은 성인이라도 앞으로 구르기를 말로 설명하기는 상당히 어렵다. 직접 시연해 보이는 것이 훨씬 더 쉽고 효과도 더 좋다. 그 장면을 보면서 몸을 이용해 배울 수 있기 때문이다. 운동 시뮬레이션 이론이 보여주듯, 어떤 행동을 관찰하는 것만으로도 몸은 미리 그 행동을 할 준비를 한다. 공중제비 개념이 당신의 뇌 속에서 생성되면 매트에 다가섰을 때 당신의 몸은 무엇을 해야 할지 알고 있다.

운동 시뮬레이션 이론은 몸으로 하는 지식 습득에서 왜 관찰이 중심에 있는지를 설명하는 데 도움을 준다. 다른 사람의 활동을 관찰함으로써 우리 몸과 뇌는 함께 작업해 신경 경로를 만들면서 그 행동을 할 기반을 마련한다. 몸은 우리가 금방 본 것을 할 태세를 갖춘다. 이렇듯 운동 시뮬레이션은 지시 사항을 따르거나 규칙을 외우기보다 우리 몸을 통해 지식이 생성되어나갈 때 일어나는 일을 설명해준다. 그리하여 우리가 어떻게 복잡한 기술들을 습득해나가는지 설명하는 데 도움을 준다.

그러나 기술의 대부분을 관찰만으로 습득할 수는 없다. 체화된 지식을 얻는 데 첫발을 내딛는 정도일 뿐이다. 관찰을 통해 배울 수 있는 것을 쌓아가는 데는 시간이 걸리며 체화된 지식은 연습과 반복을 통해 연마된다.

연습

우리가 배워야 비로소 할 수 있는 것들에 대해, 우리는 그것들을 실행함으로써 배운다. 인간은 집짓기를 함으로써 집을 만드는 사람이 되고, 수금을 뜯어야만 수금 연주자가 된다. 마찬가지로 우리가 정의로운 행동을 해야 정의로운 자가 되고, 차분하게 행동해야 절제된 자가 될 수 있으며, 용감한 자가 되려면 용감한 행동을 해야 한다.[1]

아리스토텔레스, 『니코마코스 윤리학』

자전거 타기

당신은 아마 자전거를 탈 줄 알 것이다. 자전거 타기보다 더 쉬운 것도 없다고 생각할 것이다. 자전거 타기는 어려운 일이 아니다. 일단 배우고 나면 타는 법을 잊어버리지 않을 것이다. 그런데 자전거 타는 법을 설명해보라고 하면 상황이 조금 어려워진다. 아마 당신은 균형을 잡기 위해 어느 정도 속도를 내야 한다고, 계속 페달을 돌리면 자전거가 똑바로 서 있을 거라고 말할 것이다. 그런데 이런 간단한 설명 이상으로 자세하게 말하기는 힘들 것이다.

1817년 처음으로 자전거처럼 생긴 삼륜차 벨로시페드velocipede가 나온 후 과학자들은 자전거 타는 법을 규명해내려 노력해왔다.[2] 캘리포니아 주립대학교 데이비스 캠퍼스의 기계공학자 몬트 허바드Mont Hubbard는 '모두가 자전거 타는 법을 알지만, 우리가 어떻게 자전거를 타는지 아는 사람은 없다'[3]고 말했다. 과학자들은 자전거를 타는 사람이 페달을 돌리면서 균형을 잡을 수 있는 원리를 최근에야 밝혀냈다. 이 이야기의 중심에는 '실패'했지만 탁월한 기계공학자 짐 파파도풀로스Jim Papadopoulos가 있다. 1980년대에 파파도풀로스는 자전거의 기하학과 물리학 법칙을 자전거 타기 기술에 연결시키려 한 30편 이상의 과학 논문을 살펴보았다. 그런데 그는 자신이 읽고 있던 논문들을 '불량 과학'으로 일축했다. 그가 읽은 대부분의 논문에서 근본적인 실수를 발견했기 때문이다. 그로부터 1년 뒤 자전거 타기의 결정적 공식을 찾아냈는데, 이때쯤 파파도풀로스가 소속된 코넬 자전거 연구 그룹의 연구 자금은 고갈된 상태였다. 파파도풀로스는 논문을 한 편만 발표했고 이곳저곳에서 강의를 하는, 그다지 만족스럽지 못한 일로 전업을 해야 했다. 자전거 타기의 신비를 과학적으로 규명하는 작업이 세상에 알려지려면 시간이 더 필요했다.

1990년대 후반 파파도풀로스와 코넬 팀에서 함께 작업했던 앤디 루이나Andy Ruina가 네덜란드 델프트의 연구자와 함께 연구를 재개했는데, 이때 파파도풀로스의 작업이 재조명되었다. 1년 안에 세 사람은 공동 작업으로 지금 이 분야의 결정적 방정식으로 간주되는 공식을 내놓았고, 이 논문은 2007년 대한민국에서 열린 학회에서 발표되었다. 거의 200년 만에 20억으로 추산되는 전 세계 자전거 인구의 활동을 수학적으로 설명할 수 있는 공식이 나온 것이다.

수학 공식을 손에 넣은 일단의 과학자들은 좀 더 실제적인 실험을 시작했다. 그리고 자전거 타기를 가능케 하는 일련의 디자인 특징은 시행착오를 통해 얻어졌다는 사실을 발견했다. 그런 특징 중 하나가 '끌기trail'이다. 끌기는 앞바퀴를 쇼핑카트의 바퀴(쇼핑카트의 바퀴는 밀리는 쪽으로 방향을 전환할 수 있다)처럼 조작할 수 있는 능력을 말한다. 연구자들은 또한 핸들 조종과 몸의 움직임이 균형을 잡는 데 기여한다는 것을 알아냈다. 특히 핸들 조종은 몸의 움직임보다 균형을 잡는 데 더 중요한 역할을 한다. 그들은 자전거를 타고 균형을 잡는 기본적인 요령은 넘어지는 방향으로 핸들을 조종하는 것임을 보여주었다.

자전거를 탈 때 당신 자신은 인지하지 못하지만 넘어지려고 할 때 바로 넘어지는 방향으로 핸들을 조종한다. 넘어지는 방향으로 핸들을 조종한다니, 왠지 직관에 반하는 것같이 느껴질 것이다. 누군가에게 자전거 타는 법을 가르쳐줄 때 그렇게 설명해주었나, 그렇게 하라고 지시했나 의심스러울 것이다. 나도 내 아이들에게 두발자전거 타는 법을 가르칠 때 그저 '계속 페달을 돌려!'라고 애원했던 기억밖에 나지 않는다.

1869년 스코틀랜드의 엔지니어 윌리엄 랜킨William Rankine은 '역조종' 현상에 대해 언급했다. 역조종이란 자전거를 탄 사람이 핸들을 왼쪽으로 약간 움직여서 오른쪽으로 가도록 조종할 수 있는 현상이다. 30년 후 케임브리지 대학교의 수학자 프랜시스 위플Francis Whipple이 자전거의 수학적 모델을 만들었는데, 여기서 그는 자전거가 옆으로 넘어지려고 할 때 자동적으로 균형을 회복하는 능력을 의미하는 자가 안정성을 탐구했다.

그러나 자전거를 탈 수 있는 능력은 균형, 중력, 물리량 등의 복잡한 물리학적 지식에서 나오지 않는다. 자전거 타기를 이해하려고 수학과 물리학 전문가들이 씨름해온 사실이 보여주듯 어떤 일을 할 때 그것이 어떻게 가능한지를 일정한 양식에 따라 설명하지 않고도 우리는 그 일을 할 수 있다. 뿐만 아니라 데이비드 존스David Jones가 1970년대 잡지 〈피직스 투데이Physics Today〉[4]에 올린 기사와 신체의 기술에 대한 깔끔한 삽화에서 보여주었듯이, 이론적으로는 탈 수 없는 자전거를 타는 일이 가능하다. 시행착오를 거쳐 우리들 대부분은 자전거 타기를 완전하게 습득할 수 있다. 자전거 타기는 실제적 경험이고, 그 방법을 이해하기 때문에 우리가 자전거 타기를 할 수 있는 것이 아니라 직접 해봄으로써 우리는 자전거 타기를 배운다.

너무 천천히 가면 기울어지기 시작하는데, 빠르고 격렬하게 움직이면 자전거가 넘어지지 않는다. 우리는 몸의 움직임, 몸과 자전거의 관계, 주행하는 속도, 자전거를 타고 있는 땅과의 관계에서 육체적 감각을 형성한다. 처음에는 이런 요소들 중 하나를 다른 것보다 더 많이 생각하고 벌충하려고 과잉 반응하다가 결국 넘어진다. 그래서 좀 더 부드럽게 돌고, 비틀거릴 때는 속도를 올리면 덜 넘어진다는 것을 배운다. 자전거는 곧 더 이상 우리와 다른 별개의 기계적 장치가 아니라 우리 몸의 연장이 된다.

델프트의 연구팀이 발표한 논문에는 자전거의 기하학적 구조, 자전거를 똑바로 세우는 운전자의 행동과 힘의 조합을 설명하는 도면과 방정식이 가득하다. 이것을 토대로 2011년 최초로 로봇 연구가 마사히코 야마구치Masahiko Yamaguchi는 프라이머 V2Primer-V2라는 이름의 작은 로봇이 소형 자전거를 타는 것을 실연해 보였다.[5] 인간의 자전거 타기 분석에서 얻은 통찰력으로 야마구치는 핸들을 조종해 스스로 똑바로 서 있을 수 있는 로봇을 디자인했다. 야마구치는 간단한 인간의 기술을 흉내 내는 기술 잠재력을 탐험할 로봇을 만들어냈지만, 그의 노력은 가장 간단한 인간의 행동조차 얼마나 복잡한지를 보여준다. 예를 들어 그의 로봇은 정지할 때 발을 땅에 디디는데 사람은 본능적으로 그렇게 행동한다. 그런데 이 간단한 행동이 야마구치가 로봇을 디자인할 때 직면한 가장 어려운 문제 중 하나였다.

야마구치가 자전거를 탈 수 있는 로봇을 만들어내려 한다고 해서 그것이 인간이 보유한 기술을 놀랍지 않은 것으로 퇴색시키지는 않는다. 그가 프라이머 V2를 만들기로 한 동기 중에는 지식과 실용적 기술의 연결고리를 찾으려는 목적도 있었다. 자전거 타기는 어떤 행동을 양식을 갖춰 설명하지 못하는 것과 그 행동을 할 수 있는 능력이 공존한다는 것을 실증해 보이는 사례다. 한편으로 우리가 자전거 타는 방법을 이해하려는 노력은 인간은 어떤 기술을 가능케 하는 기본적인 원칙에 대한 지식이 없어도 그 기술을 실행할 수 있음을 보여주는 것이다.

또 다른 한편으로 자전거 타기는 우리가 어떤 지식을 분명하게 표현하지 못해도 그것을 소유할 수 있음을 깔끔하게 보여주는 예이다. 우리들 대부분은 자전거를 탈 줄 알지만 그 요령을 말로 잘 표현하지 못한다. 명백한 지식과 우리가 말로 표현하기 어려운 지식의 관계에 매료된 과학자 마이클 폴라니Michael Polanyi는 이를 '내포된implicit'이라고 표현하고, '우리가 말할 수 있는 것 이상으로 우리가 알 수 있는 것'이라고 정의했다.[6] 자전거를 탈 수 있는 능력처럼 체화되는 지식은 말로 표현하기 어렵다. 우리가 체화된 지식을 얻는 방법을 알아내는 데 과학자들이 얼마나 긴 시간을 들였건 간에 우리는 자전거 타는 법을 배우기가 꽤 쉽다는 것을 안다. 공원에서 주말을 보내며 아이들을 두발자전거에 태우고 설 수 있게 하는 연습을 시키다 보면 기술이 개선된다. 그렇게 배운 기본적인 자전거 타기 기술을 우리는 잊어버리지 않는다. 하지만 모든 기술을 자전거 타기처럼 발전시키기가 쉽지는 않다. 훨씬 더 많은 연습과 반복을 필요로 하는 기술도 있다.

유리 공방은 유리공의 몸을 빚어낸다

아리스토텔레스가 '집짓기를 함으로써 집을 만드는 사람이 되고', '수금竪琴을 뜯어야만 수금 연주자가 된다'고 한 것은 우리가 하는 일이 우리가 누구인지를 형성하며 어떤 일을 하면 할수록 그것과 긴밀하게 연결된다고 시사한 것이다. 회계사가 엑셀을 다루는 솜씨, 커피머신을 능숙하게 다루는 바리스타의 기술, 농작물이 잘 익었는지 아는 농부의 능력은 모두 그들 정체성의 근간이다. 이런 특징이 특히 두드러지는 사람들은 장인匠人과 여성들이다.

사회학자 에린 오코너Erin O'Connor는 제조업자 집안 출신이다. 대학원 시절 오코너는 사람들이 어떻게 실용적 지식을 터득하고 기술은 어떤 식으로 전달되고 발전되는지 이해하고 싶었다. 그리고 지시를 받아서 배우는 것과 직접 실행하며 배우는 것의 관계에 대해서도 관심이 많았다. 2003년 오코너는 유럽 철학을 중점적으로 가르치는 몇 안 되는 미국 대학 중 하나인 맨해튼의 뉴스쿨New School에 입학했다. 이 학교는 20세기 초·중반 유럽 대륙의 사상가들이 확립한 심도 있는 이론에 몰입하도록 학생들을 독려한다. 처음에 오코너의 지도 교수는 가능한 한 많은 것을 읽으라고 권했다. 처음 계획은 오직 '이론, 이론, 이론'이었지만 곧 오코너는 자신이 읽는 것이 제조공의 경험과 그들이 배우는 환경이 기술 습득에 영향을 미치는 방식을 이해하는 데 도움이 되지 않는다는 것을 깨달았다. 머릿속은 수많은 철학자의 사상으로 가득했지만 기술공의 세계는 멀기만 했다. 그러다 퍼뜩 자신이 직접 수공 장인의 도제가 되어보는 것이 기술을 이해하는 데 중요한 단계가 될 것 같다는 느낌을 받았다.

이론을 읽는 것 이상이 필요하다고 깨달은 오코너는 비영리 유리 제조 공방인 뉴욕 글래스New York Glass에 연락했다. 그곳의 교육국장은 유리 만들기를 배우고 싶으면 와서 보라고 제안했다. 그런데 오코너는 그저 관찰하는 것만으로 충분하지 않으며 유리를 직접 만들어보길 원했다. 그녀는 '직접 배워보고 싶습니다'라고 교육국장에게 말했다. 이미 강좌의 자리는 다 찼지만 오코너는 수업을 직접 참관할 수 있고, 가능하면 소매를 걷어붙이고 실습에 참여할 수 있도록 허락을 받았다. 이전 연구의 대상은 뉴욕 북부에 있는 캐츠킬 산맥Catskill Mountains의 가구 장인이었는데,

외부에서 장인이 하는 일을 관찰하는 것은 관음증 같았고 왠지 체화되지 않은 경험이라는 생각이 들었다. 그래서 이번에는 다르게 접근해보고 싶었다.

'문이 열리면 숯과 검댕, 땀 냄새가 난다. 공기 중에는 뜨거운 금속이 뿜어내는 특유의 냄새가 떠다니는데, 안에 들어가면 그런 것들로 몸이 꽉 채워진다.'[7] 오코너가 기술한 공감각적이고 다중 감각적 체험의 핵심은 유리 제조 공방을 일컫는 용어인 '핫숍hot shop'에서 나는 소리다. '아궁이에서 나는 소리뿐 아니라 사람들의 이야기 소리도 포함된다. 유리 제조는 협업으로 실습이 이루어지기 때문에 사람들이 하는 이야기 소리와 금속 소리가 끊이지 않는다.' 발갛게 달아올라 녹은 유리가 가장 인상적이고 지배적인 경험이 될 거라고 예상했지만 막상 공방에 들어가니 보았던 모든 것들 중에서 달아오른 유리는 가장 미미한 기억이 되었다.

뉴욕 글래스에 들어간 오코니를 맞이한 것은 그곳의 충만한 분위기였다. 그녀는 핫숍의 광경이나 감각에 놀랐다기보다 1980년대에 아프리카를 구호하기 위해 모였던 슈퍼 그룹 유에스에이 포 아프리카USA for Africa가 부른 노래 「위 아 더 월드We Are the World」가 연상되었다고 말했다. 자신이 들어간 세계라고 느껴지기보다 핫숍이 그녀의 내면에 있는 세상 같았다고 말했다.

처음에 오코너는 그저 관찰하기만 했는데, 그런 수업에는 항상 결석생이 생기게 마련이라 곧 수업에 참여할 수 있었다. 그녀는 사람들이 어떻게 유리 불기glassblowing를 하는지에 대해 배웠을 뿐 아니라 오코너 자신도 유리 부는 법을 배웠다. 지시 사항을 듣기는 했지만 유리 불기는 아주 특별한 환경에 몰입해 감각을 사용하는 경험을 통해 습득할 수 있는 일이었다. 유리 제조공은 작업장의 열기와 냄새, 그리고 소음 속에서 태어난다. 유리 제조공이 유리의 형태를 만들어내듯 유리 공방은 유리 제조

공이 녹은 유리를 아름다운 형체의 물건으로 바꾸는 어려운 기술을 배우는 순간 그들의 몸을 빚어내는 것이다.

유리 불기는 어렵다. 오코너는 빗자루만 한 길이의 속이 빈 막대를 이용해 액체 상태의 유리를 아궁이에서 퍼내는 '모으기' 기술을 배울 때를 회상한다. 유리 제조공은 우리가 단지에서 꿀을 뜰 때 숟가락을 빙글빙글 돌려서 끈적거리는 꿀 덩어리를 푸는 것과 비슷한 방식으로 '모으기'를 한다. 처음에는 쉽지 않다. 막대가 유리 속으로 너무 깊이 들어가거나 각도를 잘못 잡을 수도 있다. 하지만 반복하다 보니 오코너의 몸은 무엇을 어떻게 해야 하는지 알게 된 것 같았다. 도제 수업을 시작한 후 6개월쯤 지났을 때 오코너의 '모으기' 실력은 제2의 천성처럼 능수능란하지는 않지만 꽤 잘해내는 정도가 되었다. 그리고 유리 불기 세계에서 필수적인, 시작 테스트 단계인 유리잔 만들기로 넘어가게 되었다.

아궁이에서 꺼낸 유리의 형태 잡기를 능숙하게 해내기는 꽤 어렵다. 오코너는 유리를 모은 다음 잔 모양을 만들기 위해 열심히 막대를 불었지만 뜨겁고 끈적거리고 조절하기가 어려웠다. 오코너는 강사인 앨런이 '거품을 타라'고 한 말을 기억했지만 정작 그게 무슨 뜻인지 이해하지 못했다. 그녀는 유리의 '마베링marvering'(녹은 유리 덩어리를 굴려서 모양을 잡는 과정 - 옮긴이) 작업을 복기해보았다. 유리공의 장비인 집게처럼 생긴 잭을 이용해 유리잔 바닥의 둥그런 부분이 주저앉지 않게 하면서 거품을 회전시켜 모양을 만드는 것이다. 오코너는 계속 애를 먹었고 앨런이 와서 잭을 잡은 그녀의 손 각도를 조금 조정해주었다. 그러자 오코너는 거품을 탄다는 것이 무엇인지 이해할 수 있었다. 앨런이 자기 손으로 오코너의 손을 잡아서 아주 살짝 손목을 돌리자 그의 지시 사항이 무엇을 뜻하는지 이해되고, 자세가 잡히니 잔의 모양이 제대로 나오기 시작했다.

오코너는 제일 간단한 유리 불기에서부터 처음으로 유리잔 불기를 시도했을 때까지 강습의 전 과정을 복기해보았다. 그러자 무엇을 하고 있는지 덜 생각하는 자신을 발견했고 몸이 점점 더 주도권을 잡아간다는 것을 깨닫게 되었다. 그녀는 강철판 위에 모아둔 유리에 작업을 하기 위해 걸어가면서도 팔은 계속해서 막대에 붙어 있는 취관을 돌리고 있다는 것을 맨 처음 깨달았던 때를 여전히 기억한다. 오코너의 몸은 무엇을 할지 알고 있었으며 유리 불기 기술을 습득하는 사람이 되어가고 있었다.

　　오코너는 자신이 습득한 기술에 대해 겸손하며 함께 작업한 사람들의 기술에 경외심을 갖고 있다. 그들은 오코너가 초보에서 일정 수준의 능력을 갖추기까지 어느 정도 지시하고 가르쳤지만 무엇보다도 그녀가 기술을 습득하는 환경의 일부가 되게 도와주었다. 오코너는 또한 어떤 기술을 발전시키려면 그 일을 반복해야 한다는 것을 깨달았다. 생초보 도제에서 장인으로 가는 여정은 시간이 경과해야 가능한 것이었다.

전문가는 '생각'을 하지 않는다

2017년 4월 위대한 철학자 휴버트 드레이퍼스Hubert Dreyfus가 세상을 떠났다. 하이데거와 메를로 퐁티의 작업을 이은 미국인 제자 역할을 한 드레이퍼스는 가장 초기에, 그리고 가장 명확하게 인공지능에 회의적 입장을 견지한 학자 중 한 명이다. 컴퓨터가 지성적일 수 있다는 주장에 대한 드레이퍼스의 의심은 1950년대 파리에서 함께 공부한 유럽 사상가들에게서 비롯되었다. 드레이퍼스는 인간은 컴퓨터와 사뭇 다른 방식으로 학습한다고 주장했다. 컴퓨터는 정보를 모으고 예측 가능한 규칙에 따라 그 정보를 재배열하는 방식으로 배우지만 인간은 주변 환경과의 소통을 통해, 그리고 어떤 행동을 반복적으로 수행해 지식을 습득한다.

몸은 단순히 세상을 경험하는 것에 그치지 않는다. 인간이 기술을 발전시키는 방법을 설명하는 드레이퍼스 사상의 중심에 몸이 있다. 그는 우리가 몸을 이용해 자신이 속해 있는 상황을 이해하고 우리 몸은 행동을 함으로써 배운다고 믿었다. 몸은 그것이 한 행동의 결과에 반응한다. 몸은 또한 그 반응을 흡수하고 그 결과 무엇을 할지 안다. 드레이퍼스는 기술을 습득하는 방법에 대한 이론을 정립했는데, 그 골자는 지시 사항이나 의식적 생각의 역할은 줄어든다는 것이다. 그의 이론은 수많은 분야에서 널리 수용되었고 인공지능, 로봇공학, 사회복지와 간호 등의 분야에 영향을 미쳤다.

파리에 있을 때 드레이퍼스는 유럽산 자동차와 사랑에 빠졌다. 새로 나온 컨버터블 폭스바겐 카르만 기아VW Karmann Ghia는 그의 자랑이자 기쁨이었다. 기술 습득을 설명하는 일화로 운전이 최고의 사례가 되기는 했지만 앞서 말한 유리 불기, 요리하기, 항해와 같이 실제적인 기술 또는 체스 게임처럼 좀 더 확실히 인지적인 기술을 필요로 하는 것들도 모두 드레이퍼스의 모델을 따른다. 초보자로 시작해 전문 기술을 습득하며 나아가는 과정이 잘 기록된 모델이다.

• '초보.' 요트 항해 강사는 초보자를 가르칠 때 가장 간단한 단위로 단계를 쪼갠다. 예를 들어 어느 방향에서 바람이 불어오는지 알아내는 방법을 가리켜 보이거나 요트는 멈추기 전까지 오직 바람을 향해서만 '항해할 수 있다'고 설명할 것이다. 이런 것들은 알아두어야 하지만 그 자체로 능력 있는 선원이 되는 데 큰 역할을 하지는 않는다. 그저 맥락 없는 정보일 뿐이고 배우는 사람은 그것을 이해할 필요가 있는 정도다.

좀 더 나아간 초보자는 기본 수칙을 시행하는 데서 벗어나 자신의 경험이나 선생님을 보며 배운 것을 생각해보기 시작한다. 학생은 '돛대에 가까운 돛 부분이 펄럭거리기 시작할 때 바람의 방향을 피해 배를 조종한다'는 격언을 따를 수 있다. 이 단계에서 지시 사항은 학생이 상황을 인지하는 법을 배우도록 돕고 경험에 바탕을 둔 법칙으로 무장하여 적절한 대응이 가능하도록 한다.

• '능숙.' 어떤 상황에서 처음에는 압도될 정도라고 느껴졌던 많은 것을 인식할 능력이 생기면 기술이 나아졌다는 의미다. 수습 기간 중 이 단계에서 학생은 상황의 어떤 특징에 초점을 맞추어 해결해야 하는지 인식하기 시작할 것이다. 그러나 이들은 수많은 다른 상황을 만나게 될 것이므로 그때마다 특정 지시 사항을 줄 수는 없다. 예를 들어 갑자기 불어오는 바람에 대처하는 법을 배워야 할 때 돛을 제어하는 줄을 풀어서 대처할 수도 있고, 선체의 무게를 바꿔야 할 수도 있다. 대응을 하는 데 하나의 방법만 있을 수는 없으므로 경험을 통해 최고의 효과를 낼 수 있는 것을 배워야 힌다. 드레이퍼스는 학습 과정 중 이 단계에서 성과에 관심을 가지는 것이 효과를 내기 시작한다고 주장한다. 교사와 학생 모두 무엇이, 왜 가장 효과적인지와 이후의 비슷한 상황에 반영할 경험을 깊이 생각하기 시작한다.

• '숙련.' 그 일에 열중하고 있는 느낌이 기술을 발전시키는 데 핵심이다. 이 단계에서 중요한 것은 각기 다른 상황에서의 경험과 우리의 반응, 그리고 그 결과들이 흡수, 동화됨에 따라 드레이퍼스가 말하듯 '이성적 반응이 본능적 반작용으로'[8] 교체된다는 점이다. 무엇이 효과적인지 이해하기 시작할 때 선순환하는 피드백의 고리가 만들어진다.

이 단계에서는 단순히 규칙을 따르던 데서 무엇을 해야 할지 아는 것으로 전환되는 현상이 더욱 확실해진다. 과거에 부딪힌 상황을 구분해내고 무엇이 효과적인지 깨닫는 능력이 명확해진다. 예를 들어 학생은 바람이 부는 방향으로 항해할 때는 배의 선미가 물속으로 끌려 들어가지 않게 하기 위해 자신의 무게가 선수 쪽을 향하도록 전환하라는 지시를 받을 것이다. 경험을 통해 학생은 이런 행동을 할 때 배가 어떻게 움직이는지 차이를 감지하기 시작할 것이고, 배가 어떤 식으로 나아갈 때 자기 몸의 자세를 어떻게 바꿔야 하는지 느끼는 법을 배울 것이다.

숙련된 사람은 해결해야 할 문제를 찾아낼 수 있지만 여전히 그 답이 무엇인지 알아낼 필요가 있다. 이들은 초보자처럼 상황을 개별적 요소로 쪼개지 않고 전체적으로 대처하거나 관여한다. '이 정도 크기의 배가, 바다의 이 지역에서, 이 정도의 바람이 불 때, 해류에 대응하여 이 방향으로 항해할 때'라는 식으로 본다는 의미다. 숙련도를 갖추면 의식적인 노력을 하지 않아도 경험에 근거하여 이해할 수 있게 된다. 이때 이들은 각기 다른 요소에서 일어나는 패턴 인지를 실행할 수 있는 능력을 갖춘 상태다.

• '**전문가.**' 전문가는 무엇을 해야 하는지 알 뿐 아니라 그 일을 정확히 수행하는 방법도 알고 있다. 이들은 다양한 상황에서 충분한 경험을 했고 무엇이 효과적인지 안다. 즉각적이고 직관적인 반응은 전문가의 특징이다. 전문가는 언제 배가 바람에 압도되며, 그때 배를 다시 통제하기 위해 돛을 펼쳐야 한다는 것을 알고 있고 그 일을 의식적으로 생각하지 않고 해낸다. 물론 때로는 그들에게 여러 가지의 해결책이 떠오르고 즉각적 반응이 항상 옳지는 않지만, 아무튼 전문가는 언제 속도를 줄여야 하는지 알며 그들이 처한 상황을 읽는 능력을 이용해 가능한 선택지를 면밀하게 생각한다.

이렇게 다양한 수준의 기술을 터득해 전문성을 얻으면 뭔가 다른 일이 발생한다. 우리가 하는 일에 대해 덜 생각하고, 우리가 '무엇인가를 하고 있다'라고 느끼기보다 우리가 하는 일 '속'에 있다고 느끼기 시작한다. 우리는 항해를 하고 있다. 무게 전환, 조종하기, 돛 제어하기 등 모든 개별 과제를 분리된 요소로 생각하지 않으며 종합적으로 실행한다. 그 모든 일은 한 덩어리로 다가오고 우리는 각각의 문제를 해결하고 결정하는 데서 해야 할 일을 물 흐르듯 자연스럽게 하는 경지로 발전한다. 드레이퍼스는 자신이 무엇을 하는지 전혀 생각하지 않으며 그 일을 하고 있을 때 비로소 전문가라고 부를 수 있다고 주장한다.

어떤 기술을 배우기 시작할 때 그 기술을 뒷받침하는 규칙이나 이론을 배우지만 완전히 통달하는 단계로 발전시키면 그것을 생각할 필요가 없고, 새로운 상황이 발생해도 과거의 경험에 근거해 직관적으로 그에 적절하게 반응한다. 드레이퍼스는 우리가 규칙에 의존하지 않고 무슨일이 벌어지고 있는지 인지하고 그에 맞게 대응하는 능력이 인간의 지능을 특별한 것으로 만드는 지표라고 보았다. 그는 한 가지의 기술을 완벽하게 습득하려면 처음에는 규칙이나 이론 등을 배워야 할 필요가 있지만 시간이 경과하면서 그런 것들은 정리해서 보관하고 전문가가 되면 더 이상 거기에 의존하지 않게 된다고 보았다. 몸이 뭘 해야 하는지를 알 때 비로소 전문성을 얻었다고 말할 수 있다.

'숨 막힘'이 일어날 때

전문성을 얻었다고 끝이 아니다. 그 전문성을 유지하려면 정신과 몸 사이의 특수한 관계를 발전시켜야 한다. 작가 데이비드 포스터 월리스David Foster Wallace는 널리 알려진 「로저 페더러, 그 종교적 경험Roger Federer as Religious Experience」[9]이라는 글에서 테니스 세계 챔피언의 게임에 깃든 아름다움을 반추한다. 이 글은 '근감각적 의식', 즉 극히 빠른 일련의 동작을 통해 몸과 몸의 인공적 확장(여기서는 테니스 라켓)을 제어하는 능력에 대해 이야기한다. 이 근감각적 의식으로 페더러는 눈을 두 번 깜빡거리는 것보다 더 짧은 시간에 상대 선수의 서브를 받아칠 수 있다. 프로 테니스 선수들은 수천 번씩 공 때리기를 하면서 이 기술을 연마하고 의식적 생각으로는 할 수 없는 것을 '느낌'으로 해내는 능력을 계발한다. 페더러가 뭘 해야 할지 의식적으로 생각하지 않는다는 사실은 우리가 복잡한 기술을 실행할 때도 선명하게 드러난다. 사실 생각을 하면 우리가 일을 실행하는 데 방해가 될 수 있기 때문에 생각하지 않고 그 일을 할 수 있는 게 유용하다.

인정하건대 나는 스키를 참 못 탄다. 어릴 때 스키를 타본 적이 없는데 그런 것이 드러난다. 성인이 되어 스포츠를 시작한 사람이 보이는 온갖 어색한 모습을 다 드러내며 스키를 제대로 숙달하지 못했다. 내 몸은 대체 뭘 해야 할지를 모른다. 스키를 타러 가면 처음 며칠은 스키 타는 리듬으로 돌아가려 애쓰고 나 자신에게 뭘 해야 하는지 말해야 한다. '몸을 숙이고 산 아래로 내려가는 거야.' '무게를 내리막에 싣고 활강.' 그렇게 며칠이 지나면 이런 지시 사항 해설은 사라지고 몸이 주도권을 잡게 된다. 하지만 겁나거나 어려워 보이는 것에 맞닥뜨리면 지시 사항 해설이 다시 시작된다. 그런 상황에 직면할 때는 생각을 할수록 더 어려워지는 것 같다.

인지심리학과 뇌과학의 수많은 증거는 너무 많이 생각하면 과제 수행이 저하된다는 것을 보여준다. 특히나 무서운 코스를 타기 전, 슬로프의 맨 꼭대기에 서서 나는 과학이 보여주는 '어떤 기술에 대해 내가 알고 있는 것을 의식적으로 생각하면 과제를 적절하게 수행하는 데 방해가 된다'는 사례를 몸소 체험한다. 이런 경우에는 의식적 반영과 숙련된 행동 사이에 부정적인 관계가 있다.[10]

드레이퍼스의 기술 습득 모델로 돌아가서 그가 제기한 두 가지의 중요한 관점에 대해 생각해보자. 하나는 처음 배울 때 기술의 구성 요소를 해체하는 것이다. 구성 요소를 분해하여 분리된 요소 하나하나에 초점을 맞출 수 있다. 그런데 전문가가 되면 이 단계를 생략한다. 어떤 행동을 할지 아는 지식은 지속적인 인지 제어를 필요로 하지 않는다. 그리고 잘 배워 숙련된 기술 요소에 신경을 쓸 경우 기술 수행을 저해할 수 있다고 암시하는 증거가 있다.[11]

드레이퍼스 모델에서 관찰해볼 두 번째의 중요한 점은 기술 습득에서 언어가 하는 역할이다. 학습 초기 단계에서 우리는 구두로 지시 사항을 받거나, '몸을 숙이고 산 아래로'라는 식으로 스스로에게 말한다. 이건 처음에 도움이 되지만 익숙해지면 더 이상 필요가 없다. '언어 장막verbal overshadowing'으로 알려진 이 현상은 사실 비생산적이다. 1990년 보고된 실험에서 참가자는 말로 표현하기 힘든 자극, 이 경우는 은행 강도의 일굴을 기억해내야 했는데, 이들은 말로 표현하라는 요청을 받지 않은 참가자들보다 강도의 얼굴을 잘 인식하지 못했다.[12] 말로 표현하기는 언어를 기반으로 하기 때문에 지각 기억에서 언어로 표현하기 힘든 측면을 장막으로 가리는overshadow 결과를 가져온 것이다. 이후 이 개념은 인간의 활동을 설명하는 데에도 적용되고 있다.

연구에 의하면 우리가 하고 있는 활동을 생각할 때 그 활동을 행하는 기술이 세분화되고, 우리 뇌는 그것을 모두 분리해서 처리하게 된다. 그러면 속도가 느려지고 '몸을 숙이고 산 아래로 내려가기' 또는 '무게를 내리막에 싣고 활강'과 같이 기술을 구성하는 각각의 요소 사이에 전환이 일어날 때 오류가 생길 여지가 더 커진다. 어떤 것을 배우기 시작할 때는 하는 일에 집중하고 각각의 단계를 세분화할 필요가 있지만 차차 익숙해지면 그 활동을 하나로 묶어 '전체'로 실행할 수 있게 된다. 하게 될 활동을 말로 표현하면 그 활동을 구성하는 부분으로 나누게 되는데, 그것은 활동 수행에 비생산적이다. 그러면 이 분야의 실험 연구자들이 선호하는 스포츠인 골프를 통해 좀 더 자세하게 알아보자.

✦━━◆◆◆◆◆━━✦

인지과학자 시안 베일락Sian Beilock과 동료들로 구성된 연구팀은 베테랑 골퍼(핸디캡 8 이하인 골퍼들)를 대상으로 실험을 했다. 골퍼들은 두 가지의 다른 조건에서 퍼팅을 해야 한다. 먼저 스윙을 할 때 주의를 기울여야 하고, 골프 클럽의 헤드 부분이 공을 치고 팔을 쭉 뻗는 마무리 동작을 하는 순간 '스톱stop'이라고 크게 말해야 한다. 연구자들은 이것을 '기술 집중 상태'라고 부른다. 두 번째로 골퍼들은 녹음된 어떤 소리를 들으면서 퍼팅을 하게 된다. 윙윙거리는 소리가 들리면 '톤tone'이라고 말해야 한다. 실험은 이것을 '이중 과제 상태'라고 명명했다.

골퍼들은 홀로부터 거리가 각기 다른 지점에서 스무 번씩 퍼팅을 하는데, 할 때마다 '기술 집중'과 '이중 과제' 상태를 모두 수행해야 했다. 결과는 명확했다. 베테랑 골퍼들은 스윙이 끝날 때 집중해야 하는 경우보다 소리를 들으며 퍼팅할 때 훨씬 더 성과가 좋았다. 이 실험에서 경험 많은 골퍼들은 다른 일을 하면서 정확하게 퍼팅을 했지만, 하고 있는 일에 집중하라는 지시 사항을 실행할 때는 퍼팅의 정확도가 전자보다 떨어졌다.

실험은 실행 중인 활동을 생각해야 하면 숙련된 기술에 방해가 될 수 있음을 보여주었다. 이는 과제 수행에 압박을 받으면 사람들은 과제를 쪼개어 개별 요소로 세분화하고, 그로 인해 오류와 혼란을 야기해 결국 성과를 저해할 수 있다는 '숨 막힘choking' 개념을 언급하는 비슷한 연구와 일치한다. 이런 실험은 모두 전문성을 발전시킬 때 너무 많이 생각하면 수행 결과에 방해가 될 수 있다는 것을 보여준다. 그렇다면 기술의 사다리에서 위로 올라가려 하는 초보자들은 어떠할까?

골퍼들을 대상으로 실험했던 연구자들이 후속 연구로 이번에는 초보자와 베테랑 축구 선수를 대상으로 회전 코스에서 공을 드리블하는 실험을 실시했다. 골퍼들과 마찬가지로 축구 선수들은 두 가지의 조건에서 공을 몰아야 했다. 먼저 자신이 하는 일에 집중하면서 동시에 다른 일, 즉 소리를 듣는 데도 주의를 기울여야 하는 것이다. 일단 초보자들은 드리블만 해야 할 때가 드리블을 하며 소리를 들어야 할 때보다 더 나은 결과를 냈다. 다른 일에도 집중하라는 지시가 과제 수행에 부정적인 영향을 미친 것이다. 이와 대조적으로 베테랑 선수들은 드리블과 동시에 다른 일에 집중해도 과제 수행에 별다른 영향을 받지 않았다. 이들은 공을 다루는 드리블을 숙달했기 때문에 집중력에도 할애할 여분이 있었다. 우리 모두 일상생활을 히면서 이런 여분의 집중력을 이용해 이점을 누린다. 우리는 두 가지의 일을 한꺼번에 해낼 수 있다. '그저 뭘 해야 하는지 아는' 몸이 우리 종의 발전 초기 시점에 진화상의 이점을 가지게 되었던 것이라고 추측할 수 있다.

이런 조사 결과를 뒷받침하는 연구는 매우 많다. 하지만 자신이 보유한 기술을 생각하지 않고 해낼 수 있는 전문가 개념은 도움이 되지 않고 정확하지도 않다고 주장하는 사람들도 있다. 전직 발레 댄서였던 철학자 바바라 몬테로Barbara Montero는 '발레는 힘들이지 않고 해낼 수 있는 일이 아니다. 「레 실피드Les Sylphides」에 나오는 천상의 요정들은 그저 쉽게 공중 부양을 하는 것처럼 보이지만 실은 펄쩍 뛰어 날개를 띄우는 것이다'[13]라고 말했다. 몬테로의 요점은 댄서나 스포츠 선수들이 춤을 추고 공을 차는 등의 행위를 할 때 생각하지 않고 자동적으로 해내는 것으로 보이지만 실은 투지와 집중, 그리고 준열한 자기 분석의 결과물이라는 것이다. 몬테로는 힘들이지 않는 것으로 보이는 것이 하기 쉽다는 의미라고 가정하는 것은 실수라고 지적한다. 일리 있는 말이다. 어떤 기술을 완전하게 터득해서 유지하려면(특히 그 기술을 실행하는 것이 정말 중요한 경우) 시간과 노력, 그리고 연습이 반드시 수반되어야 한다는 것을 분명히 인식해야 한다. 초보자에서 전문가가 되는 여정은 아주 길다. 그런데 세계 챔피언과 최고 수준의 실력을 보유한 사람들도 언제나 더 개선될 여지가 있다고 느낀다.

연구자들이 스포츠 선수들을 면밀하게 조사하여 얻은 결과가 일단 어떤 기술을 완전하게 터득하면 그것을 자동 실행이라는 마술적 형태로 바꿀 수 있다고 단정적으로 주장하는 것은 아니다. 이들의 연구는 일을 수행하는 각 단계마다 집중하는 것이 초보자에게는 도움이 될 수 있으나 숙련자에게는 방해가 될 수도 있다는 것을 보여주지만 그것이 숙련된 기술을 보유한 사람이 보여주는 다른 형태의 집중력에는 적용되지 않는다. 진짜 성공적이라면 이들의 집중력은 다른 형태를 띠어야 한다. 예를 들어 스포츠맨은 금방 자신이 한 동작이나 공치기를 평가하는 데 집중하고 상대방이 하고 있는 행동을 주시하며 계속 집중 상태를 유지하려 할 것이다.

오스트레일리아의 크리켓 선수 리키 폰팅Ricky Ponting은 자서전에서 모든 공을 받기 전에 자기 자신에게 '공을 봐'라고 세 번씩 말했다고 회고했다. 집중 상태를 유지하기 위해서였다. 그는 '정신을 맑게 유지하는 유일한 방법은 공이 올 때마다 스스로 오로지 한 가지만 생각하는 것이었다. 그저 공을 보라고 말하는 거다. 세 번씩 말하곤 했다. (……) 일단 뛰기 시작했을 때, 반쯤 달렸을 때, 그리고 투구 보폭에 들어갔을 때'라고 썼다.

폰팅은 크리켓 역사상 테스트 런Test run(크리켓에서 경기 시간이 가장 긴 형태의 게임으로, 주로 국가 대항전에서 치른다 - 옮긴이)에서 1만 3,000득점을 기록한 네 명의 선수 중 한 명이다. 폰팅은 능수능란한 풀샷pull shot과 후크샷hook shot(크리켓에서 배트를 때리는 타격법 - 옮긴이)으로 유명하다. 그의 몸은 약 0.6초 내에 시속 145킬로미터로 날아오는 공을 마주할 때 어떻게 대응해야 하는지 정확하게 알고 있지만 폰팅은 여전히 집중하고 '공을 봐'야 했다. 그의 주문呪文은 복잡하고 어려운 상황에서 게임을 할 때 경기의 성과를 유지하는 데 효과가 있었다.

◆━━━━◆◆◆━━━━◆

우리는 매일 사용하는 기술을 습득하는 방법에 대해 생각할 때 다른 사람에게서 받건 책이나 매뉴얼을 참고하건 종종 지시 사항이 핵심이라고 생각한다. 지시 사항은 분명 역할이 있다. 그러나 그것만의 특징이 있다. 그것은 언어로 이루어져 있고 개별적이며 순차적이다. ('이걸 해, 그다음엔 저걸 해.') 그리고 이미 보았듯 어떤 기술을 완전하게 습득하면 이렇게 단계를 세분화하지 않고 물 흐르듯 통합된 행동을 순서대로 이행한다. 그리고 전문가가 되는 과정은 가르치는 사람으로부터 받은 명령을 근본적으로 비언어적 지식으로 변환시키는 작업과 관련되어 있다. 전문가에게 지시 사항은 따라야 하는 규칙이기보다 그저 그냥 하는 것이 된다.

지식이 이런 식으로 체화될 때 그것을 말로 표현하기는 점점 더 어려워진다. 자전거 타기 사례에서 보았듯 우리는 어떤 기술을 말로 표현할 수 없어도 그 기술을 보유할 수 있다. 우리가 하는 일을 말로 생각하지 않을 때 어느 정도까지 우리는 스스로 전문가라고 부를 수 있다. 그 정도의 단계에 오르면 우리는 말로 표현할 수 있는 것 이상을 안다. 말로 표현하기가 쉽지 않기 때문에 지시 사항이 어려울 때는 무엇을 할지 알기 위한 다른 수단이 필요하다. 유리 불기 같은 기술을 지시 사항을 통해서가 아니라 몸으로 직접 시연하는 것을 보며 배우는 이유가 바로 여기에 있다.

우리는 체화된 지식 현상이 정신의 개입 없이 몸이 배운 것을 하게 한다는 것을 알게 되었다. 우리 몸은 뇌의 지시 사항 없이 어떤 일을 하는, 할 수 있는 이상의 능력을 가졌다. 그리고 너무 많이 생각하면 실행하는 데 방해가 될 수 있다.

문화 배우기

지금까지 우리는 운전하기, 유리 불기, 골프와 같이 주로 실용적인 기술에 대해 알아보았다. 하지만 문화가 어떤 식으로 돌아가는지 배우는 것 또는 모난 돌처럼 두드러지지 않고 잘 어우러지는 법을 배우는 것도 지식 습득의 과정이며, 여기서도 몸이 핵심이라는 점에서 앞서 말한 사례들과 그 패턴이 흡사하다. 문화 배우기는 우리가 어떤 환경에 살면서 그 환경을 이해하고 흡수해야 할 필요가 있을 때 일어나는 일인데, 일단 그 문화를 배우면 우리는 '규칙'이라는 개념 이상으로 나아가게 된다.

문화적 지식 습득에서 물리적 환경은 실용적 기술을 발전시킬 때만큼 중요하다. '핫숍'에 있다는 사실 자체가 유리 만들기 전문가가 되는 데 중요한 요소이듯, 어떤 문화가 어떻게 작동하는지 배워야 할 때 그 문화를 접하는 것이 핵심 요소다. 각기 다른 상황에 처했을 때 그에 맞게 적절하게 행동하는 법을 아는 것과 같이 문화적 이해는 상당 부분이 실용적 지식이다. 하지만 다른 문화적 상황에서 삶을 헤쳐 나가는 것을 배우는 일에 글로 쓰여 있지 않거나, 확실하게 표현되지 않은 관례 등에 대처하는 것도 포함된다. 그리고 어떤 관례라는 게 확실히 있다고 해도 예외가 되는 사례를 쉽게 접할 수 있고 그 관례의 존재 여부를 두고 논쟁이 벌어지기도 한다. 다시 말해 문화적 지식은 우리가 알아본 대부분의 실용적 지식과 마찬가지로 불확실하고 어렴풋하다. 이방인에게 영국 계급 체계의 복잡성을 설명하는 것은 유리 불기 초보자에게 유리잔 부는 법을 설명하는 것 못지않게 어렵다. 두 가지의 지식 모두 경험을 통해 가장 잘 습득될 수 있다.

아이들의 사회화 방식에도 체화된 지식을 습득하는 방법이 투영되어 있다. 유년기에서 성인으로 가는 여정은 어떤 특정 세계에서 생존해가는 데 필요한 실용적이고 문화적인 기술을 얻는 일이라고 할 수 있다. 그런 맥락에서 아이는 그들이 사는 세상을 습득했음을 보여주는 부모의 도제가 된다. 새로운 조직에서 일하게 될 때 새로운 환경에 처한 자신을 보며, 또는 익숙하지 않은 곳을 여행할 때 우리 자신을 도제로 생각할 수 있다. 이 세상은 모두 그만의 방식을 가지고 있고, 그곳에 사는 사람들도 나름의 습관과 화법을 가지고 있다. 드레이퍼스는 '문화적 스타일은 너무도 체화되고 스며들어 있어서, 대개는 우리가 보지 못한다. (……) 이론으로 담기에 문화적 스타일은 너무나 깊이 체화되어 있고, 사람들의 이야기를 통해 전해진다. 몸에서 몸으로 그저 조용히 전달된다'[14]라고 말한다. 연습, 그리고 몸소 접하면서 습득할 수 있는 만큼 문화는 배울 수 있는 기술이 아니다.

문화가 작동하는 방식과, 그 문화 안에서 행동하는 법을 배우는 것은 자전거 타기를 배우는 것과 비슷하다. 일단 완전하게 습득하면 생각할 필요가 없고 '편안하게' 느끼며, 상황이 바뀔 때도 본능적으로 적응할 수 있다. 규칙에 의존하지 않고 활동할 수 있는 인간의 능력, 그리고 즉석에서 대응할 수 있는 능력 때문에 우리 인간의 지능이 특별한 것이고, 여기에 몸이 중추적 역할을 한다. 이어지는 제6장에서는 체화된 지식이 어떻게 불확실성과 익숙하지 않은 상황에 대처해나가는 활동의 중심을 차지하는지, 그리고 즉흥적으로 해내는 기술을 복제하기가 얼마나 힘든지에 대해 알아볼 것이다.

즉흥성

즉흥성은 즉각적 만남에서 자유롭게 가치를 만들어내는 힘을 가졌다.[1]
다이스쿠 이케다

인생의 미들게임

우리는 현재 시제로 살아간다. 매일 우리가 붙잡고 씨름하는 많은 것은 예상하지 못한 것들이다. '즉흥성'이라는 단어의 기저에는 이런 예측 불가능성이 깔려 있다. '즉흥성improvisation은 '예측하지 못한, 뜻밖의'라는 의미의 라틴어 '임프로비수스improvisus'에서 유래했다. 삶에는 우리가 계획할 수 없지만, 어쨌든 대처해야 하는 많은 것이 포진해 있다. 체스 게임은 삶의 이런 측면, 그리고 그것을 다루는 방법을 은유적으로 표현하는 좋은 예다.

가리 카스파로프Garry Kasparov는 꼭 모아 쥔 두 손으로 턱을 받치고 상체는 구부린 자세로 체스판을 바라보며 인생의 대부분을 보냈다. 그러고 보면 그가 체스를 '인생의 축소판'이라고 부른 게 전혀 놀랍지 않다. 카스파로프는 체스를 잘 두는 것이 지능이 높은 것과 같은 뜻이라고 보는 데 회의적이지만, 체스를 이용해 인간의 지능에 대하여, 그리고 익숙하지 않은 상황에 대처하는 방법에 대하여 깊이 생각해본 인물 중 한 명이다.

'인생은 체스'라고 비유하게 되는 여러 이유 중 하나는 체스가 복잡하기 때문이다. 64개의 네모로 구성된 체스판에 32개의 체스 피스piece(체스 말)를 배열하는 것은 간단해 보이지만, 처음 몇 번 피스를 옮기고 나면 게임이 엄청나게 복잡해진다. 체스를 두는 양측이 일단 한 번씩 움직이면 체스판에 400가지의 설정이 가능해진다. 양측이 각기 두 번째로 말을 움직이면 그 수는 19만 7,742가지가 되고 세 번째 다음에는 1억 2,100만 가지가 된다. 섀넌 숫자(정보이론을 창시한 클로드 섀넌Claude Shannon에 의해 계산되었다)에 의하면 전체적으로 체스 게임의 움직임은 10^{120}('10' 뒤에 '0'이 120개가 붙는다)가지나 가능하다. 결론적으로 체스는 수많은 선택지가 딸린 복잡한 게임으로, 우리가 뭔가를 즉흥적으로 해내는 방법, 그리고 그렇게 할 때 적용시키는 지식을 탐색하는 데 도움이 된다.

체스 게임의 해설을 들어보면 '킹스 인디언 디펜스King's Indian Defence', '부다페스트 갬빗Budapest Gambit' 등 말이 움직이는 순서를 가리키는 용어들을 듣게 될 것이다. 이런 용어들은 체스 오프닝(체스 게임의 초반부 또는 초반부의 수를 정리한 것 - 옮긴이)이나 그 오프닝에 대한 방어 사례를 지칭하는 것으로, 『옥스퍼드 체스 가이드The Oxford Companion to Chess』에는 1,300가지 이상의 오프닝 변형 사례가 실려 있다. 오프닝에서 양측 모두에게 최고로 여겨지는 이동은 20번에서 25번째 수까지 계산이 되는데, 잘 두는 선수들은 이것을 모두 외운다. 이들은 어떤 '라인line'(움직임의 순서)이 펼쳐지는지 인지하고 그에 맞게 대응할 수 있다.

게임의 초기 단계에서 체스 피스가 이 라인을 따라 이동하면 선수들은 '북book'이라 부르는 것 속에 있으며, 자신이 보유한 지식 중 그다음 최선의 움직임을 따를 수 있다. 체스판에 피스가 적게 남아 있는 엔드게임에 가까워질수록 선수들은 엔드게임의 테이블베이스(체스 엔드게임의 위치를 미리 계산한, 철저한 분석을 담고 있는 전산화된 데이터베이스)에 정리된 움직임의 순서를 따라 게임을 하는 경우가 많다. 체스의 시작과 끝은 규칙이 아닌 선수들이 동의하고 공유하는 대본에 따라 이루어진다.

그러다가 현대의 '새로운 발견'인 '미들게임middle game'에 도착하면 그때부터 선수들은 대본 없이 경기를 해야 한다. 미들게임의 위치는 경기마다 달라서 모든 변형을 외울 수 없기 때문이다. 선택지가 매우 많다는 점을 고려하면 이 미들게임의 영역은 방대하다. 하지만 체스 컴퓨터는 간단한 논리를 따라서 그 방대한 숫자 가운데 선택지를 빠르게 계산해낼 수 있다. 상대방이 두는 최고의 역공 움직임을 따라가면 가장 강력한 위치에 있게 되는데, 그것이 바로 최고의 움직임이라는 논리다. 그런데 어떤 것이 상대방의 최고의 역공 움직임인지 어떻게 알 수 있을까? 답은 당신이 최고의 대응을 해서 상대방이 최상의 상태에 있게 하는 것이다. 그러면 자연스럽게 '내 최고의 대응이 뭔데?'라는 질문이 나올 것이다. 상대방이 최고의 역공 움직임을 한 다음에 당신은 가장 강력한 자리에 위치하게 되는데, 바로 그 지점을 말한다. 이 질문은 꼬리에 꼬리를 물고 계속 이어지는데, 수학자들은 이것을 '되풀이'라고 부른다.

1997년 카스파로프는 IBM의 딥블루Deep Blue 컴퓨터에 패배했다. 카스파로프의 상대였던 이 컴퓨터는 엄청나게 강력했다. 딥블루는 주문 제작된 마이크로프로세서로 초당 2억 개의 위치를 분석해 게임을 했다. 그러나 그렇게 방대한 움직임을 탐색해내는 능력도 반복이라는 부동의 수학적 현실 앞에서는 충분하지 않다. 클로드 섀넌은 체스에서 가능한 모든 움직임을 알아내려면 10^{90}년이 걸릴 거라고 계산해냈는데, 우주가 탄생한 후 오늘날에 이르기까지의 날들보다 더 긴 시간이다. 이런 탐색 심도의 문제는 체스 컴퓨터가 모든 가능성을 분석하도록 디자인되지 않았다는 것을 의미한다. 컴퓨터 디자이너들은 유용한 반응을 이끌어낼 가능성이 가장 높은 곳의 연산 능력에 초점을 맞추며 기계가 고려하는 움직임의 선택지를 축소한다.

인간 체스 선수도 이런 축소 작업을 한다. 잘 두는 선수들은 본인이 처한 상황을 알아보는 패턴 인식에 자신의 능력을 이용하고 필요한 곳에 집중한다. 카스파로프 같은 프로선수는 초당 세 번의 움직임을 분석할 수 있다. 컴퓨터와 비교하면 매우 떨어지는 수치이므로 체스판에서 문제를 제대로 파악하여 옳은 위치에서 목표에 집중하는 것이 필수적이다. 인간 체스 선수는 체스 컴퓨터만큼의 연산 능력을 가지고 있지 않지만 상황을 이해하고, 패턴을 인식하고 그 패턴이 제공하는 선택지를 찾을 수 있는 능력이 있다. 윌리엄 체이스William Chase와 허버트 사이먼Herbert Simon은 1973년 체스의 대가들을 연구한 논문 「체스에서의 인지Perception in Chess」에서 체스 고수들이 체스판에서 패턴을 인식하고 상기해낼 수 있는 지각과 관련된 기술을 가지고 게임을 한다고 서술했다.[2] 그들은 체스 고수들은 5만~10만 개의 패턴을 습득할 수 있다고 평가했고, 이 패턴을 이용해 모든 가능한 선택지를 살펴보지 않고도 좋은 움직임을 가려낼 수 있다고 주장했다.

카스파로프가 딥블루에 패배한 것은 획기적인 사건이었다. 게임을 시작했을 때 카스파로프는 승리를 낙관했지만 후반부로 넘어가서는 자신이 인류를 실망시켰다고 느끼며 게임을 끝냈다. 컴퓨터 과학자들이 인간의 지능을 복제하려는 수십 년 동안의 노력의 중심에 체스가 있었고, 마침내 기계가 성공을 거둔 것이다. 결정적인 순간이었다. 체스 엔진의 등장은 인간의 직관적 지능이 더 이상 컴퓨터의 맹렬한 힘에 상대가 될 수 없게 게임의 판세를 바꾸어버렸다. 그러나 인간은 여전히 다른 인간과 게임을 하고 미들게임에서 새로운 보드 위치에 직면했을 때 즉석에서 처리해내는 능력을 보인다.

카스파로프는 체스의 최전선에서 빠졌고 새로운 스타들이 등장했다. 그중 노르웨이의 마그누스 칼센Magnus Carlsen은 어릴 때부터 천재적 재능을 보였다. 기록영화 「마그누스」는 칼센이 조숙하지만 가끔 변덕스러운 체스 선수에서 오늘날의 침착한 챔피언으로 거듭나는 여정을 담고 있다. 마그누스 칼센에게서 돋보이는 점은 그가 매우 직관적인 체스 선수로 보인다는 것이다. 그는 최근 기사에서 '체스 피스를 움직일 때마다 자신의 직관을 예측할 수 없다'[3]고 강조했다. 2018년 런던에서 열린 세계체스선수권대회에서 그는 미국의 파비아노 카루아나Fabiano Caruana와 시간 제한을 둔 최종 결정전에서 명인의 풍모를 선보이며 승리했다. 탁월한 상대 선수뿐 아니라 똑딱거리는 시계를 상대로 게임을 할 때 칼센은 자신이 직면한 상황을 재빨리 이해하고 그에 맞춰 대응할 수 있었던 것 같다.

인생과 체스의 유사점을 살펴보는 일은 유익하다. 체스처럼 인생에서도 시작(오프닝)은 잘 알려지고 정형화되어 있을 수 있다. 선술집에서 친구들을 만나는 사교 모임에서부터 의뢰인과의 공적인 만남 또는 가족 모임 등 각기 다른 유형의 사회적 소통이 어떤 식으로 일련의 표준적인 언어적·육체적 움직임에 따라 시작되는지 생각해보라. 그런데 일단 시작되고 나면 이런 소통과 상호작용은 여러 가지의 예상하지 못한 방향으로 뻗어나갈 수 있고, 우리는 생각하기 위해 멈추지 않고도 그에 맞춰 적절하게 대응한다. 하지만 인생과 체스는 매우 다르기도 하다. 체스는 몇 가지의 간단하고 확고부동한 규칙을 가진 통제된 환경에서 게임이 진행되지만 삶은 그렇지 않다. 인생의 미들게임에는 의지할 수 있는 간단한 작동 원칙 같은 것이 없다. 우리가 하는 일은 대부분 엄격한 사전 분석의 대상이 아니다.

체스 컴퓨터가 인간을 이긴 것은 인간보다 더 빨리, 더 깊게 연산할 수 있기 때문이다. 하지만 체스보다 더 복잡한 게임인 바둑을 둘 수 있는 새로운 인공지능 시스템과 비교해볼 때 체스 컴퓨터가 개발된 방식은 일종의 교훈이 되었다. 체스 컴퓨터는 처음부터, 그리고 지금도 여전히 규칙에 기반을 둔 접근 방식에 근거한다. 이 컴퓨터는 오프닝 라인에서 모든 가능한 선택지와 최적의 대응을 처리한다. 20여 년 전 카스파로프를 이긴 컴퓨터와 오늘날의 체스 컴퓨터에는 중요한 차이점이 있다. IBM이 만든 컴퓨터가 커다랗고 주문 제작되었으며 카스파로프와의 대결을 위해 체스 전문가와 컴퓨터 과학자들이 애정을 기울여 만든 것인 반면에 오늘날의 체스 컴퓨터는 연산 능력은 훨씬 더 강력해졌지만 우리가 이메일이나 소셜 미디어를 체크할 때 사용하는 스마트폰처럼 주머니에 들어갈 정도의 기계에 담겨 있다.

그런데 2016년에 구글이 소유한 인공지능 회사 딥마인드DeepMind의 알파고AlphaGo 시스템이 열여덟 번이나 세계 챔피언을 거머쥔 바둑기사 이세돌을 이겼을 때, 이 컴퓨터는 모든 것을 대입해보는 방식을 채택하지 않았다. 바둑은 두 명의 기사가 흰 돌과 검은 돌을 가지고 겨루는 전략 보드게임으로, 상대방보다 더 많은 영역 확보를 목표로 한다. 규칙은 간단하지만 바둑은 체스보다 움직임에서 더 많은 것을 고려해야 한다. 바둑판은 가로·세로로 네모 칸이 열아홉 개씩 있는데, 여기서 10^{360}가지의 판 배열이 가능하다. 체스가 10^{120}가지의 수로 움직일 수 있다고 했는데, 이와 비교해 바둑에서는 인간의 계산을 초월하는 숫자만큼의 수가 가능한 것이다. 바둑에서 인간을 이기는 시스템을 만들기 위해 딥마인드는 전형적인 체스 컴퓨터에서 사용된 것과 아주 다른 접근 방식을 택했다. 바둑처럼 복잡한 게임에서 가능한 모든 수의 움직임을 평가하려면 우주의 기대수명보다 훨씬 더 긴 시간이 필요하기 때문이다.

알파고는 바둑에서의 수의 움직임을 찾아내기 위해 '몬테카를로 트리 서치 알고리즘Monte Carlo tree search algorithm'으로 알려진 방법을 이용했다. 그것은 기계학습으로 습득하는 지식을 기반으로 하며 인간 바둑 전문가에 의해, 그리고 다른 컴퓨터들과의 게임을 통해 훈련을 받은 인공 신경망을 이용했다. 컴퓨터의 숙련도가 일정 수준에 이르자 딥마인드 팀은 강화 학습으로 시스템을 개선했다. 알파고가 둔 수에 '보상'을 하거나 '벌'을 주는데, 그러고 나면 알파고는 이런 피드백을 적용해 최고의 보상을 얻을 수 있는 전략을 만들어냈다. 대부분의 종species이 이런 형태의 강화 학습을 한다. 아이가 저녁을 먹으면 상을 주거나, 숟가락으로 부엌에 음식을 뿌릴 때 숟가락을 빼앗으면 그게 바로 강화 학습 전략을 채택한 것이다.

이 방식은 효과가 있었다. 그리고 알파고가 이세돌을 이긴 것에 대한 세간의 반응은 19년 전 카스파로프가 컴퓨터에 졌을 때와 유사했다. 하지만 딥마인드의 컴퓨터가 거둔 승리에는 조금 다른 점이 있었다. 알파고는 이세돌보다 더 빨리, 가능한 움직임을 더 많이 계산해내는 방식으로 승리하지 않았다. 알파고는 게임을 하는 법을 배웠고, 겉보기엔 틀렸지만 실은 어떤 아이디어를 가진 것으로 드러난 수를 둬나갔다. 첫 번째 게임의 102번째 수에서 알파고가 인간이라면 절대 두지 않을, 전혀 예상하지 못한 움직임을 보이자 게임 해설가와 엔지니어들은 모두 놀라서 숨을 몰아쉬었다. 이후 분석에 의하면 알파고는 게임의 전략을 진정 새롭게 '이해'했다. 해설가들은 이 수를 2,000년 바둑 역사에서 한 번도 본 적이 없는 '초인'의 수라고 평했다.

❖━━━◆◆◆◆━━━❖

이세돌을 이긴 후 딥마인드는 알파고를 은퇴시키고 또 하나의 알파고 버전인 알파고 제로 시스템 작업에 착수했다. 알파고 제로는 초기 단계에 인간에게서 지식을 입력받는 것이 아니라 바둑의 규칙만 알고 나머지 지식은 0인 상태로 시작했다. 제임스 소머스James Somers는 〈뉴요커〉에 '알파고 제로의 심장부에 자리한 알고리즘이 너무나 강력해서 인류가 가진 가장 풍부하고 심도 깊게 연구된 게임의 규칙을 알려주고 몇 시간이 지나자 이 컴퓨터는 사상 최고의 바둑기사가 되어 있었다'라고 썼다.

체스와 바둑은 복잡한 게임이다. 이 분야의 세계 최고 선수들을 이길 수 있는 컴퓨터를 제작하는 과정의 속도가 초기의 예측에 들어맞지는 않았지만, 그래도 컴퓨터가 체스와 바둑 모두에서 인간을 이겼다. 그러나 우리가 기계의 시대에 인간의 지능은 이제 끝났다고 선언하기 전에 최고의 체스 컴퓨터가 인간처럼 체스를 두지 않는다는 점, 컴퓨터는 규칙을 알고 가능한 모든 수를 빨리 계산해낸 뒤 그중 최고의 수를 알아내어 게임을 한다는 사실은 생각해볼 가치가 있다. 컴퓨터의 승리는 '지능'이라고 부르는 것 이상의 탐색 능력과 속도에 기인한다. 알파고와 알파고 제로가 더 높은 지능을 보유한 것 같지만 이 컴퓨터들이 인간을 이길 수 있는 것은 연산에 근본적으로 다른 접근 방식을 택해 인간이 작동하는 방식에 훨씬 더 가까운 방법으로 게임을 했기 때문이다.

인간은 세상과 소통할 때 시행착오를 겪으면서 배운다. 실수를 하면 벌을 받고, 잘하면 상을 받는다. 이런 강화를 통해 세상과의 상호작용에 대응하면서 우리는 배운다. 다시 말해 딥마인드가 만들어낸 인공지능은 좀 더 체화된 관점의 지능을 닮으려는 접근 방식을 택할 때 가장 크게 발전했음을 보여주었다고 할 수 있다.

그리고 알파고와 같이 어떤 게임을 하는 시스템은 우리 일상의 삶과 매우 다른 조건에서 작동한다는 점도 기억해야 한다. 체스와 바둑은 고도로 복잡하지만 한정된 숫자의 네모 칸으로 구성된 판과 간단한 규칙을 따르는 고정된 환경에서 이루어진다. 바둑판과 체스판은 완전한 정보의 환경으로 양쪽 선수 모두 이전에 발생한 수를 알고 있고, 가능한 다음 움직임의 똑같은 세트를 공유한다. 체스 컴퓨터는 규칙에 기반을 둔 프로그래밍에 의존하는 반면, 알파고와 알파고 제로의 성공은 인간의 방식, 즉 경험을 통해 배우는 방식을 따라 학습했기 때문에 가능했다. 수억 번씩 반복해 게임을 해보면서 컴퓨터는 무엇이 효과적인지 알아내는 법을 배운다.

우리의 삶은 좀 더 자유롭게 흐르고 예측할 수 없으며 끊임없이 변화하는 환경에서 펼쳐진다. 우리는 체스 게임에서 상대방이 가지고 있는 것과 똑같은 완벽한 정보를 소유하지 않는다. 우리의 삶이 어떻게 작동하는지 '규칙처럼' 설명('나는 아침 6시 45분 기차를 탄다'라든가 '주말에는 항상 가족과 함께 식사한다'라는 식으로)하려 해도 삶은 규칙에 순응하지 않는다. 이야기를 하건, 무엇인가를 먹건, 스포츠를 하거나 요리 또는 운전 등 어떤 일을 하건 간에 우리는 규칙을 따르는 것 이상으로 즉흥적으로 행동한다. 가게로 차를 몰고 갈 때도 늘 다르다. 교통신호와 기상 조건이 매번 다르고 운전자가 다른 도로 이용자들에 대해 완벽한 정보를 가지고 있지도 않다. 우리가 운전을 할 때 수많은 변수가 작용한다. 그래서 다양한 범위의 신호와 자극이 존재하는 도로처럼 복잡한 진짜 세상의 환경을 다룰 수 있는 컴퓨터 시스템을 만들기가 훨씬 더 어려운 것이다.

자율주행차는 왜 만들기 어려울까?

2018년 11월 텍사스 주 오스틴에서 열린 사우스 바이 사우스웨스트South by Southwest[미국 텍사스 주 오스틴에서 매년 봄(보통 3월)에 개최되는 일련의 영화, 인터랙티브, 음악 페스티벌 컨퍼런스 - 옮긴이] 테크놀로지의 무대에 오른 존 크라프칙John Krafcik

은 폭탄선언을 했다. 구글의 자율주행차량 사업부인 웨이모Waymo의 최고경영자 크라프칙은 조속한 시일 내에 도로에서 수많은 자율주행차량이 달리는 것을 보기는 어려울 것이라고 발표했다. 자율주행차량 개발기업 중 이런 입장을 보인 곳이 웨이모가 처음은 아니지만 가장 눈에 띄는 경우였던 것은 분명하다. 구글은 다른 수많은 기업보다 더 오랫동안 자율주행차량을 공개적으로 연구해왔는데, '자율주행차량 발명이 정말 매우 어렵다'라는 크라프칙의 발언은 기술 기업이 매우 인간적인 시인을 했다는 의미였다.

물론 회의론자들은 지금쯤이면 인류가 하늘을 나는 자동차를 가지게 될 거라고 했지만 여전히 실현되지 않고 있다고 지적하고 싶어 안달이다(구글의 설립자 중 한 명인 래리 페이지Larry Page는 이런 차량을 개발하는 여러 회사의 대주주인데, 그중 하나가 '키티호크Kitty Hawk'다). 혼다의 임원들은 2020년 올림픽에 맞춰 자율주행 자동차를 준비시키겠다고 약속했고 포드자동차는 2021년이면 완전한 자율주행 자동차가 나올 것이라고 예측했다. 하지만 포드의 최고경영자 짐 해킷Jim Hackett은 '업계가 자율주행 자동차 출시를 과대평가했다'[5]고 인정한다. 현재 모든 주요 자동차 회사는 이전에 했던 약속에서 물러나 있는 상황이고 거침없는 언변과 기이한 성격의 일론 머스크Elon Musk만 가까운 미래에 자율주행 자동차가 나올 것이라고 확신하고 있다.

주요 자동차 회사가 자율주행차량 개발에 투자한 액수는 어마어마하다. 이들은 세계 최고의 컴퓨터 과학자, 로봇 연구가, 엔지니어들을 고용했지만 목적지는 여전히 멀기만 하다. 크라프칙이 연설에서 인정했듯, 기상 조건에 상관없이 연중 아무 때나 어떤 도로에서든 모든 조건에서 자율주행을 하는 5단계의 자동차를 만드는 일이 불가능할 수 있다. 이 분야에서 일하는 사람들에게 물어보면 그들이 살아 있는 동안 5단계의 차량이 나오는 것을 볼 수 있다고 생각하는 측과 불가능하다고 내다보는 측이 거의 반반으로 팽팽하게 나뉠 것이다. 양측 모두 동의하는 부분이 있다면, 그것은 자율주행차량을 만들어내기가 극히 어렵다는 점이다.

그렇다면 자율주행 자동차를 만들기가 이토록 어려운 것은 무엇 때문일까? 크라프칙이 지적했듯, 먼저 기상 조건이 문제다. 캘리포니아가 전 세계 기술 산업의 중심지이기 때문에 자율주행차량 개발과 관련된 활동이 주로 캘리포니아에서 이루어지는 것은 아니다. 캘리포니아는 기후가 좋다. 거의 항상 푸른 하늘을 볼 수 있다. 그런데 폭우, 진눈깨비, 눈, 안개는 자율주행차량의 센서를 교란시킨다. 눈은 도로 표지판을 가려버리는데 자율주행차량은 도로에서 표지판이 어디에 있는지 반드시 알아야 한다. 둘째, 도로 자체가 문제될 수도 있다. 도로 자체는 그다지 변하지 않는 것처럼 보이지만, 사실은 그렇지 않다. 도로도 변한다. 옥스퍼드 대학의 연구자들이 1년 동안 잉글랜드의 도로 6마일(약 10킬로미터)을 연구했는데 변화가 심하다는 결론을 내렸다.[6] 이 도로에 있는 작은 교차로가 세 번 이동했고 도로변의 초목은 계절별로 바뀌면서 각기 다른 빛과 그림자를 드리웠다. 자동차들도 각기 다른 장소에 다른 방식으로 주차되었다. 연구자들은 도로가 변화가 심한 환경이라고 결론 내렸다.

구글의 웨이모를 위시해 수많은 자동차 회사들은 자동차의 '볼 수' 있는 능력과 교차로, 진입로, 나들목, 도로 시설물 등과 같은 특징이 실린 극히 정밀하게 구현된 3차원의 도로 지도에 의존하는 방식을 채택하고 있다. 그런데 세상을 충분히 정밀한 정보로 지도화하는 작업은 비용이 많이 들고 자율주행 자동차가 사용할 모든 도로를 구석구석 지도로 만드는 작업은 엄청나게 오랜 시간이 걸릴 것이다.

자율주행 자동차를 개발하기가 어려운 주요 이유는 도로에 보행자와 자전거 운전자는 물론 다른 차량의 인간 운전자들이 있기 때문이다.

이런 요소는 무한히 복잡하고 예측 불가한 환경을 만든다. 무엇보다 이들의 흐름과 향후의 행동을 알아보고, 이해하고 예측하는 방법을 배우는 것이 핵심이다. 이런 변수와 불확실성에 대응할 수 있는 차량만이 자율주행을 안전하고 성공적으로 해낼 것이다.

당신이 운전을 한다면 다른 자동차와의 사이에서 벌어지는 가장 간단한 상호작용이 실은 얼마나 세밀하고 복잡한지 거의 인지하고 있지 않을 것이다. 가령 당신이 교차로에 차를 세우고 회전하려 하는 다른 차와 마주친다면 대처할 방법을 결정하기 위해 상대 차량이나 운전자의 움직임을 어떤 식으로 이용하겠는가? 그리고 당신의 의도를 상대방에게 어떻게 전달하겠는가? 이런 상황에서는 여러 가지가 발생한다. 시선을 맞추거나 몸짓언어를 구사할 수 있다. 확실하게 손으로 신호를 보내거나 고개를 살짝 움직여서 상대방에게 먼저 가라고 표현할 수도 있다. 양측 운전자 모두 상황을 읽고 서로의 행동을 예상하고 있다. 완전한 자율주행 공유 교통 서비스 작업을 하는 기업 파이브AI FiveAI의 정책국장 루시 유Lucy Yu는 이를 '게임 이론화하기'라고 부른다.[7] 1~2초가 안 되는 시간 안에 일어나는 이런 상호작용은 운전자들이 거의 의식하지 않지만 일상적으로 일어난다. 정말 설명하기 어려운 인간의 지능과 행동의 경이로움이다.

운전은 상당히 안전한 활동이다. 미국에서 나온 추산에 의하면 1억 마일(약 1억 6,000만 킬로미터) 주행당 사망자는 한 명이다.[8] 대부분의 자율주행 자동차 제조사가 받아들이고 싶은 통계이지만, 자율주행으로 이 정도 수준의 안전성을 확보하려면 아직도 갈 길이 멀다. 우리가 운전대를 잡고 운전할 때 나타나는 기술을 재생하기는 아주 어렵다. 가장 중요한 것은 자동차들이 특정 도로 환경에서 보유하고 있는 능력을 다른 환경에서도 발휘하도록 해야 한다. 넓고 격자로 구성된, 태양빛이 내리쬐는

콜로라도 주 피닉스의 도로를 안전하게 운전할 수 있는 것과 인파로 들끓고 질서가 덜 잡힌 로마의 도로를 운전할 수 있는 것은 완전히 다른 이야기다.

운전을 할 때 우리는 수천 가지의 선택지에 부딪히고 역시 수많은 시나리오에 직면하게 된다. 빠른 속도로 도로를 질주하는데 갑자기 커다란 쓰레기 덩어리가 시야에 들어온다고 상상해보자. 저것은 종이 상자 조각일까, 아니면 좀 더 무겁고 위험한 물건일까? 종이 상자 조각이라면 계속 달려도 괜찮지만, 그렇지 않다면 그에 맞는 행동을 해야 한다. 당신은 어떻게 대응하겠는가? 대답하기 어렵다. 기상 조건, 달리고 있는 도로에서 뒤에 뭐가 있는지, 다른 차선과 얼마나 여유가 있는지, 상황에 대응하기 전까지 아주 짧은 순간에 고려해야 할 것이 아주 많기 때문이다.

앞에서 예를 든 도로에, 특정 기상 상황에서, 그때 도로에 놓인 종이 상자를 처리하도록 준비시키는 신경 연결 통로가 우리 뇌에 따로 마련되어 있지는 않지만 우리는 그런 경우에 무엇을 어떻게 해야 할지 알고, 그렇게 한다. 그런 상황에 대비할 수 있는 것은 운전할 때 얻은 경험 이상은 거의 없는데도 우리는 그런 일에 대처할 수 있다. 그것도 물 흐르듯 자연스럽고 재빨리 즉석에서 처리할 수 있기 때문에 운전을 할 때 이런 예기치 못한 일이 터져도 침착하게 대응한다.

자율주행 자동차 디자이너들이 직면한 가장 어려운 문제는 이렇게 즉흥적으로 처리할 수 있는 능력을 재현하는 것이다. 디자이너들이 자동차에게 모든 상황에 맞춰 대응하라고 말하는 알고리즘을 써낼 수는 없다. '모든 상황'이란 말 그대로 무한대의 상황을 의미하기 때문이다. 그리고 만약 그 상황의 숫자가 매우 크지만 한정되어 있어서 자동차가 모든 경우에 맞춰 준비될 수 있다고 해도, 또 새로운 일이 벌어질 거라는 예상이 가능하며 이는 문제를 일으킨다. 현재 화성의 표면을 탐사하는 기구를 만들고 있는 로봇 연구가 마크 우즈Mark Woods가 말하듯[9] 그다지 많이 변하지 않는 환경에 맞는 로봇을 디자인하기도 어려운데, 변화가 많은 환경에서 안정적으로 작동하는 로봇을 만들어내는 것은 전적으로 다른 문제다. 그는 '세상의 변수가 문제다. 그것을 완전하게 본뜰 수는 없다'고 말한다. 애플의 공동 창업자 스티브 워즈니악Steve Wozniak도 다음과 같이 말하며 그에 동의한다.[10]

"우리는 자율주행 자동차가 인간의 두뇌 같아서 새로운 것을 만들어낼 수 있고, '전에 본 적이 없는 게 나왔네. 하지만 뭐가 어떻게 돌아가는지 알겠어. 이렇게 처리하면 되는 거야'라고 말할 수 있는 것이라고 생각하도록 호도했습니다. 하지만 그런 건 인간이나 할 수 있는 겁니다."

자율주행 자동차 디자이너들은 대부분의 하드웨어적 문제를 해결했다. 그리고 광선 레이더와 전파탐지기같이 그들이 사용하는 센서는 이미 세상에 나와 있는 제품으로 충분히 해결할 수 있다. 가장 큰 문제는 인간이 아주 잘하는 세 가지의 일을 자동차가 할 수 있게 만드는 소프트웨어를 쓰는 것이다.[11] 첫째, 지각하기다. 자동차 주변의 세상은 어떤 모습인가? 자동차는 도로의 어디에 있고, 다른 사물과 어떤 관계를 맺고 있으며, 그 모든 것이 시간이 지나면서 어떻게 변하는가? 둘째는 예측이다. 이 다른 사물들은 다음에 무엇을 할 것이며, 이것들의 행동을 예측할 수 있게 만드는 신호는 무엇인가? 셋째는 계획이다. 자동차 주변의 세상을 보고 이해할 수 있는 것과 다른 행위자의 향후 가능한 행동 등을 고려할 때 이제 어떤 움직임 또는 행위를 할 것인가?

소프트웨어 시스템은 인간 운전자가 보여주는 이 세 가지의 기술(지각, 예측, 계획)을 완벽하게 습득해야 한다. 그래야 결코 동일할 수 없는 환경들에서 하나같이 이 기술들을 실행할 수 있다. 하지만 모든 만일의 사태를 예측할 수 없고 자동차의 움직임을 그에 맞춰 고정시킬 수도 없으므로 디자이너들은 다른 각도에서 접근하고 있다. 인간이 하는 것과 똑같이 즉흥성을 발휘하는 자율주행 시스템을 만들어내려 하고 있다. 5단계의 자율주행차량은 우리가 경험과 연습을 통해 습득하는 체화된 지식과 비슷한 것을 보여주어야 한다. 그런데 이런 기술의 삼총사를 어디에서 얻을 수 있을까?

파이브AI의 소프트웨어 엔지니어 제이미 크뤽섕크Jamie Cruickshank는 인간은 자동차 운전을 배우기도 전에 사용할 능력을 발전시킨다고 본다.[12] 그는 뇌를 참고하여 설명하지만, 사실은 지각과 공간 인식같이 우리 몸에 긴밀히 연결된 더욱 광범위한 능력에 대해 이야기하고 있다.

운전대 앞에 앉기에 앞서 우리는 인간으로서 수천 년 동안의 진화는 말할 것도 없고 이곳 영국에서만도 17년 동안 공간을 이해하고 주변 세상에 있는 사물을 해석하는 법, 그리고 타인의 행동에 대해 배웠다. 지율주행 자동차를 만들어내기 위해 우리가 하고 있는 일은 철저히 조사하고, 그것을 선행 지식이 전혀 없는 기계에 처음부터 가르치는 것이다. 이 작업에서 우리는 당연하게 여기지만 사실은 효율적이고 안정적인 방식으로 해결하기 극히 어려운 문제를 인간의 뇌가 해내는 사례를 아주 많이 발견하게 된다.

크뤽섕크의 관점은 확실히 매우 어려운 도전을 지적한다. 우리가 인공지능을 개발하기 시작한 이후 인정해온 것처럼 인간이 보여주는 패턴 인식 기술은 복제하기가 어렵다. 패턴 인식은 우리가 어떤 사물을 확인하고 이해하는 방식을 말하는데, 지각과 밀접하게 연결되어 있어서 그로 인해 인간이 받아들이는 감각적 입력이 의미를 갖게 되는 것이다. 패턴 인식은 인간 지능의 중심이기 때문에 인공지능 개발에서도 핵심적이다. 인공지능이 쓸모 있으려면 패턴 인식이 가능해야 한다. 패턴 인식 능력은 상황 인식이 필수적인 안전한 자율주행차량 개발에서 매우 중요하다.

수많은 형태의 정보와 사물이 있는 일반적인 도로를 떠올려보자. 동물, 사람, 도로명 게시판, 교통신호등, 도로 표시물 등이 있다. 컴퓨터 시스템은 먼저 무엇이 어디에 있는지 이해해야 한다. 그러고 나서 무엇을 할지 예측하고 어떻게 대응할지 계획을 짤 수 있다. 인간이 보유한 지각과 공간 인식 능력은 복제하기가 어렵지만 자율주행 자동차가 인간처럼 주변 세상을 이해할 수 있도록 디자이너들은 카메라와 감지 시스템을 개발했고 이것들을 통합해 도로 주변을 통일된 시점으로 볼 수 있게 만들었다.

게슈탈트Gestalt(자신의 욕구나 감정을 하나의 의미 있는 전체로 조직화하여 지각한 것 - 옮긴이) 심리학은 메를로 퐁티가 이해하는 지각에 대한 관점에 큰 영향을 주었다. 그 전통을 따르는 심리학자들에 의하면 우리의 지각은 단편적인 감각들이 입력되어 모인 축적물이 아니다. 우리의 지각은 하나의 응집된 전체로 나타나며 분석을 위해 쉽사리 구성 요소로 작게 분해될 수 없다고 주장한다. 우리는 거리의 장면을 각각 분리된 조각으로 분석하기보다 하나의 전체로 인지한다. 마치 음악 같다. 음표가 개별적으로 인식할 수 있는 음으로 만들어진 선율로서보다 전체를 구성하는 일부일 때 의미를 갖는 것과 비슷하다. 우리가 세상을 의미 있는 하나의 덩어리로 인지한다는 것은 사실이며, 그래서 인간이 하는 패턴 인식은 강력하며 복제하기 힘든 것이다.

로봇 연구가 로드니 브룩스Rodney Brooks가 '세상 최고의 모델은 세상이다'[13]라고 했을 때 그는 아무리 정교한 자율주행 자동차가 있더라도 그 차가 보는 세상의 모델은 여전히 한정적일 것이라는 점을 지적한 것이다. 그리고 이것이 바로 운전자 없는 자동차의 문제점이다. 현실, 그리고 그 현실 안에서 활동하는 행위자(인간이든 인간이 아니든)를 불충분하고 완벽하지 못하게 재현하면 기계의 발전은 더딜 수밖에 없다. 인간과 체화된 정신이 갖는 이점이 바로 이것이며, 앞으로도 오랫동안 그러할 것으로 보인다.

결정을 내려야 할 때

게리 클라인Gary Klein은 의사 결정을 연구해 경력을 쌓았다. 클라인은 미국 소방관들이 복잡하고 위험한 상황에서 행동하는 방식을 연구한 논문으로 유명하다. 이 연구에서 클라인과 그의 동료들은 선택지를 평가해볼 만한 시간이 없고 극도로 불확실한 상황에서 소방관들은 어떻게 결정을 내리는지에 관심이 많았다. 통상적인 의사결정이론에 의하면 우리는 먼저 대안이 될 만한 선택지를 비교하고 그다음에 결정을 내린다. 하지만 클라인과 그의 연구팀은 소방관들은 그럴 수 있는 경우가 아니라고 생각했다.

　　클라인 팀의 연구에 의하면 소방관들은 '의사 결정 분지도decision trees'를 따르면서 선택지를 비교하기보다는 본능적으로 결정을 내렸다. 건물에서 팀을 대피시킬지, 탐색을 시작하고 구출 작전을 펼칠지, 아니면 불길을 잡을지 등과 같은 상황에 직면해 결정을 내려야 할 때 소방관들은 패턴 인식 능력을 이용해 상황을 이해하고 결정을 내린다. 클라인은 소방관들이 가능한 선택지를 확인하는 현장과 가상의 경험을 10년 이상 해오면서 쌓은 패턴에 의존할 수 있었다고 주장했다.[14] 클라인과 연구팀의 발견에서 특히 주목할 만한 부분은 언제 건물이 무너지기 시작할지를 본능적으로 파악하는 소방관들의 능력이었다. 클라인에 의하면 소방관들은 신호를 '읽고', 미세한 지각적 단서를 잡아내어 그에 맞춰 대응할 수 있다. 클라인은 '현장에서 소방관들은 불길이 건물 내에서 어떻게 번질지를 예상하고 집이 곧 붕괴될 것이라는 신호를 포착하여, 언제 추가 지원을 요청할지, 그리고 그 밖의 수많은 중요한 결정을 내리기 위해 그들의 패턴 목록을 이용할 수 있었다'[15]고 말한다. 클라인은 의사 결정을 할 때 분석적 접근의 대안이 되는 이러한 접근법을 '인식 촉발'이라고 이름 붙였다. 이 인식 촉발이 어떻게 작동하는지의 핵심은 경험인데, 보다 정확히 설명하면 인식 촉발은 경험의 결과로 패턴 인식을 신속하고 효과적으로 실행하는 능력이다. 소방관들이 생각한 행동계획이 적절하다면 계속 그렇게 하지만, 약점이 있다면 정정하거나 다른 선택지로 옮겨간다는 것을 클라인은 보여주었다.

물론 소방 작업은 의사 결정이 신속해야 하고 압박이 심한 환경에서 이루어지는 특별한 사례다. 클라인의 연구팀은 연구 영역을 확장했다. 그들은 중환자 간호, 군사 환경, 체스 게임 같은 환경에서 경우에 따라 1~2분 또는 하루나 이틀이 걸려 의사 결정을 하고 관여하는 사람의 숫자도 조정하는 식으로 설정을 달리했다. 모든 맥락에서 연구팀은 똑같이 인식에 근거한 전략을 발견했지만 그들이 선택한 결정 접근 방식에 경험이 큰 영향을 주었다는 것을 발견했다. 경험이 적은 의사결정자는 대개 다양한 상황에 노출된 적이 없고, 그래서 패턴을 인식하고 읽을 수 있는 능력이 결여되었기 때문에 좀 더 분석적 접근을 하는 것으로 나타났다. 또한 클라인의 연구는 사용 가능한 데이터가 지각적이기보다 추상적이고 문자나 숫자가 들어간 경우, 그리고 공공정책이나 비즈니스 상황에서처럼 의사결정자가 한번 내린 결정을 정당화할 필요가 있다는 것을 알았을 때 분석적 전략을 사용한다는 것을 보여주었다.

클라인은 인식 촉발 의사 결정이 항상 최고의 전략은 아니며, 분석적 접근이 유용하거나 두 가지를 동시에 사용하는 경우도 있다는 점을 지적하기 위해 애썼다. 하지만 그는 인식적 접근법은 시간 압박과 조건이 좀 더 유동적인 경우에 효과가 있다고 주장한다. 그가 내린 결론은 사람들은 경험을 통해 상황을 읽을 수 있는 능력을 갖게 되고, 가능한 선택지를 평가해 직관적으로 적절한 반응을 한다는 것이었다. 우리가 가지고 있는 지각하는 힘, 여기에서의 핵심은 몸인데 이것이 그러한 의사 결정에 중추적 역할을 한다.

우리가 운전을 할 때 상황 인식을 가능케 하는 지각 능력을 보유했다는 증거가 드러난다. 하지만 신속하고 직관적인 결정이 옳은 것으로 드러날 수 있다는 사실과 함께 인간은 오류를 범할 수 있고, 분석 능력을 사용하지 않고 성급한 결정을 내리면 나쁜 결과를 가져올 수 있다는 점도 명심해야 한다. 운전대를 집고 앉으면 우리는 지각 능력, 상황 인식과 의사 결정을 위해 시동을 건다. 하지만 그렇다고 오류에서 거리가 먼 것은 아니다.

우리는 일상생활을 하면서 무엇인가를 즉석에서 만들어내는 특별한 능력을 가지고 있다. 익숙한 것 같은 상황에서도 우리는 무엇을 할지, 뭐라고 말할지에 대해 결정을 내려야 한다. 그때 우리는 체화된 지식의 어떤 측면을 배치할지 알아내고 가능한 행보, 반응, 그리고 활동의 목록을 참고한다. 특히 압박을 받는 순간에 그런 능력을 구사하는데, 그것이 바로 즉흥성의 발휘다. 특정 상황에 잘 맞는지, 효과가 있는지 보기 위해 일단 대응해보고 맞지 않으면 조정한다. 그리고 이후에 비슷한 상황을 맞이하면 더 나은 방식으로 대처할 수 있도록 기억해둔다.

즉흥성을 발휘한다는 것은 새로운 상황에 직관적으로 반응할 수 있는 체스 챔피언, 재즈 음악가, 뇌외과 의사 등이 보유한 특별한 기술이라고 생각하기 쉽다. 그래서 쉽사리 그런 전문가를 맹목적으로 숭배하고 그들만 특별한 재능을 가졌다고 단정하기도 한다. 그들이 각자의 분야에서 특별한 재능을 보유한 것은 사실이다. 하지만 단조로운 우리의 삶에서도 항상 눈에 보이지는 않지만 종종 즉흥성이 발휘된다.

공감

사람은 흉내 내기를 가장 잘할 수 있고 모방을 통해
최초로 배운다는 점에서 동물과 다르다.[1]

아리스토텔레스, 『시학』

늙어간다는 느낌

숲을 관통하는 코스의 중간 지점에서 나는 처음으로 무슨 일이 일어나고 있는지 알았다. 열한 살인 아들과 함께 산악자전거를 타고 있었는데, 아이에게서 한참 뒤처져 있을 때 갑자기 무엇인가를 깨달았던 것이다. 예전보다 훨씬 더 넘어지는 것에 대한 두려움이 컸다. 넘어지면 몸은 물론 자존심이 손상될 것을 알았던 터라 넘어지지 않으려고 경사진 곳, 골짜기로 내려가며 회전하는 곳에서는 무의식적으로 속도를 늦추었다. 심지어 아이가 시야에서 사라져버렸을 때도 속도를 늦추었다. 그리고 또 다른 생각을 했다. '나이 들어가고 있구나.' 그러자 두려움과 그에 대한 내 반응이 즉시 연결되었다. 최근 다초점 안경을 사서 쓰고 있다는 사실을 상기하니 노쇠해간다는 느낌이 실감나게 다가왔다.

아들과 비교하면 나이 든 것이 맞지만 급증한 노령인구에 비해서는 그렇다고 말할 수 없다. 마흔일곱 살은 중년이지만 완전히 늙은 것은 아니고 다행스럽게도 나는 꽤 건강하다. 하지만 숲속에서의 깨달음은 또 다른 현실 인식의 핵심을 찔렀다. 전에 노령인구 맞춤 기술을 개발하는 연구소의 혁신 실험실에서 일한 적이 있는데, 그때 나는 사람들의 노화 경험을 탐구하면서 5년을 의미 있게 보냈다. 연구를 끝낼 때쯤 나는 늙어 간다는 것이 어떤 느낌인지, 그리고 각기 다른 문화의 사람들이 생애의 만년을 어떻게 경험하는지 잘 이해할 수 있게 된 것 같았다. 그런데 갑자기 그것이 사실이 아니라는 것이 분명해졌다. 그때로부터 거의 10년 이상이 지난 지금 몸이 슬슬 쇠잔해지니 비로소 나이 들어가는 경험이 무엇인지 진정으로 이해할 수 있을 것 같다. 몸의 변화를 느끼면서 노화의 육체적이고 감정적 측면을 이해하는 능력을 얻은 것이다.

2008년 미국의 건축가로 댈러스에 소재한 D2 아키텍처D2 Architecture의 창립자인 데이비드 딜라드David Dillard도 비슷한 것을 깨달았다. 전 세계적인 금융위기 이후 경제활동이 침체되는 상황을 맞이한 건축가 데이비드 딜라드는 75명의 젊고 건강한 건축가들에게 의미 있는 활동을 찾아 주어야겠다고 생각했다. 좋은 아이디어가 떠올랐다. 그는 직원들에게 전형적인 노년의 상태를 경험할 기회를 줘보기로 했다. 그래서 어떤 직원에게는 치매 조기 발생 사례를, 다른 직원에게는 무릎관절 완전 교체 수술을 받은 사례, 또 다른 직원에게는 뇌졸중 회복 단계라 휠체어를 사용해야만 하는 사례를 '할당'해주었다. 그리고 딜라드 자신은 물론 직원들이 노화와 함께 찾아오는 시력이나 손재주 사용에 한계를 느끼는 상황을 만들어 경험해보았다. "먼저 테이프로 손가락을 붙여서 감았어요. 관절염으로 인해 제한을 받는 상황을 이해할 수 있겠다 싶었지요." 이렇게 여러 가지의 상태를 할당하고 딜라드와 직원들은 노인생활시설에서 꼬박 24시간을 보냈다. 슬립오버 프로젝트The Sleepover Project는 이렇게 탄생했다.[2]

미국에 65세 이상 인구는 약 4,500만 명이고 수백만 명이 특화 디자인된 공동체나 가정, 양로시설에서 살고 있다.[3] 그중에는 양로원이라기보다 호텔이나 크루즈선 같은 곳도 있지만 많은 곳이 낡고 노후화된 상태다. 딜라드의 회사는 현재 이런 노령인구를 위한 공동체 디자인을 주로 하고 있지만 2008년에는 그렇지 않았다. 당시 딜라드의 직원들은 다양한 건설 프로젝트를 맡았지만 노인생활시설은 노인들의 생활을 직접적으로 경험한 이가 거의 없었기 때문에 디자인하기가 곤란했다. 딜라드는 그 빈 공간을 메우고 싶었다. 경기 침체가 시작되면서 그는 직원 40명을 양로원으로 보내 24시간 체험을 하게 했다. 그들은 빈 노트와 다른 사람의 관점에서 특정 세계를 경험해본다는 의지로 무장하고 양로원 체험을 했고, 커다란 발견을 하게 되었다.

딜라드의 직원들 중 한 명은 무릎관절 수술을 받아 휠체어에 의지해야 하는 사례를 할딩빈았다. 엔지니어식으로 정확한 용어를 구사하여 이 건축가는 '한쪽 무릎에 50퍼센트의 지지 용량만' 지탱할 수 있다고 보고했는데, 그것이 실생활에서는 무엇을 의미하는지 자신이 직접 체험한 뒤 충격을 받았다. 이전에는 전혀 생각해본 적이 없는 사실들을 알게 되었다. 그는 이렇게 말했다. "문을 드나들며 돌아다녀보면서 재료 변화 사이의 한계를 훨씬 더 잘 알게 되었어요. 사람들이 무거운 가구를 손잡이로 이용하는 방법도 알게 되었고요. 가구가 없는 곳에서는 벽에 기대어야 했어요." 이 건축가는 건물에 노인들에게 필요한 지지대가 설치되어 있지 않은 경우 노인들은 안정적인 가구나 벽에 기대서고 걷는 '퍼니처 서핑furniture surfing'을 한다는 것을 배웠다.

슬립오버 프로젝트를 경험한 후 건축가들은 변했다. 노인들이 매일 겪는, 몸으로 하는 일을 경험하기 전에는 그들 모두 노인들에 대해 추정만 할 뿐이었다. 그런데 24시간 체험 중 목욕실에서 노인생활시설에 살면서 겪게 되는 굴욕을 가장 확실하고 직접적으로 경험하게 되었다. 참여자들 중 한 명이 모두가 쳐다보는 가운데 휠체어에 태워져 '목욕실'로 가는 경험에 대해 이야기했다. 이 건축가는 산악 등반 경험도 목욕실에서 욕조 위로 자신의 몸이 들어올려질 때 느낀 두려움에 대처하는 데 그다지 도움이 되지 않았다는 사실을 되새겼다. 이제 그는 진짜 이동 장애가 있어서 몸과 마음이 약한 사람들에게 그런 경험이 얼마나 공포감을 주는지 잘 안다. 그는 이렇게 말했다. "노인이 되어 그러한 시설에 산다는 것이 어떤 것인지 직접 체험하여 알게 되면 주변을 돌아보며 갑자기 이 공동체와 여기에 사는 분들이 겪는 감정의 굴곡과 함께 그들을 공감할 수 있게 됩니다."

딜라드는 젊은 디자이너와 건축가들 스스로 체험을 하지 않는 한 그들이 자신이 디자인하는 곳에 살게 될 노인들을 이해하는 일은 결코 일어날 수 없음을 깨달았다. 슬립오버 프로젝트를 통해 그가 보여준 것은 늙었다는 느낌은 늙은 몸이 되어보는 경험에서 비롯된다는 것이다. 딜라드는 타인의 삶을 공감하려면 그들의 삶에 대해 읽어보거나 이야기하는 것으로는 부족하며, 몸으로 그들의 세상을 경험하려는 시도가 있어야 한다는 점을 이해했다. 제7장에서 우리가 알아볼 주제가 바로 이 몸과 공감의 관계다.

공감이란 무엇인가

공감이 최근 주목받는 의제로 떠올랐다. 2008년 미국 대통령 선거에서 민주당 대통령 후보 버락 오바마 Barack Obama는 종종 미국이 직면한 난국의 원인은 공감의 부재 때문이라고 말했다. 그런데 오바마가 공감을 의

제로 삼은 첫 번째 정치인은 아니다. 빌 클린턴과 힐러리 클린턴이 오바마보다 10여 년 앞서 공감의 부재를 언급했다. 언론인 로버트 라이트Robert Wright는 2013년 〈더 애틀랜틱〉을 통해 이렇게까지 말했다.

'세상에서 가장 심각한 단 하나의 문제는 사람들 또는 일단의 집단이 다른 사람 또는 다른 집단의 관점에서 사물을 보지 못한다는 것이다. 즉 남의 입장이 되어보지 않는다. 나는 다른 사람의 감정, 고통을 같이 느끼고 공유하는 글자 그대로의 공감을 말하는 게 아니다. 그저 타인의 관점을 이해하고 인정하는 능력을 말하는 것이다.'[4]

라이트는 문제를 바르게 진단했는지는 모르지만 그 해결책은 거의 내놓지 못했다. 그리고 그는 우리가 타인의 삶을 위해 무엇인가를 진정으로 느껴보지 않고도 타인의 관점을 이해할 수 있다고 가정한다. 이는 상당 부분 공감이 사람들의 몸과 경험이 아닌 정신에서 비롯된다고 취급되는 경우가 있기 때문이다. 무엇보다 공감을 생리학의 문제라기보다 심리학적 문제라고 이해하고 있는 것이다.

공감 개념은 경제학자 애덤 스미스Adam Smith가 1759년에 내놓은 『도덕감정론 The Theory of Moral Sentiments』으로 거슬러 올라간다. 그는 인간에게는 다른 사람의 입장이 되어보는 또는 '고통받는 자의 입장을 고려해 자리를 바꿀' 수 있는 타고난 능력이 있다고 주장했다. 공감empathy은 1909년 이전까지 영어에 없는 단어였다. 1909년 미국의 심리학자 에드워드 티치너Edward Titchener가 그리스어 'empatheia'('안in', '고통suffering'이라는 의미)에 근거해 만들어냈다.

학자들은 일반적으로 인지적 공감과 정서적 공감에 대해 이야기하는데, 이 두 형태의 차이점은 확연하다. 인지적 공감은 타인의 관점에서 세상을 보거나 '그들이 어디에서 비롯되었는지' 이해하면서 다른 사람의 관점을 취할 수 있는 능력이다. 한편 정서적 공감은 어떤 상황이나 환경에 대해 타인의 감정적 반응을 인식하고 공유할 수 있는 능력을 의미한다. 당신은 장례지도사나 교구 성직자가 인지적 공감을 확실히 보여당신의 슬픔을 이해하길 바랄 것이다. 그런데 당신이 힘들 때 만약 그들이 정서적 공감을 하면 도움이 덜 된다고 여길 것이다. 애덤 스미스는 우리가 현재 공감이라고 여기는 것을 '동정sympathy'이라고 불렀다. 여기서 우리는 다른 사람의 상황이나 감정적 상태, 슬픔을 실제로 공유하지 않고 동정을 할 수 있다는 점에 주목할 필요가 있다. 작가 로먼 크르즈나릭Roman Krznaric이 주장하듯 공감은 '상상력을 동원해 타인의 입장이 되어보고 그들의 감정과 관점을 이해하고 그것을 당신이 행동할 때 지침으로 사용하는 행위'로 생각할 수 있다.[5]

여러 연구에 의하면 미국과 서구 유럽에서는 사회적 차원에서 공감의 정도가 감소하고 있다. 예를 들어 〈개성과 사회심리학 리뷰Personality and Social Psychology Review〉에 실린 한 연구에 의하면 미국의 학생들을 대상으로 한 조사에서 1979년과 2009년 사이에 학생들 내 공감의 정도가 48퍼센트 저하한 것으로 나타났다.[6] 복잡한 사회현상에는 대개 다양한 이유가 있지만, 그중에서 세 가지를 특히 눈여겨볼 만하다. 개인주의, 거리, 그리고 (인터넷 정보 제공자가 이용자에게 맞춤형 정보를 제공하는 유형을 의미하는) 필터 버블filter bubble이다. 첫째, 크르즈나릭이 지적하듯 서구 세계는 점점 더 개인주의적으로 변하고 있다. 우리는 자기 내면을 들여다보고 내면과 자신의 감정, 느낌에 주목하라는 말을 자주 듣는다. 이는 몸보다 정신을 우선시하는 또 다른 사례일 뿐 아니라 자기계발과 자아도취 문화를 지탱하는 개념으로, 이런 문화에서는 자아가 중요하고 타인의 경험, 필요 또는 현실은 시야에서 멀어져 희미해진다.

경제학자이자 언론인인 프랜시스 케언크로스Frances Cairncross는 1997년에 출간한 『거리의 소멸The Death of Distance』에서 인터넷, 대중매체,

그리고 전자 매체의 유포로 인해 지리, 시간대, 그리고 국경이 점점 더 무의미해지게 되었다고 주장했다. 케언크로스의 대담한 주장은 옳고, 또한 틀린 것으로 드러났다. 세상은 확실히 더욱 연결되었지만 국경과 지리는 난민이나 포퓰리스트들이 증언하듯 여전히 존재한다. 웹의 성장, 그리고 사람들 사이를 연결하는 비용이 낮아지고 서로 연결되는 방식이 급증했음에도 불구하고 거리는 여전히 타인의 삶을 이해하고 공감하는 데 가장 큰 장벽 중 하나다. 여기에서 거리는 공간적인 거리와 사회적인 거리를 동시에 의미한다. 제아무리 소통 방식이 쉬워지고 저렴해진다고 해도 사람들을 타인과 실제로 접촉하게 만들지는 않는다. 『외로워지는 사람들 Alone Together』을 쓴 셰리 터클Sherry Turkle 같은 학자는 소통 방식이 값싸지고 쉽다는 것은 사람들이 더욱 연결되었다고 느껴지게 만들 수 있으나 동시에 사람들을 타인과 더욱 분리시킨다고 주장해왔다. 우리는 또한 시간적 거리 때문에 어려움을 겪고 있다. 기후변화와 씨름할 미래 세대의 고충에 공감할 능력이 우리에게 없다는 점을 한번 생각해보라. 크르즈나릭이 환경보호단체 '지구의 벗 Friends of the Earth'을 위한 논문에서 주장했듯,[7] 우리가 하는 현재의 행동이 이 세상에서 한 번도 만나본 적 없는 사람들의 후손은 고사하고 미래의 우리 자손들에게 어떻게 영향을 미칠지 우리는 제대로 이해하지 못한다.

정보 측면에서는 점점 더 풍부해지는 세상에 살지만 소위 말하는 '필터 버블'은 우리가 받는 정보가 단순히 현실의 한 조각이 아니라 우리가 누구이고 세상을 어떻게 보는지에 맞춰 짜인 것이 아닌지 결코 확신할 수 없게 만든다. 필터 버블은 우리가 접하는 뉴스, 관점, 정보가 우리가 이미 가지고 있는 관점을 강화하는 출처들에서 나오는 현상인데, 소셜 미디어 연결망과 뉴스 사이트는 우리가 이미 클릭했던 것에 따라 뉴스와 시각을 보여주는 알고리즘으로 작동되기 때문에 편협한 정보의 세계에 살게 될 위험이 더욱 커지고 있다. 돈 드릴로Don DeLillo가 1985년에 발표한 소설 『화이트 노이즈White Noise』의 등장인물은 '대부분의 사람들에게 세상은 딱 두 곳만 존재하지. 그들이 사는 곳, 그리고 그들의 텔레비전이 있는 곳'이라고 비꼬았는데, 오늘날에는 텔레비전의 자리를 스마트폰이 차지한 것 같다. 앞서 언급한 세 가지와 관련된 현상이 만들어낸 최종 결과는 타인의 관점에서 사물을 보는 능력의 결여다.

오늘날 우리가 알고 있는 공감 개념은 심리학의 세계에서 생겨났고, 그것에 대한 수많은 설명도 성향상 심리학적이다. 그러나 몸이 우리가 세상을 경험하는 데 핵심이며, 그래서 타인의 삶을 이해하는 데 중심이 된다는 주장에도 강력한 근거가 있다.

몸으로 표현하는 감정

내가 자전거를 타고 숲속을 달릴 때 일어났던 일은 무엇일까? 확실한 것은 내가 공포를 경험했다는 것이다. 자전거의 속도를 올리자 나는 아들과 함께 즐거운 일을 하는 좋은 아빠라는 느낌에서 공포감을 경험하는 남자로 바뀌었다. 자전거 손잡이를 더 꽉 쥐었고 이마에는 구슬 같은 땀방울이 송골송골 맺혔다. 이런 반응은 내가 어떤 감정을 느끼고, 내 몸이 그것을 표현하고 있음을 암시했다.

사물을 보는 이런 방식, 즉 정신과 몸은 별개라는 데카르트식 개념과 다른 또 하나의 입장은 1870년대에 도전적으로 등장하기 시작했는데, 이에 관해 사회학자 윌리엄 데이비스의 말을 참고해보자. 데이비스는 '몸이 정신적 활동을 드러낼 수 있다는 데 근거하여 인간과 동물의 몸에 대한 다양한 연구가 시작되었다'고 말했다.[8] 그리고 1884년 미국의 철학자이자 심리학자인 윌리엄 제임스William James가 〈마인드Mind〉에 「감정이란 무엇인가?」라는 논문을 실었는데, 이 논문은 데카르트식 이원론에 가장 강력한 도전을 했으며 가장 큰 영향력을 미쳤다.[9] 제임스는 우리가 곰을 보고 도망친다면 그것은 곰이 두려워서인가, 아니면 도망가기 때문에 우리는 곰을 두려워하는 것인가라는 질문을 던졌다. 당연히 두렵기 때문에 도망친다는 확실해 보이는 답을 그는 틀렸다고 말했다. 제임스에 의하면 우리는 두렵다, 왜냐하면 도망치기 때문이다.

일반적인 통념에서 보면 두려움, 분노 또는 슬픔 같은 감정은 몸의 표현을 야기한다. 두렵기 때문에 우리는 도망친다, 화가 나기 때문에 몸을 떨고, 슬픔을 느끼기 때문에 운다. 육체는 감정을 쫓아간다. 하지만 제임스는 이에 반박했다. 제임스에 의하면 우리가 무엇인가를 인지할 때 그것이 겁먹은 짐승이건, 너무 빨리 달리는 산악자전거이건 간에 그에 대해 우리 몸은 소름이 돋거나 땀이 나는 식으로 반응한다. 그런 몸의 변화를 겪는 경험은 우리가 느끼는 감정이다. 제임스는 감정적 상태는 정신에서 오지 않고 몸에서 비롯된다고 주장했다. 제임스는 '우리가 보거나 인지하는 어떤 사물에 대해 반응하는 몸의 표현이 없다면 감정이란 어떤 것이 될까?'라는 질문을 던졌다.

심장 박동이 빨라지는 것, 호흡이 얕거나, 입술이 떨리고 팔다리에 힘이 빠진다거나, 소름이 돋고 속이 울렁거리는 현상이 없다면 두려움이라는 감정에 무엇이 남겠는가? 생각하는 것조차 불가능한 일이다. 얼굴이 붉어지지 않고, 콧구멍이 커지지 않으며, 이를 꽉 깨물지 않고, 격렬한 행동을 하고 싶은 충동이 없이 근육이 이완되고, 호흡이 차분하며 얼굴이 고요한 분노의 상태를 상상하고 그릴 수 있는가?

제임스는 이런 육체적 변화가 없다면 감정은 단순히 인지적인, '완전히 지적 영역에 국한된' 것이라고 대답했다. 들여다보면 볼수록 제임스는 우리가 보통 표현 혹은 감정의 결과라고 생각하는 것이 사실은 감정 혹은 느낌이라는 감각의 핵심이라는 것에 설득되었다. 그는 육체에서 분리된 인간의 감정이라는 개념은 애초에 재고할 가치가 없는 것이며, 어떤 사람의 몸이 어쨌든 육체적 반응을 표현할 수 없다면 그 사람은 오로지 인지적 또는 지적 영역에서만 사는 감정 없는 삶에 갇히는 것이라고 결론지었다. 제임스의 체화된 감정의 특성 분석은 심오한 결론을 가져왔다. 그것은 감정적 특성의 느낌과 냄새나 맛같이 다른 감각에서 나오는 느낌을 구분하는 것은 잘못이라는 것이다.

숲에서 내가 자전거를 타며 느꼈던 감정은 내가 그와 비슷한 상황에 다시 처하지 않는 한, 또는 통제할 수 없는 속도에 대해 그와 비슷한 몸의 반응을 재현하지 않는 한 다시 느낄 수 없겠지만 상기하기는 어렵지 않다. 몸과 감정 사이의 이런 연결이 갖는 함축성은 의미심장하다. 첫째, 어떤 형태로든 몸을 연관시키지 않으면서 어떤 사물이나 상황에 대해 감정적 반응을 만들어내는 것은 불가능하다. 둘째, 일정한 형태로 몸을 투입 또는 관련시키지 않으면 우리는 어떤 사물이나 상황을 느낄 수 없다.

제임스의 감정 이론과 몸 중심론은 더욱 흥미로운 점을 함축하고 있는데, 그것은 몸이 정신을 구성한다는 것이다. 제임스는 '계속 용기를 북돋우기 위해 휘파람을 부는 것은 단순한 비유가 아니다. 반면 하루 종일 맥이 빠진 자세로 앉아 한숨을 쉬고 모든 것에 우울한 목소리로 대답하면, 그 우울감은 사라지지 않고 계속된다'라고 썼다. 최근의 인지과학과 뇌과학이 이것을 19세기 말의 철학자는 할 수 없었던 방식으로 증명해 보였다. 몸은 실제로 우리가 생각하고 느끼는 데 영향을 준다. 우리는 누군가가 맥이 빠져 있으면 '기죽지 마!'라고 말한다. 우리는 생각보다 더 도움을 주는 존재인 것 같다.

인지과학자 시안 베일락은 『몸은 어떻게 마음을 알까How the Body Knows Its Mind』라는 책에서 제임스가 '열정을 표현하길 거부하면, 그 열정은 곧 죽어버릴 것이다'라고 한 말이 옳다는 점을 보여주는 연구에 대해 논한다. 보톡스는 얼굴의 주름을 없애는 데 일반적으로 사용되는 처치법이다.[10] 유럽에서 진행된 한 연구는 이것을 이용하여 실험을 했다. 이 연구에서 우울 장애를 앓고 있는 사람들을 모집해 눈썹 위아래로 보톡스 주사를 놓아주었는데, 진짜 보톡스를 맞은 사람들과 위약을 맞은 사람들이 섞여 있었다. 그리고 이 연구는 실험자와 실험 대상자가 위약이 투여되었는지, 약효가 있는 진짜 약이 투여되었는지 알 수 없는 이중 맹검 연구였다. 때문에 주사를 놓는 의사도 누가 진짜 보톡스를 맞고 누구는 위약을 맞는지 몰랐다. 진짜 보톡스를 맞은 피실험자는 6주 안에 우울 장애가 평균 47퍼센트가 줄어들었고, 위약을 맞은 피실험자는 증상이 개선되지 않았고 우울증에 변화가 없다고 보고했다. 이런 식으로 간단하게 풀어 정신 건강의 복잡성을 깎아내릴 생각은 없지만 얼굴을 찡그리면 슬퍼질 수 있고 찡그릴 수 없게 되면 감정이 개선되는 것으로 보인다. 비슷한 결과를 내놓은 연구는 더 있다. 즉 보톡스는 미소를 짓는 데 도움을 주고, 미소는 당신을 더 행복하게 만든다.

이런 연구는 몸이 우리가 어떻게 느끼는지에 대해 뇌에 신호를 보낸다는 사실을 말해준다. 그리고 우리가 어떻게 느끼는지는 스스로 어느 정도까지 감정을 표현하도록 허용했는지를 보여준다. 제임스가 이 탁월한 글을 쓰기 전에 찰스 다윈Charles Darwin도 『인간과 동물의 감정 표현The Expression of the Emotions in Man and Animals』이라는 책에서 이와 관련된 쟁점을 다루었다.[11] 다윈의 관점을 살펴보자.

감정의 외적 신호로 이루어지는 자유로운 표현은 감정을 강화한다. 반면 모든 억압의 외적 신호는 그것이 가능한 정도까지 우리의 감정을 약화시킨다. 거친 몸짓이나 표현을 이기지 못하는 사람의 분노는 더욱 증가할 것이다. 두려움의 신호를 통제하지 않는 사람은 더 센 강도의 두려움을 경험하게 될 것이다.

다윈과 제임스가 주장하고 최근 인지과학자와 뇌과학자들이 보여준 것처럼 이것이 몸이 우리가 경험하는 감정에 중추적 역할을 한다는 것을 말하는 사례라면, 타인이 느끼는 방식을 우리는 어떻게 알 수 있을까? 그리고 우리 주변 사람들의 행동, 동기, 그리고 내적 삶을 이해하는 데 우리 몸은 어떤 역할을 할까?

거울에 비춰지는 것들

1990년대 초반 이탈리아 파르마의 한 실험실에서 앞의 질문을 이해하는 새로운 방식이 나왔다. 일단의 연구자들이 붉은털원숭이의 뇌에 대해 신경생리학적 실험을 진행하고 있었다. 이 연구자들의 작업은 흥미롭게도 제임스의 이론이 메를로 퐁티 같은 현상학자들의 작업과 유사한 점이 있음을 밝혔다. 또한 이 작업은 몸이 우리가 생각하는 방식을 형성하는 데 대해 자연과학과 사회과학이 만나 비슷한 견해에 도달하는 좋은 사례를 보여주었다. 더욱 중요한 점은 이 발견이 우리가 타인이 생각하고 느끼는 것을 어떻게 파악하는지를 이해하는 데 중대한 영향을 미쳤다는 것이다.

수많은 주요한 과학적 발견과 마찬가지로 이 연구에도 일종의 전설 같은 일화가 있다. 한 보조연구원이 점심 식사 후 그 실험실에서 젤라토를 즐기고 있었다. 그가 아이스크림을 핥고 있을 때 원숭이들 중 한 마리가 그를 쳐다보고 있었다. 그리고 연출 움직임 영역으로 알려진 원숭이의 뇌 영역에 연결된 전극이 신호를 보내며 그 영역의 신경이 활발하게 움직이는 것이 나타났다. 자코모 리졸라티Giacomo Rizzolatti가 이끄는 이 연구팀은 점심 식사 전에 원숭이가 땅콩을 집어 입에 넣을 때 뇌가 어떻게 활동하는지를 관찰했던 참이었다. 그런데 젤라토를 먹는 보조연구원을 본 원숭이의 뇌에서 땅콩을 집어 먹을 때 불이 들어온 영역과 똑같은 영역에 연결된 전극에 불이 들어오는 것이었다. 이것을 본 연구팀은 모두 놀랐다.

이들이 관찰한 바는 다음과 같은 점을 시사했다. 원숭이가 어떤 행동을 할 때 켜지는 뇌의 신경세포가 그와 비슷한 행동을 하는 누군가를 지켜볼 때도 켜졌다. 마치 원숭이가 관찰하고 있는 그 행동이 원숭이의 뇌 속에서 펼쳐지고 있는 것처럼. 관찰된 행동과 연관된 신경세포의 활동 패턴이 그 행동 자체를 실행한 것의 재현이기 때문에, 리졸라티의 연구팀은 자신들이 발견한 것을 '거울신경세포'라고 이름 붙였다.

원숭이는 음식에 손을 뻗는 누군가의 행동을 자신의 뇌에서 '거울에 비춰보는mirroring' 작업을 했다. 이때 뇌의 활동은 원숭이 자신이 과일을 움켜쥘 때 나타나는 뇌의 활동과 동일했다. 한편 비평가들은 그것이 원숭이가 다른 존재의 행동을 이해했음을 의미하는지, 아니면 그저 바나나에 손을 뻗는 행동으로 인식했는지 어떻게 알 수 있느냐고 의문을 제기했다. 그래서 연구팀은 원숭이들이 어떤 행동이 일어나는 것을 보지 않고도 그 행동의 의미를 이해한다고 할 때 뇌에서는 어떤 일이 벌어지는지를 알아내기 위해 실험을 했다. 연구팀은 '거울신경세포가 정말로 이해 활동을 조종한다면 원숭이의 뇌 활동은 그 행동의 시각적 측면보다 의미를 반영해야 한다'[12]고 추론하여 두 가지의 실험을 했다.

첫째, 원숭이 앞에서 종이를 찢어 보이고 그다음에는 행동 없이 소리를 다시 들려주었다. 그러자 원숭이에게 종이가 찢어지는 장면을 보고 들었을 때와 비슷한 신경세포 활동이 일어났다. 이에 연구팀은 원숭이가 듣고 있던 소리가 무슨 소리인지 이해할 수 있다고 결론 내렸다. 이 정보를 가지고 연구팀은 또 다른 실험을 했다. 이번에는 연구자 한 명이 음식을 집는 모습을 원숭이에게 보여준 후 장막을 쳐서 원숭이는 무슨 일이 일어나는지 추측만 할 수 있게 했다. 장막 뒤에서 연구자가 어떤 음식을 집는지 오직 상상만 할 수 있을 때도 음식을 집는 모습을 볼 때 활동한 신경세포와 같은 신경세포가 활동했다.

다음 단계는 인간에게 거울신경세포가 있다는 것을 보여주는 것인데, 이를 위해 연구진은 뇌의 전기 활동을 녹화하는 전기생리학적 관찰을 이용하여 일련의 실험을 했다. 거울신경세포가 관찰 대상의 행동을 이해하게 한다고 결론을 내린 연구팀은 이 거울신경세포 시스템이 타인이 무엇을 하는가뿐 아니라 무엇을 느끼는가도 이해하게 해주는지 알고 싶었다.

고약한 냄새를 맡고 역겨워 입술을 삐죽거리는 사람을 본다고 상상해보자. 타인이 경험하는 것을 우리가 경험하는 방식에 대해 기술한 이전의 설명에 따르면 우리는 본 것에 대해 인지적 '합성'을 하고 그들이 무엇을 느끼는지에 대해 논리적인 결론에 도달한다. 우리 뇌에서는 우리가 정서적으로 관계되지 않는 논리적 추론 과정이 일어난다는 것이다.

거울 비추기 기제의 존재는 추가적인 설명을 해준다. 가령 누군가가 역겨워하는 모습을 볼 때 그 감각 정보는 우리 뇌의 어떤 부분에 연결되고, 우리가 같은 것을 경험하게 될 때 육체적으로 표현되기 시작한다. 그런데 이 방식이 직접적으로 연결되는 경우가 있다. 거울신경세포 덕분에 우리는 역겨움이라는 똑같은 감정 상태를 실제로 경험한다. 리졸라티

식으로 표현하면 '관찰자와 관찰 대상이 일종의 직접적인 경험적 이해를 가능케 하는 신경 구조를 공유한다'.[13] 이것은 타인이 느끼는 것을 우리가 어떻게 이해하는지를 전통적 방식의 설명이 말해주는, 있는 그대로의 연역적 논리와 사뭇 다르다. 전통적 방식은 본질적으로 우리 스스로 똑같은 감정 상태를 작동시켜 타인의 감정을 인지한다고 말한다. 우리가 무엇인가를 경험할 때, 그리고 누군가가 똑같은 경험을 하는 것을 볼 때 작동하는 거울신경세포[14]는 '네 고통이 느껴져'라는 표현에서 우리가 깨닫는 것 이상의 진실이 있을 수 있음을 암시한다.

이탈리아 연구팀의 발견은 우리가 왜, 그리고 어떻게 타인을 공감하는지에 대해 가져온 오랜 질문의 수수께끼를 푸는 열쇠 역할을 했다. 저명한 뇌과학자 빌라야누르 라마찬드란Vilayanur Ramachandran은 이 세포에 '공감신경세포'라는 이름을 붙였다. 그의 표현을 빌리면, '다른 사람의 관점을 택하는 것같이' 보이기 때문이다. '달라이라미 신경세포'라고 부르는 사람도 있다. 인도 혈통인 라마찬드란은 이 세포를 서로 다른 믿음을 가진 사람들 사이에 놓인 장벽의 해체를 지지한 인도의 독립운동 지도자 간디의 이름을 따 '간디 세포'라고 부르고 싶어 한다. 라마찬드란은 이 신경세포가 타인이 느끼는 것을 우리가 느낄 수 있게 하는 기제를 제공함으로써 다른 사람과 우리 사이에 놓인 장벽을 허문다고 믿는다. 라마찬드란과 리졸라티는 거울신경세포가 타인이 생각하고 느끼는 것을 우리가 어떻게 공감하는지, 그 방식을 설명해준다고 생각한다.

그런데 거울신경세포 이론은 우리 자신이 비슷한 행동을 경험하고, 그것이 우리 뇌에서 해당 영역에 연결되어 있을 때 감정이 연결되는 다리를 만들어낼 수 있다고 추정한다. 즉 우리가 비슷한 행동을 직접 경험하지 못했다면, 타인이 경험한 것을 인식할 수는 있지만 이 세포가 우리 뇌의 운동신경계에 있지 않기 때문에 우리 자신이 그것을 경험할 수 없을 것이며, 따라서 완전히 그들을 공감하지 못할 것이다. 건강하게 기능하는 사회에서 공감의 중요성과 공감이 부재하는 경우의 위험을 이야기할 때 거울로 비춰보기는 타인의 삶이나 환경을 경험하는 것이 그들의 느낌을 이해하는 데 왜 중요한지 파악하도록 도와준다. 공감이 공유하는 경험에 의존한다면, 우리가 타인이 가진 것을 경험할 때 진정으로 그들이 어떤 감정을 느끼는지 감지할 수 있기 때문이다.

거울 이론 개념이 타인과 사회적 상황의 정보를 처리, 저장, 그리고 적용하는 방식에 대해 모든 것을 포괄하는 이론을 제공하지는 않는다. 거울신경세포의 기능은 대부분 뇌에서의 행동과 운동에 관련된 활동을 자세히 관찰할 때 나타나기 때문에 타인을 이해하는 것에 대해 얼마나 설명할 수 있을지 의구심을 표현하는 사람들이 있다. 또한 이 신경세포들을 확실한 세포 종류로 간주할 수 있는지 의문을 제기한 연구자들도 있다. 그러나 거울신경세포는 다양한 인간 특성에 필수적인 것으로 여겨지며 여러 학문 분야에서 인간 조건의 수수께끼를 설명할 수 있는 개념으로 받아들여지고 있다.

그러한 수수께끼 중 하나가 우리는 어떻게 배우는가이다. 예를 들어 라마찬드란은 거울신경세포가 4만여 년 전에 일어난 인간 활동의 '대도약'의 밑바탕이라고 주장한다.[15] 인간의 뇌는 그보다 25만 년 전에 현재의 크기로 발달했지만 이때에 와서 언어, 도구 사용과 예술 창작이 폭발했다. 라마찬드란은 인간의 거울신경세포가 타인의 의도를 이해하고 타인의 마음에 대한 정교한 이론을 발전시킬 수 있게 하므로 이때 나타난 문화적 시도들이 성장할 수 있었던 배경의 뒤에 거울신경세포가 있었다고 말한다. 또한 거울신경세포가 다른 사람의 발성을 흉내 낼 수 있는 능력을 우리에게 부여했기 때문에 언어 진화에 시동을 걸었다고 주장한다. 라마찬드란은 이렇게 다른 사람의 마음을 읽고 학습 모방(둘 다 거울신경세포를 이용해 가능하다)을 할 수 있는 능력을 인류 문명이 발전하고 확산될 수 있었던 설명으로 제시한다.

아리스토텔레스는 『시학』에서 '사람은 흉내 내기를 가장 잘할 수 있고 모방을 통해 최초로 배운다는 점에서 동물과 다르다'고 말했다. 거울신경세포는 아리스토텔레스의 견해의 과학적 근거가 탄탄함을 시사한다. 우리는 다른 사람을 모방할 때 '원숭이처럼 흉내 내기'를 이야기한다. 하지만 아리스토텔레스가 자신의 견해를 오직 인간에게만 적용시킨 것이 옳은 것으로 보인다. 사람이 아닌 영장류는 똑같이 모방하는 능력이 없다. 원숭이 중에서도 드물고 침팬지와 고릴라 같은 유인원이 제한적으로 모방 능력을 보유했을 뿐이다. 모방을 이용해 인간은 기술뿐 아니라 언어와 문화도 배우고 공유한다. 즉 느낌의 소통뿐 아니라 모방에 의존하는 지식에 대해서도 거울신경세포는 설득력 있는 설명을 제공하는 것이다.

몸에서 몸으로

거울신경세포는 말하지 않고도 다양한 단계에서 우리가 타인과 연결될 수 있게 해준다. 그러고 보면 수많은 분야에서 특히 인간이 교류하는 방식, 일대일 소통은 물론 그룹 차원의 소통을 탐색할 때 거울 비추기 이론을 차용한다는 사실이 전혀 놀랍지 않다.

우리는 소통은 기본적으로 구두로 이루어진다고 생각하는 경향이 있다. 정신이 지능 이론을 장악해온 탓에 우리는 뇌를 추상적 정보를 처리하는 컴퓨터로 생각하게 되었고, 그래서 고전적 소통 이론은 언어능력을 소리와 말의 부산물이 아닌 컴퓨터와 같은 형태로 처리되는 가공품으로 본다. 그러나 지난 몇십 년 동안 몸이 언어와 언어능력, 그리고 소통에 관한 연구에서 좀 더 핵심적 역할을 차지하게 되었다.[16]

우리가 소통을 할 때 언어로 이루어지는 것과 비언어적인 것의 비율을 정량화하는 것은 합리성이 떨어진다고 주장하는 연구자들이 있는 반면에 숫자로 통계를 내는 사람들도 있다. 심리학자 마이클 아가일Michael Argyle은 대면 소통에서 교환되는 정보의 65퍼센트 이상이 비언어적 수단으로 표현된다고 추산했고, 슈이치 노베Shuichi Nobe는 담화에서 90퍼센트는 몸짓을 동반한다고 주장한다.[17] 심리학자 제프리 비티Geoffrey Beattie는 손짓이 소통의 중심에 자리하고, 뇌에서 우리가 언어로 표현하려는 의미와 관련된 정보를 관장하는 영역과 동일한 곳에서 비롯된다고 주장한다.[18] 이것이 타당하게 들리지 않는다면 당신이 스마트폰에 대고 말을 할 때 방 안을 돌아다니고 다양한 손짓을 하면서 통화한다는 사실을 한번 생각해보라. 상대방이 당신의 손짓을 보지 못하는데도 우리는 자신을 표현하는 데 손을 쓴다. 선천성 맹인들도 말을 할 때 손짓을 한다. 각각의 소통 방식에 얼마만큼의 양을 할당하건 간에 우리는 타인과 소통할 때 말뿐 아니라 몸짓, 움직임 등을 사용한다.

지휘자 사이먼 래틀 경Sir Simon Rattle은 소통하는 데 몸을 사용하는 마에스트로로 유명하다. 지휘자라면 누구나 손을 쓰지만 래틀 경은 오케스트라를 마치 그 자신이 연주하는 악기처럼 사용할 수 있는 것처럼 보인다. 래틀 경은 어떻게 20개 이상의 다양한 악기를 연주하는 80명 이상의 음악가 그룹을 다룰까? 리허설을 할 때 지휘자는 오케스트라 대원들과 말로 소통하지만 실제로 연주할 때는 비언어 소통만 할 수 있다. 자신의 몸과 지휘봉으로만 소통할 수 있으며, 말하지 않고 작품의 개성과 느낌을 끌어내야 한다.

지휘자는 때로 몸동작으로 자신이 지휘하는 음악을 모방한다. 예를 들어 행진곡을 지휘한다면 행진을 하고 스윙 음악이면 몸을 흔든다. 또한 무릎을 살짝 구부리고 몸을 약간 낮추며 어깨를 구부리면 오케스트라 단원들에게 부드럽게 연주하라는 주문이 된다. 지휘 안내서는 지휘자들에게 1만여 가지의 다양한 표현을 할 수 있는 얼굴 근육을 이용하라고 권한다. 지휘자는 말을 할 수 있는 상황이라도 미묘함과 감정에 대해 자신의 의도를 표현할 명확한 단어가 없을 때 몸짓과 얼굴 표현으로 그것을 끌어낼 수 있다. 지휘를 할 때 래틀 경의 얼굴을 보면 지휘봉이 거의 필요 없는 것 같다. 한 음악평론가는 래틀 경의 몸짓언어와 오케스트라의 소리 사이에 상관관계가 있다고 말한다.

'편안함은 래틀 경의 음악언어의 핵심인데, 그의 몸짓언어가 이것을 반영한다. 지휘대에서 거의 항상 만면에 미소를 머금고 래틀 경은 이제 만들어나갈 음악을 향한 자신의 사랑을 소통하는 데 분명한 열정을 표현한다. 그렇게 해서 고급스럽고 자신감 넘치며 인간의 따뜻함을 확신하는 음악을 만들어낸다.'[19]

군중에게는 지휘자가 없지만 그들은 종종 누군가가 어떤 일이 일어나고 있는지, 그리고 사람들이 어떻게 느끼는지를 이끌고 있는 것처럼 행동한다. 청중은 함께 박수를 치기 시작하고, 종종 똑같이 끝낸다. 주변 사람들이 치는 박수의 강도에 화답해 우리도 크게 박수를 친다. 그리고 지휘자의 지시를 따르듯 청중은 거의 동시에 박수를 멈춘다. 이에 대해 생각해보면, 상호 연결된 세 가지의 방식이 있다. 하나는 자연 세계에서 빌려 오는 것, 또 하나는 거울 비추기 개념과 연관되는 것, 세 번째는 사회적 인지 개념을 탐구하는 심리학자들의 연구 결과를 들여다보는 것이다. 세 가지 모두 타인을 이해하고 그들과 공감할 수 있는 데에는 몸적인 구성 요소가 결정적이라는 생각으로 우리를 이끈다.

공감하는 몸

1656년 네덜란드의 물리학자이자 수학자, 천문학자인 크리스티안 호이겐스Christiaan Huygens는 진자시계를 발명했다. 호이겐스는 정확한 시계를 제작하려는 17세기의 경주에 이미 참여하고 있었다. 당시에는 선원들이 항해할 때 정확한 위도를 파악하도록 정밀하고 정확한 시계가 필요했다. 정확한 시계의 발명은 세계무역에 반드시 필요해 보였고, 호이겐스는 재빨리 발명품의 특허를 인가받았다. 1665년에 아버지에게 쓴 편지에서 그는 자신이 흥미를 느끼게 된 일에 대해 이야기했다.[20] 언젠가 병이 나 침상에 누워 있는데, 벽에 걸린 시계 두 개가 눈에 들어왔다. 시계에 달린 진자들은 '서로 조화를 이루며' 왔다갔다 흔들리고 있었다. 그리고 이런 조화가 무엇인가에 의해 교란되어도 진자들은 금방 다시금 조화롭게 흔들렸다.

이런 동기화 사례는 19세기 말에 오르간 파이프를 서로 가까이 배치하자 소리가 조화를 이뤄 일제히 나왔다는 보고에도 나타난다. 진동계의 자발적 동기화 현상은 수 세기 동안 생명체 내에 존재하는 것으로 알려졌으며 흔히 '동조entrainment'라고 불린다. 반딧불이는 빛을 낼 때 함께 동조하고 인간의 심장은 부근에 다른 심장이 있으면 보조를 맞춰 뛰기 시작한다. 동조 사례들 중 가장 장관을 이루는 것은 찌르레기 떼가 웅웅 소리를 내며 동시에 비행하면서 멋진 그림을 만들어낼 때다.

음악에서 동조는 특히 흥미로운 현상이다. 옛날 이론들은 음악적 리듬이 듣는 사람의 뇌에서 먼저 계산이 되고, 소리에서 정보를 추출하며, 그리고 나서 발을 구르는 등의 움직임으로 변한다고 주장한다. 최근 들어 심리학자들은 리듬에 의한 음악적 움직임을 동조 과정으로 보기 시작했다. 즉 '듣는 사람 속의 진동이 환경의 리듬 신호와 동기화'[21]되는 것이다 '음악에 의해 (마음이) 움직인다, 음악에 감동을 받는다'는 일반적인 개념은 음악이 듣는 사람에게 영향을 미친다는 좀 더 몸에 근거한 설명을 통해 더욱 명확해진다.

동조는 육체적 현상이고 사람들 (또는 다른 생명체) 사이의 연결이나 공명에 의존하는데 거울 비추기 개념도 우리가 타인을 관찰하고 그들의 행동이 실행되는 것을 관찰해본 바, 역시 육체적 요소에 기댄다. 거울 신경세포의 발견을 이끈 이탈리아 연구팀의 일원인 심리학자 비토리오 갈레세Vittorio Gallese가 말하듯 '다른 개인이 실행한 행동을 우리가 관찰할 때 우리 운동계는 관찰 대상자의 운동계에 공명한다'. 이렇게 다른 사람과 우리 몸이 공명하기 때문에 우리는 상대방의 기분을 감지할 수 있다. 이것이 지휘자, 오케스트라, 그리고 청중이 연결되는 과정인 것이다.

사이먼 래틀 경의 행동과 표현이 거울 비추기 기제를 통해 청중과 소통하는 것이라면, 개개인의 청중은 그 음아이 주변 사람들에게 어떤 식으로 영향을 미치는지 어떻게 이해할 수 있을까? 그리고 집단으로서 청중의 반응은 어떤 식으로 청중 각자의 감정 상태를 형성할까? 체화된 인지 이론[22]의 증거는 점점 더 증가하고 있으며, 전통적 이론에 도전하는 방식으로 앞선 의문에 답한다. 전통적 이론에 의하면 A가 다른 청중 B를 관찰하는데 B가 미소를 짓고 래틀 경의 지휘를 즐기는 것처럼 보이면, 그때 A는 관찰 대상인 B의 감각적 경험을 갖는 것이다. A는 B를 보고 미소를 짓는 식으로 반응할 수 있고, B에 대해 따뜻한 느낌을 가지며 소위 '자기성찰적 상태'에 변화를 겪고 있을 수 있다. 그런데 전통적 이론은 그런 경험 지식은 그 지식을 구성하는 감각적 입력이나 운동 반응으로 구성되기보다 추상적이고 상징적 형태로 정신에 존재한다고 가정한다.

이와 대조적으로, 체화된 인지 이론은 지식은 이런 추상적 형태로서뿐 아니라 부분적으로 몸에 저장되어 있는 감각적·운동적 또는 자기성찰적 상태와 관련되어 있다고 주장한다. 다시 말해 감각 자극은 단순히 인지적 상태뿐 아니라 몸적 상태도 야기한다. 그리고 거울 비추기 기제를 통해 타인의 인지적, 그리고 몸의 상태를 인식하면 그런 상태가 자아 안에 만들어진다. 청중의 감정적 반응이 육체적 형태로 나타나고, 그것을 다른 청중들이 받아들일 수 있다.

우리가 일상적으로 하는 하품이 이에 들어맞는 좋은 사례다. 누군가가 하품하는 모습을 보면 나도 하품을 하고 싶다는 거부하기 힘든 충동에 휩싸이고 피로감을 느끼기 시작한다. 웃음도 사회적으로 전염되는 또 다른 사례. 아이들이라면 다 알지만, 학급 전체가 무엇인가 때문에 낄낄거리기 시작하면 나만 웃지 않고 있을 수가 없다. 하품하기와 웃기는 단순한 몸적 상태가 아니다. 이것들은 몸적 상태이기 때문에 전염성을 가진다.

———— ◆ ————

과학은 타인을 이해하는 것은 단순히 정신적 과정만이 아니라 몸에 의해서 가능하다는 것을 보여준다. 그런데 동조와 (몸과 몸으로 이루어지는) 소통은 모두 물리적으로 함께 있어야 가능하다. 현재 우리 삶의 많은 부분이 디지털로 중재되는 세상에서 이루어진다는 점을 고려하면, 물리적으로 같이 있어야 한다는 조건에 비추어 우리가 서 있는 위치가 어디인가에 대해 생각해볼 필요가 있다. 교육이 온라인으로 이루어지고, 각종 미팅도 화상회의 시스템으로 진행되는 횟수가 늘어나고 있으며, 가상현실 세계에서 어울리는 것이 인기를 얻는 상황이기 때문에 사람들과 서로 소통할 때 몸과 몸으로 대면하는 현실은 점점 더 줄어들고 있다. 타인의 마음 상태와 어떤 곳의 분위기를 읽는 것이 모두 육체적으로 공존

할 때 이루어진다면, 디지털 환경에서 살게 될 때 우리는 무엇을 놓치게 될까?

새로운 소통 시스템을 디자인하는 이들은 시스템에서 청각과 시각의 정확도를 개선하는 데 많은 투자를 하고 종종 채팅 기능 같은 추가적 소통 창구를 포함시킨다. 가상현실 시스템 디자이너들은 가능하면 실물과 똑같은 아바타를 만들고, 특히 얼굴의 여러 부위가 가진 표현력을 개선하기 위해 애쓴다. 그런데 많은 최신 기술 전문가는 서로 마주 보고 하는 인간의 상호 소통이 눈의 움직임, 머리 움직임, 동작, 그리고 자세가 미묘하게 결합된 것에 의해 달라진다는 것을 깨달았다.[23] 결국 사람들 간의 소통은 체화된 상호작용에서 이런 전체적 감각에 좌우되므로, 단순히 비디오 품질을 개선하거나 기능을 첨가한다고 해서 가상의 상호 소통이 직접 만날 때 발생하는 사회적 정보의 풍부함을 갖출 수는 없을 것이다. 이모티콘이 반응에 신호를 보내는 데 유용할 수 있지만 이모티콘은 실제 대면 상황과 달리 전염성이 없다. 우리가 알아냈듯 분위기와 느낌은 특히 체화된 차원을 보유하고 있으며, 가상 소통 시스템이 지리적으로 분리되어 있는 사람들이 육체적으로 함께하고 있다고 느끼게 만들기 위해 노력한다 해도 성취할 수 있는 정도에는 항상 한계가 있을 것이다.

━━━━◆◆◆◆◆━━━━

타인이 느끼는 것을 이해하는 것이 몸에 달려 있다는 개념은 한때 지배적이었던 심리학적 또는 인지적 설명으로부터 벗어나는 출발점이다. 이 새로운 설명은 우리의 감정적 상태는 운동, 감각, 그리고 인지적 기능이 긴밀하게 연결되어 있기 때문에 정신에서뿐 아니라 몸에서도 비롯된다는 생각을 토대로 한다. 느낌이 내적인 심리 현상이라기보다 체화된 것이라는 개념은 느낌을 왜 그렇게 쉽게 타인과 공유할 수 있는지를 설명해준다. 분위기를 외부에서 체화되는 것으로 생각하는 것 또한 왜 우리가 어떤 방의 분위기를 예측할 수 있는지 그 이유를 더욱 분명하게 해준다.

경험과 관련된 감정은 우리 주변 사람들이 느끼는 것과 긴밀하게 연결되어 있다. 그런 의미에서 사람들이 함께하고 사람들 사이에서 서로 공명될 때 감정은 만들어지고 공유된다. 그래서 다른 사람들과 함께 있으면 그들이 느끼는 것을 우리도 느낄 수 있다.

거울 비추기로 우리는 다른 사람의 느낌을 우리가 이해하는 방식을 명확하게 인식할 수 있다. 그리고 우리 몸이 다른 사람들과 육체적으로도 공명한다는 생각은 사람들이 모여서 어떻게 느낌을 공유하는지를 더욱 잘 이해하도록 도와준다. 몸이 먼저, 그리고 다음에 정신이 다른 사람들의 몸, 그리고 정신과 동기화되므로 사람들 사이에서 분위기와 느낌이 전염되는 것은 체화된 경험의 성질이 만들어내는 부산물이다.

우리가 다른 사람을 이해하거나 그들에게 공감하는 방식의 수수께끼는 일반적으로 정신의 차원에서 설명되는데, 그 이유는 우리가 다른 사람의 느낌에 대해 생각해보라는 권유를 받기 때문이다. 하지만 몸은 우리가 상황과 사물을 대안적 관점에서 보는 방식에서 중요한 역할을 한다. 그리고 몸은 우리가 세상을 이해하는 방식에서 중요할 뿐 아니라 세상을 기억하는 방식에서도 핵심을 차지한다.

보유

내 몸은 무엇이 되었는가? 풍경 속의 기억?[1]

나이트 & 맥파든

몸이 경험과 느낌의 핵심이라고 앞에서 말했는데, 지식을 보유하고 불러내는 방식에서도 몸은 중요한 역할을 한다. 마르셀 프루스트Marcel Proust의 『잃어버린 시간을 찾아서In Search of Lost Time』를 읽어보지 않은 사람들도 저자가 기억의 여정에 대해 언급한 부분은 아마 들어보았을 것이다. 이 여정의 기억은 그가 한 잔의 홍차에 작은 마들렌 케이크를 적실 때 촉발된다.

> 빵 조각에 섞인 따뜻한 액체가 혀에 닿자마자 전율이 느껴졌고 뭔가 특별한 일이 일어났다는 생각에 나는 멈추었다. 강렬한 쾌감이 내 감각을 침범했다. 분리되고 고립되었으며, 그 기원을 알 수 없는 것이었다. (……) 그리고 갑자기 기억이 모습을 드러냈다. 그 맛은 콩브레에서(이때 미사 전에는 밖에 나가지 않았다) 일요일 아침에 레오니 숙모의 침실로 인사를 하러 가면 숙모가 주곤 했던 조그만 마들렌의 맛이었다. 숙모는 먼저 자신의 홍차나 허브차에 마들렌을 적셔서 주었다. 조그만 마들렌을 보

기만 하고 먹기 전에는 아무것도 기억이 나지 않았다.

감각적 신호(익숙한 냄새나 맛)가 기억을 촉발하는 경우를 일컬을 때 '프루스트적 순간'이라고 표현한다. 총 7권으로 이루어진 『잃어버린 시간을 찾아서』에는 비슷한 사건이 많이 일어나는데, 프루스트는 각각의 사건에 대해 자신이 당시 인지한 것과 기억하는 것을 자세하게 기술한다. 모두가 지각과 기억 사이의 반복되고 지속되는 연결을 반영한다. 프루스트는 기억은 뇌에 있는 것만큼 몸에도 있다는 것을 알고 있는 것이다.

지식이 몸에 저장된다는 개념은 뇌가 파일을 보관하는 서랍이나 기억과 지식의 하드 드라이브와 같다는 통념을 거스른다. 저명한 심리학자 로버트 엡스타인Robert Epstein은 '뇌과학자와 인지심리학자들이 아무리 노력해도 뇌에서 베토벤 교향곡 5번의 복제본을 찾지는 못할 것이다.[2] 아니, 그 어떤 글이나 그림, 문법 규칙 또는 환경적 자극의 복제본도 찾지 못할 것이다. 인간의 뇌가 정말로 비어 있지는 않지만 사람들이 생각하는 대부분의 것이 담겨 있지도 않다. 기억같이 간단한 것들도 없다'고 말한다.

그래서 만약 뇌가 우리가 상상하는 것처럼 간단하게 '저장'하는 곳이 아니라면, 우리가 사물을 기억하는 것에 대해 몸은 어떤 설명을 해줄까? 그리고 우리는 몸이 가지는 각기 다른 종류의 기억을 어떻게 구분할까?

기억이 단순히 인지적 현상이 아니라는 아이디어는 더 이상 새롭지 않고 학계에서만 다루는 것도 아니다. '근육 기억muscle memory'이라는 개념은 몸이 지식을 보유하고 정신을 의식적으로, 그리고 적극적으로 통제하지 않아도 행동할 수 있다는 사실을 전달하는 데 널리 사용된다. 근육 기억을 사용할 때 우리 몸은 무엇을 할지 그저 알고 있는 것 같다.

일상적인 대화에서 근육 기억에 대해 언급하면 생각하지 않고 자발적으로 행동하고 특정 상황에서 작동하는 종류의, 보통은 아주 정확한 움직임을 불러오는 능력이라고 일컬어진다. 학계에서는 이런 종류의 기억을 일반적으로 '절차 기억'이라고 부르는데, 하나의 단계에서 그다음 단계로 진행하는 방식을 의식적으로 생각하지 않고 자동적으로 어떤 절차나 기술을 실행할 수 있기 때문이다.

의식하지 않지만 정확하게 실행할 수 있는 능력은 우리가 일상생활을 할 때 정신없는 상황과 맥락에서 나타난다. 재능과 경험이 많은 숙련된 장인이나 자동차 경주 선수가 보유한 기술보다는 일상생활에서 신발 끈을 묶거나, 산책을 하거나 피아노를 치고 키보드의 자판을 두드리는 등과 같은 활동을 할 때 앞서 언급한 능력이 뚜렷하게 나타난다. 이 모든 기술은 움직임과 함께 감각 인식의 조종에 따라 이루어지기 때문에 우리는 이것을 '감각운동기'라고 부른다. 제5장에서 보았듯, 우리는 무엇인가를 함으로써 배운다. 그리고 근육 기억에 대해 생각하는 여러 가지 방식 중 하나는 근육 기억을 철학자 리처드 슈스터만Richard Shusterman이 개념을 잡아 명명한 '침전된 습관sedimented habit'을 통해 얻은 산물로 보는 것이다.[3] 우리가 어떤 일을 많이 할수록 효율이 더 나아지고 몸은 우리가 사용하는 도구나 처한 환경에 맞춰진다. 경험은 켜켜이 쌓여 우리 몸에 축적된다. 좀 더 과학적으로 설명하자면, 우리가 이런 기술을 실행하면 움직임의 패턴이 중추신경계에 삽입된다. 습관화된 근육과 뇌의 신경망이 강력하게 혼합된 것이 우리가 생각하는 근육 기억이다.

옷을 입고, 신발 끈을 묶고, 양치질을 하는 것이 모두 이런 절차 기억의 사례다. 그런데 삶의 많은 부분이 이와 똑같은 형태의 기억에 의존하는, 더 복잡한 활동과 관련되어 있다. 이는 효율성을 낳고 수행하는 데 도움이 되기 때문에 우리는 이런 것을 고맙게 여겨야 한다. 컴퓨터 자판 앞에서 글을 쓰는 사람은 타이핑이 아니라 글에 신경을 쓸 수 있다. 자판을 두드리는 손가락의 움직임을 통제하려고 애쓸 필요가 없는 것이다. 이런 점에서, 무엇을 해야 하는지 알고 있는 몸은 하고 있는 일에 우리가 의식적으로 집중하지 않아도 되게끔 해준다. 그 대신 전력을 다해 집중함으로써 이점을 얻을 수 있는 일에 초점을 맞추게 해준다.

무엇을 해야 하는지 아는 몸과 뇌가 결합되어 발생하는 효율성은 유용하거나 또는 해로운 결과를 모두 만들어낼 수 있다. 변할 가능성이 있거나 익숙하지 않은 환경에서 당면 과제에 집중하게 해주는 것은 이점이다. 하지만 기차를 운전하는 기관사의 경우 업무에 익숙해지면 집중력이 떨어져 위험한 결과를 초래한다는 연구가 있는데, 이는 명백히 해로운 측면이다.

그런데 이런 실용적 기술을 넘어 확장되는 근육 기억 개념에 관한 영역이 있다. 거기서는 생각하지 않고 행동하는 능력을 훨씬 능가하는 것에 대해 알아본다. 또한 그것이 어디에 있고, 이전에 무슨 일이 일어났으며, 어떤 느낌이었는지를 기억하는 몸의 능력에 대한 것도 다룬다.

몸으로 기억 상기하기

프루스트가 조그만 빵 조각을 맛볼 때 갑자기 튀어나온 어린 시절의 기억에는 단순히 시간뿐만 아니라 그가 유년기를 보낸 장소도 포함된다. 마들렌에는 그만의 냄새와 맛, 그리고 기억을 촉발하는 감각 인식이 있다. 그리고 세상에 대해 우리가 갖는 보다 넓은 인식도 비슷하게 몸으로 세상 속에서 살고 있는 우리로부터 비롯된다. 세상에서 우리가 보고 인식하는 것은 몸의 관점에서 나온 것이고, 그 몸은 슈스터만이 '태고의 시점'(세상 속에서의 우리의 태도)이라고 부른 것을 우리에게 제공한다.[4] 실험 연구들은 우리가 어떤 환경을 누비고 다니면서 무의식적으로 집중해 그 환경의 지도를 만들 수 있다는 것을 보여주었다.[5] 우리가 환경 기억하기에 집중할 때, 그 환경에 대한 우리 정신의 지도는 더욱 강력해질 수 있다.

낯선 슈퍼마켓에 갔을 때 무슨 일이 벌어지는지 생각해보자. 당신이 예상한 것과 다르게 물건이 배치되어 있으면 종종 불안한 감정을 느낀다. 과일과 야채는 아마도 출입구 부근에 있을 것이다. 하지만 그 이외에 그 슈퍼마켓의 배치는 당신이 익숙한 것과 사뭇 다를 수 있다. 보통 당신은 이 복도에서 저 복도로 자유롭게 배회할 수 있다. 찾는 물건이 어디에 있는지 알고, 그래서 깊이 생각하지 않고 선반에서 사려는 물건을 집어들 것이다. 단골 가게는 자주 방문하기 때문에 당신은 그곳을 잘 안다. 그 가게의 환경을 의식적으로 끌어들일 필요 없이 어떤 물건이 원래 자리에 있지 않으면 그것을 알아차린다. 자신이 있는 공간에 대한 느낌을 기억하는 것이다.

지각할 수 있는 몸의 능력은 기억하기 행위의 중심에 자리한다. 슈퍼마켓을 관찰하는 눈뿐 아니라 우리가 가진 모든 감각이 관련되어 있다. 쌀과 파스타 면은 시원함이 느껴지는 냉장식품 진열대에 근접해 있다. 하지만 제과점을 향해 걸어가면 공기의 온도가 더욱 편안해지고 빵 냄새가 더 강하게 진동한다. 우리의 모든 감각은 건물 내부라는 공간의 다차원 지도 안에서 작동하는데, 매번 그곳에 갈 때마다 이 지도는 더욱 자세해지고 안정된다. 우리에게 익숙한 오감뿐 아니라 여섯 번째 감각인 자기수용감각proprioception도 세상을 실물 크기의 모델로 만드는 데 도움을 준다. 세상에서 자신의 몸이 어디에 위치하는지를 인식하는 자기수용감각은 우리가 어디에 있으며 주변에 무엇이 있는지를 감지하는 깊고 체화된 감각을 주는데, 슈퍼마켓에 있을 때 이 감각이 도움이 된다. 재미없고

하고 싶지 않을 수도 있는 일을 재빨리 해내도록 도와주고 그 일을 할 때 정신적 에너지를 많이 소비하지 않아도 되게 해준다.

그런데 우리가 기억하는 것에서 몸이 하는 역할에 대해 더욱 의미 있고 경험에 의거한 차원이 또한 존재한다. 그리고 이것은 타인과 우리의 관계를 반영하고 형성하는 데도 관여한다. 당신은 항상 같은 쪽에서 잠을 자는데, 집을 떠나 다른 곳에서 잠을 자게 되었을 때 항상 자는 쪽이 아닌 파트너의 반대편에 눕게 되면 뭔가 이상하다고 느끼는가? 또는 사람들과 함께 걸을 때도 같은 위치를 고수하며 행복하다는 느낌을 주는 익숙함에서 편안한 감각을 이끌어내는가? 그렇다면 그 이유는 감정은 몸에 기반을 두고 있으며 이런 몸적인 위치가 정서적 차원을 가지기 때문이다. 우리가 다른 사람의 관점에서 느끼는 방식과 우리가 채택하는 위치 사이에는 어떤 연속성이 있다. 우리 몸과 감정 사이의 이러한 연결은 시간이 지나면서 형성된다.

특정 음식 맛에 대한 기억이건 어떤 장소의 냄새건, 몸의 감각적 능력을 이용해 우리는 애써 노력하지 않고도 그 인물이나 장소 또는 문제의 순간에 대한 정수精髓를 포함하고 있는 기억을 끌어낸다. 그러한 방식으로 기억이 감각적 인지에 의해 촉발되는 것을 보며 우리는 문화적 지식 또한 몸적인 차원을 가질 수 있다는 것을 알 수 있다.

정체성의 체화

성직자나 판사, 경찰이나 간호사가 입는 제복은 그들의 정체성을 나타내는 중요한 요소이지만 이들이 자신의 정체성에 대해 소통하는 유일한 방식은 아니다. 경찰이나 성직자가 되기 위한 훈련은 시간이 걸리고 상당

량의 전문 지식을 필요로 한다. 지식과 제복을 갖춰도 거기서 끝이 아니다. 더 많은 것이 필요하다. '진짜' 경찰이나 성직자답게 보이려면 그 역할을 체화해야 한다.

훈련을 받은 경찰관이라면 따라야 할 법률과 지침을 숙지하고 있을 것이다. 하지만 그는 질서를 잡아야 하는 공적인 상황에서 자신의 몸을 이용해 경찰로서 권위를 세우는 것이 중요하다. 그가 받는 훈련은 경찰관이 따라야 하는 절차와 법에 국한되지 않으며, 위험한 순간에 자신을 어떻게 내세워야 하는지도 포함된다. 마찬가지로 성직자가 되려면 도제 성직자는 먼저 경전을 완전하게 습득해야 할 뿐 아니라 종교의식을 주재하고 교구를 꾸리는 법을 배워야 하며 헌신, 봉사, 그리고 사랑의 가치를 체화하는 법을 반드시 익혀야 한다. 경찰관이 되는 것처럼 훈련이 정규적이고 의례를 갖추지는 않겠지만, 성직자는 슬픔에 젖은 가족에게 연민을 표시해야 하는 순간 갖춰야 할 몸의 태도를 배워야 한다. 팔을 벌리는 정도, 근접도와 얼굴 표현이 혼합되어 몸을 어떻게 써서 관심과 배려의 마음을 전달하는지를 알아야 한다. 프랑스의 사회학자 마르셀 모스는 자신이 병원에서 깨달은 바를 글로 썼는데, 몸에 대해 다음과 같이 말했다.[6]

뉴욕에 있을 때 아파서 병원에 입원한 적이 있다. 간호사들이 걸어가는 모습을 보고 여자들이 걷는 모습을 전에 언제 보았는지 궁금해졌고 시간이 있고 해서 그것에 대해 생각해보았다. 그리고 드디어 극장에서였다는 것을 깨달았다. 이후 프랑스로 돌아온 나는 그 걸음걸이가 프랑스, 특히 파리에서 매우 일반적이라는 것을 알게 되었다. 이 여자들은 프랑스인인데도 그렇게 걸었다. 영화 덕분에 미국인의 걸음걸이 방식이 이곳 프랑스에 상륙하기 시작한 것이었다. 여기에서 나는 다음과 같은 생각을 일반화할 수 있었다. 걸을 때 팔과 손의 위치는 사회적 특이성을 만든다. 이는 단순히 어떤 개인의 산물이 아니라 거의 완전히 심리적인 방식이자 구조다.

모스는 걸음걸이를 관찰해 통찰을 얻었다. 글의 다른 부분에서는 영국과 프랑스의 각기 다른 행진 방식에 대해서도 언급한다. 물론 행진은 연병장에서 수 시간에 걸친 훈련으로 군인들에게 주입되는 기술이지만, 걷기는 성장 초기 단계에 우리가 배우는 것이다. 모스가 독자에게 우리가 걷는 방식은 개인의 스타일 이상이며 좀 더 큰 문화적 차원의 것인지 물은 것이라고 할 수 있을까? 그는 우리가 몸과 자세를 제어하는 방법, 처신하는 방식이 우리 문화를 체화하고 앞서 경찰관이나 성직자의 사례에서 보았듯 직업적 가치에 의해 만들어진다고 시사하고 있다.

몸은 모스가 관찰했듯 살과 뼈로 이루어진 감정이 없는 존재가 아니라 문화적 지식과 그 지식을 표현하는 어떤 것으로 이루어진 저장소다. 자신의 직업에 맞는 위치를 얻으려면 기술이나 교류하는 방법을 배우고 자신의 몸 또는 몸적 성향을 그에 맞도록 발달시켜야 한다. 경찰관은 단순히 무엇이 합법적인지를 아는 걸어 다니는 백과사전이 아니다. 제복을 입고 있는 훈련받은 경찰관의 몸은 법과 질서의 구현 그 자체이고, 그들이 받는 훈련은 경찰의 가치를 체화한 몸을 만들어내는 데 맞춰 디자인된다. 전직 해병이었던 인류학자 마크 A. 버첼Mark A. Burchell은 32주에 걸친 영국 해병 훈련 과정을 마쳤고,[7] 연구자로서 다시 이 훈련에 참여했다. 버첼은 이 과정이 본질적으로 젊은이의 몸을 분해해 군인의 몸으로 다시 만들도록 디자인되었다고 말한다. 엘리트 군인을 만드는 과정이 육체적인 데는 그 이유가 있는데, 단순히 군인의 활동이 육체적이기 때문은 아니다. 몸은 해병이라는 정체성에서 핵심이다. 버첼은 '유격 훈련, 그리고 기타 몸을 이용한 훈련 환경 같은 군대의 물질문화에 반복적으로 몸을 이용해 참여함으로써 그들의 정신과 육체적 자세는 처음 테스트를 받는 훈련병에서 승리하는 한 명의 해병으로 변한다. 이런 것이 훈련 프로그램 내내 지속되면 점진적 발전을 거쳐 영국 해병 지휘관이라는 새로운 정체성을 체화하게 되는 것이다. 이 시점에서 몸은 무기화되어 배치될 준비가 된 상태다'라고 말한다.

이런 종류의 직업 외에도 인간은 항상 어떻게 하면 몸을 확장할 수 있을지 자신들의 문화에 따라 결정을 내려왔다. 몸에 물감을 칠하거나 장식품으로 꾸몄고, 종교적 또는 문화적 목적에서 육체에 변화를 주었다. 빅터 터너Victor Turner 같은 인류학자가 문서화한 수많은 통과의례 의식은 대개 할례와 같이 신체를 변경하는 행위와 연관되어 있다. 터너의 관찰에 의하면 잠비아 은뎀부Ndembu 부족의 10대 소년은 이런 사회화 의식을 몸으로 거친 후 성인이 된다. 몸은 어떤 장소, 시간, 문화의 결과물이다. 몸과 장소, 시간, 문화는 모두 메시지를 가지고 있고, 서로 그 문화적 메시지들을 소통한다.

대사 외우기

재능 있는 배우가 연기하는 모습을 볼 때, 배역을 연기하기 위해 배우가 외워야 하는 방대한 양의 대사를 우리는 쉽게 간과할 수 있다. 수많은 연기자는 대사 외우기 기술을 무시한다. 아예 기술로 간주하지도 않는다. 이에 대해 배우 마이클 케인Michael Caine은 '대사를 생각하지 않는 상태로 무대에 설 수 있어야 한다. 상대 배우의 얼굴에서 대사를 벗겨내야 한다'고 말했다. 케인의 말은 자연스러우면서 즉흥적으로 대처하는 것이 얼마나 중요한지를 강조하지만 어떻게 대사를 외우는지는 알려주지 않는다. 우리가 무엇인가를 암기하려면 많은 시간을 보내야 한다는 점을 생각하면, 배우들이 그렇게 방대한 정보를 쉽게 외우는 것처럼 보이는 능력에 대해 질투가 날 수도 있을 것이다. 우리는 학교에 다닐 때 시험에 대비해 벼락치기로 공부해야 하고, 성인이 되어서는 사람들의 이름을 기억하거나 직장에서 프레젠테이션을 할 때 자신이 하고 싶은 말을 생각해내기 위해 애를 쓰기도 한다. 그런데 배우들은 어떻게 이걸 하는 걸까?

배우들의 대사 암기 방법에 관한 최근 연구에 의하면 배우가 어떻게 대사에 행동을 연결하느냐에 따라 대사 암기의 성패가 결정된다. 헬가Helga와 토니 노이스Tony Noice는 배우들이 연기할 때 대사를 기억해내는 정도를 연구했는데, 배우가 움직이면서 하는 대사가 행동 없이 말만 할 때의 대사보다 기억하기 더 쉬웠다.[8] 연구 후 수 개월이 지나고도 실험에 참여했던 배우들은 앉아서 대사를 외우는 것보다 연기를 하면서 대사를 외울 때 훨씬 더 자신의 대사를 잘 기억해냈다. 이와 관련된 다른 연구에서 노이스는 또한 배우가 무대에서 대사를 계속 기억하려 할 때 대사와 무대의 소품이 함께 어떤 식으로 작용해 배우에게 도움을 주는지를 보여주었다.[9]

그 사례 중 하나를 살펴보면, 배우가 무대에서 물병 쪽으로 걸어가 그것을 집어 들고 이렇게 말한다. "나는 문제를 이런 식으로 해결하지." 이 대사로 자신이 연기하는 인물이 무엇을 뜻하는지 알게 되므로 이 배우의 움직임과 행동은 다음과 같은 의미를 반영한다. '병은 이 상황의 의미를 표현하는 것이고, 그 상황의 의미는 배우가 할 행동을 제약한다.'[10] 배우는 병을 들어 꿀꺽꿀꺽 물을 마실 수도 있고 다른 배우를 향해 병을 흔들 수도 있다. 의미, 대사, 그리고 행동은 긴밀하게 연결되어 있고, 그래서 배우가 대사를 기억해야 할 때 그는 대화와 행동을 같이 기억할 것이다. 기억은 몸과 몸이 하는 행동에 기반을 두기 때문이다. 그저 앉아서 어마어마한 양의 대사를 암기하려 하기보다 배우는 그 대사를 연기함으로써 대사를 외울 수 있다. 노이스의 것을 포함한 연구에서 나온 증거는 연기가 아닌 맥락에서도 효과가 있음을 시사한다.

인지과학자들은 우리가 이미 접한 적이 있는 절차 기억(의식적으로 노력하지 않아도 상기할 수 있는 형태의 기억)과 서술 기억을 구분한다. 서술 기억은 의식적으로 상기(또는 '서술')되는 것을 의미하는데, 예를 들어 특정 왕 혹은 여왕의 시대, 프랑스어 어휘, 주기율표에 나온 원소 등으로 모두 애써서 기억해야 하는 것이다. 이런 기억을 상기하려면 의식적 노력이 필요한 경향이 있지만, 앞서 보았듯 행동이 함께 들어가면 과정이 훨씬 쉬워진다. 그리고 그 지식을 애초에 처음 습득한 환경에 있거나, 습득하게 된 상황을 재연할 때 좀 더 잘 기억해낸다.

1970년대에 스코틀랜드의 스쿠버다이버들을 대상으로 한 유명한 연구[11]는 환경과 기억 사이의 관계를 입증했다. 스코틀랜드 서쪽 해안의 오반Oban 부근에서 휴가를 보내고 있던 다이버들은 연구에 참여해 육지 또는 물속에서 2음절, 그리고 3음절 단어의 목록을 외운 다음 기억해내는 테스트를 받았다. 육지에서 단어 목록을 열심히 암기한 다음 다이버들은 바닷속 20피트(약 6미터)까지 들어가서 바닥에 앉아 단어를 기억해내야 했다. 다이버들은 단어를 기억해내는 환경이 원래 단어를 외운 환경과 맞아떨어질 때 더 잘 기억해냈다. 이 연구는 기억이 맥락에 매우 의존한다는 것을 보여주었다.

일상생활에 밀접한 맥락 의존적 기억의 또 다른 사례로 집에서 안경 같은 물건을 잊어버리고 나서 대처하는 방식을 들 수 있다. 이런 경우에는 대개 안경을 어디에 놓아두었는지 알아내기 위해 왔던 걸음을 되짚어 가본다. 맥락이 기억을 상기하는 데 어떤 역할을 한다는 점을 고려하면 안경을 둔 곳에 돌아간 그 순간 바로 어디에 놓아두었는지 생각난다는 사실이 전혀 놀랍지 않다. 이러한 연구는 우리의 뇌와 몸이 정보를 기억해 처리하는 데 환경을 사용할 수 있다는 것을 시사한다.

확장된 정신

체화된 지식 개념은 우리의 뇌가 몸과 전혀 상관없이 우리가 어떻게 기억을 하고 어디에서 인지는 발생하는지를 설명한다는 생각에 대한 도전이다. 하지만 기억을 관장하는 것은 정신과 몸의 결합이다. 그리고 이번 장에서 살펴보았듯이 환경 또한 우리가 생각하고 기억하는 데 영향을 미친다.

그렇다면 사물과 환경이 우리 정신의 일부라는 의미일까? 인지과학계의 록스타인 앤디 클락은 그렇게 생각한다. 클락이 1997년에 데이비드 찰머스David Chalmers와 함께 쓴 「확장된 정신 The Extended Mind」이라는 논문[12]은 이 분야에서 가장 많이 인용되며 사고에 대한 인간의 생각에 혁명적 기여를 했다. 간단히 말해 이들의 주장은 정신적 상태와 과정은 몸은 물론 육체적·사회적·문화적 환경 전반에 걸쳐 펼쳐진다는 것이다. 이들은 사고란 우리의 머리 밖에 있는 것들에 의해 '비계를 설치하는 식으로 차곡차곡 쌓인다'고 보았다. 단순히 물리적인 것이 아닌 환경적 요소가 섞여 있다는 의미다.

이 논문이 작성된 1990년대에는 전자수첩인 필로팩스Filofax가 유행했는데, 클락과 찰머스는 이를 인간이 사물의 도움을 받아 생각을 정리하고 할 일을 기억하는 방식의 사례로 들었다. 다이어리 북, 주소록, 할 일 목록 등은 사물과 도구를 우리 생각으로 통합시킬 수 있는 인간의 능력을 보여주는 것이다. 누군가가 당신에게 '457×397'의 값을 묻는데, (당신이 수학 천재가 아닌 한) 이 계산을 머릿속에서 암산할 수는 없을 것이므로 당신은 재빨리 종이와 펜을 꺼낼 것이다. 필로팩스가 우리 기억의 연장 역할을 하는 것과 같은 이치다. 어려운 셈을 할 때는 우리의 인지능력에서 종이와 펜을 떼어낼 수 없다. 우리가 스크래블Scrabble 게임[철자가 적힌 플라스틱 조각(타일)으로 글자를 만드는 보드게임 - 옮긴이]을 할 때 타일을 움직이는 것은 사고의 과정이라기보다 행동이라고 생각하는 경향이 있는데, 이에 대해 클락과 찰머스는 사실 타일을 재배치하는 행위는 물리적 행동이지만 그만큼 인지적 행위이기도 하다고 주장한다. 그들은 우리의 정신은 단순히 몸으로만 확장되는 게 아니라 육체적 환경으로 확장된다고 말한다. 이와 관련해 클락과 찰머스는 사고실험을 제안했다.[13]

기억 손상을 입은 오토라는 남자가 있다고 가정해보자. 오토는 늘 노트를 가지고 다닌다. 이 노트에는 오토가 어느 날이든 기억해야 할 모든 정보가 담겨 있다. 어느 날 오토가 뉴욕에 있는 현대미술관의 전시회를 보러 가고 싶은데 주소를 기억할 수 없다. 다행히도 노트에서 손쉽게 미술관 주소를 찾아볼 수 있다. 예상대로 오토는 주소를 보고 미술관이 53번가에 있다는 것을 확인한 뒤 전시회에 간다. 그럼 이제 오토와 잉가를 비교해보자. 잉가도 그 전시회에 가고 싶어 한다. 잉가는 기억을 하는 데 전혀 문제가 없고, 전통적인 뇌에 기반을 둔 기억 상기 시스템을 이용해 미술관의 위치를 알아낼 수 있다.

클락과 찰머스는 오토와 잉가를 비교하며 두 사람 간에 별다른 차이가 없다고 주장했다. 둘 다 정보를 '찾아보았다'. 잉가는 자신의 뇌 속에서, 오토는 노트에서 정보를 찾았는데 이때 노트는 '외부의 뇌' 역할을 한다. 저자들이 판단했듯이 세상의 한 부분(즉 사물)이 만약 그것이 머릿속에서 일어났다면, 인지 과정의 일부라고 받아들여지는 방식으로 기능했다면 어떤 의도와 목적에서 보든 그것은 인지적 과정의 특질이라고 볼수밖에 없다. 이 도발적인 논문이 처음 발표되었을 때 이 입장에 대해 회의적인 사람이 많았다. 그중에는 어떤 종류의 사물이 인지적 역할을 하는 것으로 보일 수 있는지에 대해 클락과 찰머스가 내린 정의가 엄밀한 의미에서 정확하지 않다고 본 이들도 포함된다.

그러나 스마트폰이 필로팩스를 밀어내고 일상생활의 중심이 되어감에 따라 클락과 찰머스를 초기에 비판한 이들 역시 두 사람의 의견에 동의하기 시작했다. 나는 2년 전에 이사를 했는데 아직도 집 전화번호를 기억하지 못한다. 전화기에 저장된 수백 개의 전화번호 중 내가 기억할 수 있는 것은 아주 적을 것이다. 나는 받아쓰기 소프트웨어를 이용해 기억할 것들을 적어두고 전자수첩 스타일의 할 일 목록도 사용한다. 내 기억 중 많은 부분을 전화기로 '외부 위탁'한 셈이다. 이렇게 내 개인 환경에서 물리적인 물건이 나의 인지 과정에 주요한 역할을 하게 되었다. 내 정신과 환경이 '결합'된 것이다.

많은 회의주의자가 개인적 차원에서 기술혁명을 경험한 뒤 클락과 찰머스의 확장된 정신 이론에 합류했지만 인간은 5만~10만 년 전부터 가공품을 만들고 예술 활동을 시작함으로써 생각을 하는 데 도움을 받을 뿐 아니라 아이디어를 보관하는 데 물리적 세상을 이용했다고 주장하기가 그리 어렵지 않다. 클락의 생각이 얼마나 영향력이 큰지를 보여주는 증거는 현재 일부 고고학자들이 고대 문명지를 발굴하는 그들의 작업을 물체나 사물을 재건설하는 게 아니라 '정신'을 재구성하는 일이라 지칭하고 있다는 것을 들 수 있다.

확장된 정신 개념은 인지가 어디에서 어떻게 발생하는지에 대한 이론 안에서 뇌, 몸, 그리고 환경을 결합시킨다. 이 세 가지가 협력해 우리가 정보를 보유하고 상기할 수 있게 해주며 간단한, 그리고 복잡한 일 모두를 실행하는 능력도 보유하고 기억해낼 수 있게 해준다.

우리가 우리 몸에 보유하는 지식은 팬케이크를 뒤집거나 차를 운전하는 것과 같이 단순한 절차적 지식뿐 아니라 어떤 장소, 사람, 경험에 대한 우리의 감각기억과도 연관되어 있다. 우리가 갈 길을 찾는 방법, 어떤 사건을 기억하고 타인과 관계하는 법이 모두 우리 몸을 기반으로 한다. 우리 몸이 지식이 절대 빠져나가지 못하는 금고 같다고 말하는 것이 아니다. 실용적인 기술은 연습이 부족하면 무뎌질 수 있고 연마를 해야 할 필요가 있다. 그러나 우리가 몸에 보유할 수 있는 종류의 지식은 삶의 다양한 국면, 특히 교육에 근거해 만들어지는 일종의 사실적 또는 '서술적' 지식과는 다른 것을 쉽게 불러올 수 있다.

근육 기억은 일상생활의 맥락에서 사용되는 것보다 훨씬 더 광범위한 개념이고, 의식적으로 생각하지 않고 일을 해내는 몸의 능력 이상의 의미를 가진다. 절차적 지식 이상으로 우리는 종종 근육 기억을 참고하는데, 몸도 우리가 삶을 경험하는 방식을 형성한다. 어떤 장소의 위치를 파악하고 기억하는 방법, 그 장소에서 일어난 사건을 만드는 데 몸이 한 역할을 하는 것이다.

프랑스의 사상가 가스통 바슐라르Gaston Bachelard는 '근육 의식'에 대해 이야기했다. 근육 의식은 우리가 경험하는 방식뿐 아니라 기억하는 방식에 몸이 어떤 식으로 관여하는지를 요약하는 좋은 방법이다. 근육 의식이라는 표현은 움직임과 인식awareness이라는 개념을 특히 강조하면서 육체적 표현이 기억의 본질이라고 본다. 그렇게 해서 바슐라르가 기억을 인지적 현상 이상으로 간주했다는 것을 의심하지 않게 한다.

처음은 아니지만, 몸이 우리가 생각하는 방식에 어떤 역할을 하는지 (이전에는 사람들이 이를 철학적 방식으로 추정했다)를 과학이 설명하기 시작하는 것을 우리는 목격했다. 하지만 우리가 그 모든 것을 과학적으로 이해하는 데는 여전히 구멍이 많다. 예를 들어 절차적 지식은 어떻게 우리 몸에 저장되어 필요할 때 언제나 무의식적으로 소환되는지 등에 대해 우리는 아직 충분히 알지 못한다. 그러나 우리가 세상을 이해하고 기억하려 할 때 몸은 뇌와 동등한 파트너라는 점은 확실하다.

체화된 지식이 왜 중요할까?

우리가 말할 수 있는 것 이상으로 우리는 알 수 있다는 사실에서 시작해
나는 인간의 지식에 대해 재고하겠다.[1]

마이클 폴라니

지금까지 우리는 체화된 지식이 어떻게 습득되는지와 체화된 지식의
(인간의 지능에서 필수 불가결한 특징이 되는) 다섯 가지 특징을 알아보
았다.

　'관찰'에서 우리는 몸의 인지적이고 감각적 자원을 이용해 세상을
아는 방식에 대해 알아보았고 몸이 기술 습득에 핵심이라는 것을 배웠
다. 하지만 기술을 완벽하게 습득하려면 단순히 관찰하는 것 이상이 필
요하다. '연습'에서는 몸이 실천을 해서 지식을 습득하는 방법과 언제,
왜 우리 몸은 지식을 습득하는지, 그리고 때로는 너무 많은 의식적 감독
이나 지도 없이 몸이 그저 실행하게 내버려두는 것이 최선이라는 것을
알게 되었다.

　'즉흥성'에서는 몸이 어떻게 우리가 인식·예측·계획하는 방식의
핵심이 되는지를 살펴보았다. 몸은 낯선 상황에서 즉흥적으로 행동하고
규칙에 과도하게 의지하지 않는 능력을 뒷받침한다. '공감'에서 우리는
정신, 몸, 그리고 타인에 대한 우리의 감정, 타인 이해하기, 그리고 그들

과의 소통 관계를 새롭게 볼 수 있게 해주는 거울신경세포에 대해 배웠다. 그다음 '보유'에서는 기억은 단순한 정신의 능력이 아니라 몸, 그리고 몸이 속한 환경의 능력이라는 점을 알게 되었다. 근육 기억의 개념은 우리가 사람, 장소, 그리고 경험을 하고 기억하는 방식을 확장시킨다.

제2부에서 우리는 이 다섯 가지의 특징을 모두 개별적으로 살펴보았지만, 실은 이 다섯 가지는 함께 고려되어야 한다. 몸은 단일한 개체이고, 이런 각 특징의 과정은 모두 긴밀하게 연결되어 있다. 이 다섯 가지의 특징은 모두 합쳐져 체화된 지식이 가능케 하는 기술, 이해, 그리고 능력이 어떻게 두드러진 성질을 가지고 있는지를 보여준다.

체화된 지식이 무엇이고 어떻게 습득되는지를 설명하려면 적절한 이론이 필요하지만, 사실 체화된 지식은 매우 실용적 형태의 지식이다. 우리가 매일 하는 일들, 걷기나 요리하기 또는 그보다 좀 더 복잡한 피아노 연주나 수술 등 무엇이 되었건 모든 기술을 실행하는 데는 체화된 지식이 있다. 그리고 자동화가 인간을 대체할 거라고 말하는 지금의 세상에서 복잡한 일을 실행할 수 있는 몸의 능력을 우리 스스로 상기하는 것이 더 시급한 과제다. 아주 어린 아이도 할 수 있는 소근육 운동을 로봇이 하게 만드는 것이 매우 어렵다는 관점은 몸이 보여주는 능력을 상기시킨다.

체화된 지식의 성질은 실용적이면서 전환이 가능하기도 하다. 각기 다른 환경에서 반복과 연습을 통해 발전되면 예측할 수 없는 뜻밖의 상황에서도 스스로 잘 적응한다. 즉석에서 만들어낼 수 있는 우리의 능력 뒤에는 실행을 관장하는 엄격한 '규칙'에 구애받지 않는 특성이 있다.

체화된 지식은 몰입, 관찰, 그리고 행동을 통해 획득할 수 있는 매우 접근 가능한 형태의 지식이며 교사나 복잡하고 값비싼 재원을 필요로 하지도 않는다. 지식에 대한 공식적인 지시 사항보다는 세상을 경험해서 얻을 수 있다.

이런 접근성 때문에 체화된 지식은 효율적인데, 비단 그것을 습득하는 방법에 대해서만 효율적이라는 의미가 아니다. 지식이 체화될 때, 그것은 우리가 의식적으로 생각하지 않고 일을 할 수 있음을 뜻한다. 자신이 무엇을 하고 있는지 아는 몸을 가짐으로써 우리는 기술을 실행하는 데 집중할 수 있다. 화가는 붓을 어떻게 쥐어야 하는지 생각하지 않고 자신의 아이디어를 어떻게 표현할지에 집중한다. 체화된 지식을 가진 이 화가는 자신의 아이디어를 어떻게 전달할지가 아니라 무엇을 전달할지에 집중할 수 있다.

가장 기본적인 단계에서 세상에 대한 우리의 경험은 체화된 것일 수밖에 없다. 우리가 몸으로 세상에 존재하고 세상을 인지하며 삶의 매 순간마다 무의식적으로 몸을 이용하기 때문이다. 우리는 몸으로 주변 사람들의 감정과 그들이 생각하는 것은 물론 기분을 이해할 수 있다. 타인과 소통할 때 우리는 몸을 사용하고 타인의 몸을 보고 그들이 느끼는 것을 읽어낸다.

수 세기 동안 서구에서는 세상을 이해하고 우리를 지능적으로 만드는 것에서 몸의 역할과 잠재력에 대해 모호한 입장을 취해왔다. 최악일 때는 몸이 우리를 잘못된 길로 이끄는 원천이라고, 또는 단순히 주관적인 정보일 뿐이라고 일축했다. 세상을 이해할 때 체화되지 않은 방식으로 접근하려는 시도는 추상적 표현에 의존하고, 그리하여 몸을 소외시켰다. 그런 태도 때문에 몸에 관련된 것, 특히 느낌과 감정에 대한 것이 사라졌고 대신 우리는 건조하고 사실에 근거한 표현을 선호하게 되었다. 하지만 그것은 세상이 어떠하고, 어떻게 느끼는지에 대해 부분적으로만 보여줄 뿐이다. 모든 것을 가장 근본적인 패턴, 구조 또는 본질로 귀결시키려는 환원주의적 관점의 해독제는 바로 몸에 주목하는 것이다. 경험의 중요성을 다시 천명하는 데 도움이 된다.

환원주의적 성향은 국가와 비즈니스를 꾸리고 경영하는 데서 선명하게 드러난다. 디지털 기술, 빅데이터, 인공지능, 그리고 기계학습이 모두 상황을 가장 기본적인 수준으로 환원시키려는 시도의 일환이다. 경영 사상가 피터 드러커Peter Drucker는 '컴퓨터는 어떤 의미에서는 우주를 기계론적으로 보는 분석적이고 개념적인 세계관의 궁극적인 표현이다'[2]라고 말했다. 체화된 지식을 주장하는 것은 그런 세계관에 도전하는 방법 중 하나다. 타인의 경험을 이해하려는 노력의 핵심에 그들의 관점에서 상황을 보고 그들이 아는 것 또는 당연히 여기는 것을 파악하려는 시도가 있다. 그리고 몸이 그런 노력의 중심에 있다.

제3부에서는 체화된 지식이 어떻게 '비즈니스, 정치, 정책 입안, 창의성과 디자인, 로봇공학과 인공지능'에 사용되는지 알아볼 것이다. 우리가 알아본 체화된 지식의 다섯 가지 영역이 어떤 식으로 이런 분야에서 표현되는지 살펴볼 것이다. 그리고 이런 분야가 어떤 식으로 강화되며, 체화된 지식의 잠재성이 펼쳐질 때 그 결과는 어떻게 개선되는지 알아볼 것이다.

제3부

몸의 지식력
활용

몸에 주목하는 비즈니스

연구는 고객의 대체물이 되었다. 실력 있는 발명가와 디자이너들은
고객을 깊이 이해한다. 놀랍고 인상적인 고객 경험은 마음, 직관, 그리고 호기심에서
시작된다. 조사 내용에서는 절대 이런 것을 찾을 수 없을 것이다.[1]

제프 베조스

2018년 초 수십억 달러 가치의 미디어 기업 컴캐스트Comcast의 회장이자
최고경영자인 브라이언 로버츠Brian Roberts는 스카이Sky 위성 TV 사업의
인수를 개시했다. 이런 대규모의 거래에는 적정가격과 이익을 이해하기
위한 수많은 분석이 이루어지기 때문에 조언자가 많이 관여하게 마련
이다.

인수 준비 작업을 위해 영국을 방문한 로버츠는 자문들이 액수 등의
숫자를 살펴보고 있는 동안 잠시 다른 시간을 갖기로 했다. 은행가와 자
문들에게 둘러싸여 회의를 하는 대신 로버츠는 택시를 잡아타고 쇼핑센
터로 가서 스카이의 영업 사원과 이야기를 나누며 시간을 보냈다. 쇼핑
센터로 가는 길에 입담 좋은 택시 기사가 스카이 TV와 버진 미디어Virgin
Media 서비스의 차이점을 설명해가며 그를 융숭하게 대접했다. 로버츠는
'택시 기사는 버진과 스카이의 모든 기능과 특징의 차이점에 대해 믿을
수 없을 정도로 박식했다'고 말했다. 또한 영업 사원들과 시간을 보내면
서 로버츠는 그들이 스카이 플랫폼의 최신 기능 몇 가지를 시연해 보일

때 그들의 열정과 무한한 자부심을 느꼈다. 스카이가 영국의 유료 TV 업계를 장악하고 있음을 실감할 수 있었다. 로버츠는 미디어 업계를 잘 아는 베테랑이다. 그의 아버지가 컴캐스트를 설립했으므로 로버츠는 이 사업 안에서 태어난 셈이다. 하지만 그에게 부족한 점은 무엇이 스카이 제품을 타사의 것과 구별되게 하는지를 아는 현실감각이었다.

로버츠는 그 주말 협상을 마무리하고 인수 제안을 하기로 결심했다. 이 온화한 사업가는 자신이 직접 한 연구가 협상의 결정적 요소는 아니지만 '스카이가 얼마나 인상적인지를 상기시켜주는 또 하나의 요소'로 작용했다는 점을 분명하게 밝혔다. 2018년 7월 로버츠는 정확한 판단에 따른 대가를 얻었다.

하지만 비즈니스는 보통 이런 식으로 돌아가지 않는다. 220억 파운드 상당의 인수 작업에는 일반적으로 투자은행가, 기업 자문단과 연구조사 내용이 어울린다. 이런 맥락에서 외부인에게 시장은 대개 제품이나 그 제품을 사용하는 고객을 거의 주목하지 않는 추상적 관념으로 보인다. 그러나 시장은 추상적 관념이 아니다. 시장은 감정, 정서, 복잡성과 모순을 가진 다양한 인간으로 구성되어 있으며 이런 요소를 모두 동질적으로 취급하는 것은 위험하다. 로버츠는 가끔 '현장'의 시각을 가져야 하고, 행동하기 전에 시장에 대해 좀 더 직감을 발휘할 필요가 있음을 깨달았다.

로버츠만 이런 점을 깨달은 게 아니다. 로버츠 같은 수많은 사업가와 기업 임원이 체화된 지식의 이점을 이용하면서 자신이 활동하고 있는 시장을 이해하기 위한 방편으로 '몸'에 주목하고 있다.

거리, 데이터, 그리고 비체화

시장은 복잡한 시스템이다. 시장 참여자들은 시장 안에서 수많은 형태의 각기 다른 상품과 서비스를 교환하며 활동하고 있다. 시장이라는 단어가 도시 광장에 늘어선 가판대의 이미지 또는 손짓을 해가며 활기차게 거래하는 상인들의 모습을 연상시킬 수 있지만 그러한 시장은 점점 시야에서 사라지고 있고, 고도로 전 지구화된 환경에서 수많은 상품의 디자인, 생산, 유통과 판매가 이루어지고 있다. 심지어 물리적 형태가 있는 상품이 사고 팔리는 곳에서도 시장은 점점 더 전자 상거래에 친화적으로 변해가고 있으며 대부분의 사람들은 웹사이트의 '지금 사세요Buy It Now' 버튼과 며칠 후 배송되는 하얀 배달 트럭으로만 시장을 볼 수 있을 뿐이다. 시장은 추상적이고 고도로 복잡한 독립체이지만, 그래도 우리는 반드시 시장을 이해해야 한다.

경제학과 경영과학은 비즈니스 경영자가 시장을 이해하는 데 도움을 주는 도구를 제공하지만 나름의 약점이 있다. 첫째 시장은 물리적 세상과 똑같이 불변의 법칙에 순응하지 않으며, 둘째 마이클 포터Michael Porter의 '다섯 가지 경쟁 요인five forces model'과 보스턴 컨설팅 그룹Boston Consulting Group의 BCG 매트릭스 같은 모델과 체계는 강력한 해석 도구로 사용할 수 있을지 모르나 대개는 추상적 개념 또는 가정에 근거한다.

경제학자 존 메이너드 케인스John Maynard Keynes는 감정으로 시장이 움직일 수 있는 방식을 서술한 '야성적 충동'이라는 용어를 만들어냈고, 경제적 행동은 종종 합리성과 거리가 먼 경우가 있다고 주장했다.[2] 감정은 우리의 의사 결정에서 강력한 입지를 차지하고 있다. 논평가들은 합리적 고려가 사람들이 행동하는 방식에 영향을 미치는 유일한 요소가 아니라는 사실을 인식하며 습관처럼 '투자자 심리' 또는 '소비자 신뢰(소비의욕)'를 언급한다. 시장의 거품은 사람들이 어떻게 경제의 근간에서 분리되어 긍정적 정서에 끌려다니는지를 보여주는 좋은 사례다. 시장은 예측할 수 없는 인간이라는 존재로 구성되어 있다. 그리고 기술혁신과 같이 파괴적인 힘의 파도에 흔들릴 때는 경제학자들이 안정적으로 모델링을 할 수 있는 것보다 더, 대부분의 비즈니스 사상가들이 상상하기 좋아하는 것보다 훨씬 더 시장은 불안정하다. 기업이 시장과 엇박자로 나가는 사례는 매우 많다. 노키아나 블록버스터 비디오 대여점 체인의 경우처럼 근본적으로 변한 시장 현실을 따라 시장이 그들의 비즈니스를 뒤엎었을 때 어떤 기분이었는지 그 임원들에게 물어보라.

시장에서 한 걸음 앞서가기 위해 조직은 정보와 연구에 투자하고 그들이 할 수 있는 일을 한다. 대규모의 비즈니스는 그들 조직 너머의 세상에 대한 정보를 수집, 처리, 소통하며 별도로 그것을 책임지고 관장하는 부서를 두고 있다. 조직이론가 이쿠지로 노나카Ikujiro Nonaka는 〈하버드 비즈니스 리뷰〉에 다음과 같은 의견을 피력했다. '서구의 경영 전통에는 조직을 정보 처리를 위한 기계로 보는 경향이 깊이 뿌리박혀 있다. 정보 처리는 그러한 비즈니스 조직들이 유용하다고 간주하게 디자인된 명백한 ('정량화할 수 있는'의 의미) 데이터, 코드화된 절차, 보편적 원칙과 같은 특정 유형의 지식이다.'[3]

비즈니스는 시장의 방향과 고객의 선호도에서 변화를 예측하는 데 도움이 될 이해를 발전시켜야 하는 상황에 직면했다. 하지만 시장, 그리고 사람들의 선호도는 체계적이고 예측할 수 있는 규칙을 따라가지 않는다. 노나카가 분석했듯 안타깝게도 대규모의 조직은 대부분 시장에 대해 정량화할 수 있는 비체화된 정보를 만들어내고 처리하고 소통하도록 맞춰져 있고 시장에 대해 좀 더 주관적인 통찰, 직관 또는 감은 무시하거나 차별한다. 이런 대규모의 조직은 '데이터로 가동되길' 원하고 숫자가 모든 것을 말하고 대변하게 내버려둔다.

대부분의 비즈니스는 미래를 전망할 때 데카르트적 관점을 가진다. 먼저 그들은 세상을 객관적 현실로 이해될 수 있다고 본다. 이들 비즈니스가 이런 객관적 관점(조사, 시장 분류, 빅데이터)을 창조해낼 때 사용하는 접근 방식과 기술은 애초에 세상에 대한 객관적 관점을 발전시킬 수 있으며 그렇게 하는 것이 우선순위가 되어야 한다는 생각을 반영한다.

둘째, 이런 비즈니스는 답이 사람들의 머릿속에 있다는 생각에 사로잡혀 있다. 비즈니스 특화 사회연결망인 링크드인 LinkedIn에는 종종 팝업 만화가 올라오는데, 다음과 같은 형국이다. '소비자들의 마음'이라는 제목의 프레젠테이션을 보는 중역들이 있다. 그들이 보는 이미지에 뇌가 나오는데 '일', '여행', '우리 아이' 등으로 구획이 나눠져 있지만 그들이 마케팅을 하는 피클 브랜드는 보이지 않는다. 중역들 중 한 명이 "상상할 수 없는 일이야! 이 소비자는 우리 브랜드의 충성고객인데"라고 외치며 소비자의 마음속에 자사 제품을 위한 자리가 없다는 것에 놀란다. 만화의 한 장면이지만 여기에서 일반적인 사고방식이 드러나는 것이다.

비즈니스가 데카르트의 정신-몸 분리를 신봉한다는 또 다른 증거는 뇌과학에 지대한 흥미를 보인다는 데서도 드러난다. 뇌과학이 도래하면서 사람들이 어떤 브랜드의 로고와 이미지를 볼 때 뇌의 어느 부분에 불이 켜지는지를 알아내려는 일련의 시도가 일어났고, 이는 '뉴로마케팅(신경마케팅)'으로 알려지게 되었다. 비즈니스와 마케팅업계 사람들은 광고를 제대로 한다면 소비자가 느끼는 특정 감정과 연결된 뇌의 영역을 작동시킬 수 있다는 희망을 품고 있다.

그러나 사람들이나 시장을 이해하는 방법에서 정신이 더 중요하다는 전통적 개념은 도전에 직면해 있고 시장에 대한 지식이 어떤지를 살펴보는 새로운 관점이 부상하고 있다. 이에 대해 좀 더 알아보기 위해 이제 캘리포니아 남부의 국립공원에서 캠프를 연 어느 기업 임원들의 이야기 속으로 들어가보자.

특별한 캠핑 여행

2014년 11월 뉴욕에서 캘리포니아로 가는 한 무리의 사람들은 캠핑 여행에 적합한 차림이 아니었다. 대부분 바퀴 달린 여행 가방을 가지고 있었고, 연이어 이루어질 미팅과 하루 이틀 정도 호텔에 머물 여정을 준비한 모습이었지 나와 내 비즈니스 파트너가 준비한 계획에는 전혀 맞지 않았다. 샌디에이고가 따뜻하긴 해도 그들의 옷차림은 조금 얇아 보였다. 건전지 제조사 듀라셀Duracell의 북미 본사에서 온 이 임원진은 앞으로 닥칠 일에 전혀 준비되어 있지 않은 상태였다.

우리는 곧장 샌디에이고 교외의 아웃도어 매장으로 갔고, 그곳에서 캠핑 여행을 함께할 세 그룹의 지역 야외 활동 애호가들을 만났다. 가장 먼저 처리할 일은 이들 비즈니스맨이 도착해서 보낼 밤을 준비하는 것이었다. 지역 캠핑 애호가들 중 한 명이 산에서는 해가 지면 추우니 겉옷과 침낭을 준비하라고 권했다. 함께 가게를 거닐며 그는 초보자에게 필요한 캠핑용품의 보온성을 측정하는 단위인 토그 비율tog ratings을 설명해주었다. 우리는 또한 다양한 범위의 판매용 손전등을 시험해보았고, 밝기가 루멘lumen 단위로 측정된다는 도구들의 기술명세서에 대한 안내도 받았다. 진열대에는 제품명세서에 나온 이론상의 측정치를 본보기로 하는 제품들이 진열되어 있었지만, 그것이 실전에서 무엇을 의미하는지는 나중에야 알 수 있었다.

멕시코 국경에 근접한 모레나 카운티 공원 호수Lake Morena County Park

까지는 차로 두 시간이 걸리지만 월마트에 들러 낚시 허가증을 받아야 해서 일정이 많이 지연되었다. 도착했을 무렵에는 낮의 열기가 재빨리 식어가고 있었다. 밤이 이슥해지기 전에 빨리 준비를 마쳐야 했다. 캠핑을 잘 하지 않는 우리는 경험이 부족했기 때문에 별다른 생각 없이 물이 배어나는 곳에 텐트를 치고 말았다. 반면 경험 많은 캠핑 애호가들은 아주 작고 세세한 부분에서도 우리와 놀라운 차이를 보였다. 한 사람이 휴대용 물탱크 아래에 작은 구멍을 파서 접시를 헹굴 때 버려지는 물을 모으고 진흙탕이 생기는 것도 방지했다. 또 다른 사람은 난로에 아슬아슬하게 걸쳐진 휴대용 식기통을 이용하여 아주 빨리, 안전하게 물을 끓이는, 주전자와 컵으로 사용할 수 있는 이중 기능 보온·보냉 컵을 보여주었다. 야영지의 다른 곳에는 또 다른 캠핑객들이 자리를 잡고 있었는데, 경험 많은 그들이 환경과 도구를 다루는 방식을 보면서 우리는 그저 감탄할 뿐이었다. 초보인 우리는 직접 주어지는 지시 사항에서 배우기보다 실수를 하면서 더 많이 배웠다. 그리고 장작 다발을 사서 써야 하는데 주변의 관목 지대에서 나무를 주위와 불을 피운 바람에 공원 관리인에게 혼이 났다. 나중에 불을 피우고 주변에 둘러앉으니, 캠핑용품점에 왜 그렇게 다양한 종류의 손전등이 있었는지 이해되었다. 숲속의 어둠 속에서 조명은 결코 소소한 문제가 아니었던 것이다.

한 캠핑객이 낮은 나뭇가지에 걸어놓은 값싼 LED 전등 세트를 가리켰다. 캠프파이어의 따뜻한 불빛을 방해하지 않으면서 기분 좋게 낮은 조도의 빛을 만들어내는 그만의 비결이었다. 우리는 띠같이 머리에 둘러쓸 수 있는 헤드 랜턴과 손전등의 각기 다른 역할을 상당히 실용적인 방식으로 배울 수 있었다. 가령 요리를 하거나 텐트 안에서 도구를 찾을 때는 꿰뚫듯 날카로운 빛을 쏘는 헤드 랜턴이 적합하지만 모닥불을 피워놓고 대화를 할 때 헤드 랜턴을 쓰면 일종의 심문관이 되어버려 적합하지가 않은 것이다. 다양한 종류의 랜턴을 보유하는 것이 캠핑 전에는 불필요한 낭비로 느껴졌지만 이제는 그렇게 나쁜 게 아니라는 생각이 들었다.

다른 캠핑객과 어울리며 저녁 시간을 보낸 후 초보 캠핑객들은 바퀴 달린 여행 가방을 텐트 입구에 놓고 잠을 자러 들어갔다. 캠핑을 자주 하지 않는 탓에 조금은 불편했지만 대부분은 잠을 잘 잤다. 아침이 되자 캠핑객들은 요리를 하고 커피를 만드는 등 가벼운 작업을 했다. 우리도 해보았지만 그리도 알고 싶었던 캠핑 장비에 대한 무지함만 드러내고 말았다.

태양이 산봉우리 뒤에서 나타나자 우리는 아웃도어 매장에서 했던 대화로 돌아갔다. 필요 이상으로 복잡하게 만들어진 제품의 번지르르한 세부 항목이라 여겨졌던 부분이 합리적이라는 생각이 들기 시작했다. 전닐 저녁, 기온이 갑자기 뚝 떨어지자 우리는 텐트로 들어가 추위를 막을 것을 찾았다. 우리가 산 겉옷과 침낭의 토그 비율은 더 이상 이론적 탁상공론이 아니라 실제 상황에서 중요성을 갖게 되었다. 새벽 3시에 기온이 0도 이하로 떨어져 텐트 안에서 덜덜 떨고 있으면 다양한 토그 비율의 차이점이 선명하게 이해된다. 또한 오밤중에 덤불숲에 가려면 성능 좋은 헤드 랜턴의 진가를 알아보게 된다. 다양한 손전등을 용도나 역할의 관점에서 기술하는 것, 밝기의 정도와 디자인의 관점에서 전등을 구별하는 것이 이제는 합리적이라는 생각이 들었다. 이런 제품들이 실제로 사용되는 맥락에 우리가 노출되고, 물건에 대한 이론적인 설명이 어떻게 실용적인 이점으로 전환되는지를 이해함으로써 우리는 경험 많은 캠핑객이 자기 도구를 아끼는 것이 어떤 느낌인지 알 수 있게 되었다.

아침 식사 후 일행 중 몇 명은 산책을 했고 나머지는 낚시를 하러 갔다. 산책하는 이들은 현대적 설비나 장비, 전기 등이 완전히 단절된 지역에 들어서자 하이킹에 가져간 장비를 아주 자세히 살펴보았다. 만약 사고가 일어났는데 전화기로 도움을 요청하지 못하는 상황에 처할 수도 있다는 것이 상기되었다. 인적이 드문 곳에 가려면 적절한 GPS 장비가 필요할 것이다. 우리가 캠핑하는 곳은 국립공원의 공공 캠핑장이었지만 경험 많은 캠핑객들은 아마 교외 소풍 정도로 느꼈을 것이다. 그런데도 철저히 준비해야 한다는 것을 보여주었다. 듀라셀 임원진이 확실하게 깨달은 것은 야외로 나가는 사람들은 안락함과 안전을 장비에 맡기는데, 이런 장비에는 대개 성능과 품질이 좋은 건전지가 들어간다는 사실이었다.

내 회사인 스트라이프 파트너스Stripe Partners가 이렇게 기업 임원들을 캠핑에 데려간 것은 흔치 않은 일이다. 일반적으로 기업가는 어떤 주제를 이해하고 싶을 때 관련된 연구를 의뢰하고 보고서를 기다린다. 하지만 듀라셀 임원들은 자사 제품을 판매할 중요한 시장인 야외 세상을 이해하고 싶었고, 다른 접근 방식도 얼마든지 가능하다는 의사를 밝혔다. 그래서 다른 뭔가를 해보기로 결정했다. 어떤 지식을 발전시키는 최선의 방법이 타인의 경험에 대한 보고서를 읽는 것은 아니라고 믿었기 때문이다. 우리는 스스로에게 '임원들이 직접 캠핑을 해보게 해서 캠핑에 대한 체화된 이해를 발전시킬 기회를 만들어보는 건 어떨까?'라고 질문했다.

듀라셀 팀에 캠핑을 시키는 것은 위험 요소가 깃든 모험이 될 수 있었다. 당시 듀라셀은 워런 버핏Warren Buffett이 소유한 버크셔 해서웨이 Berkshire Hathaway에 매각이 진행되고 있는 상황이었다. '평상시와 다를 바 없기는' 했지만 사치스러움과는 거리가 멀기로 유명한 새로운 소유주를 고려하면 이해관계가 첨예한 상태였다. 캠핑 여행을 기획한 것은 내 회사 입장에서도 아주 대담한 전략이었다. 의뢰인들은 끔찍한 밤을 보낸다고 생각했을 수 있다. 그래서 어서 빨리 실험을 끝내고 안락한 뉴욕 주 북부의 자택으로 돌아갈 준비를 하기로 결심했을 수도 있다.

표면적으로 볼 때 이 프로젝트의 가장 큰 위험 요소는 우리가 비즈니스 연구의 기준을 전복시켜버린 것이었다. 국립공원에서 아주 멀리 떨어진 안락하고 따뜻한 집에서 인터뷰를 진행하고 캠핑객들의 차고를 뒤져 그들이 사용하는 장비를 조사하고 우리가 찾은 것에 대해 토론하는 식의, 좀 더 전형적인 접근법을 시도했을 수도 있었다. 그리고 의뢰인들은 그런 인터뷰에 참여했을 것이다. 춥고 불편하며 여러 가지가 취약한 캠핑 여행을 하는 게 아니라 그저 앉아서 하는 일을 했을 수도 있는 것이다.

하지만 듀라셀 임원진은 야외 활동에서의 핵심을 잡고 사람들이 참여하는 활동에서 건전지가 하는 역할을 제대로 이해하고 싶어 했다. 그러면서 세상이 어떤지에 대한 느낌을 알고 싶어 했다. 사람들이 무슨 이유에서 교외를 벗어나 관목 숲으로 들어가며, 미국의 국립공원에 있다는 것은 어떤 감정적 공감을 느낄 수 있는가? 듀라셀 팀이 더 높이 도약하기 위해 준비한 것은 몸으로 직접 경험하면서 배우는 것이었는데, 그 때문에 그들은 캠핑 장비를 다루면서뿐만 아니라 서로에 대해서도 어려움을 겪었다. 캠핑은 친밀한 접촉이 일어나는 활동이다. 회사 동료와 함께 캠핑을 한다는 것은 드문 일이다. 캔버스 천으로 만든 텐트에서 밤을 보낸다고 호텔처럼 회원 포인트가 쌓이는 것도 아니다.

그날 오후 우리는 캠프를 정리하고 샌디에이고로 돌아가 며칠 동안 캠핑에서 경험하고 관찰한 것을 연구하고 우리가 알아낸 것이 듀라셀이 야외 활동 시장으로 진출하는 데 어떤 의미를 가질지 살펴보았다. 우리가 듀라셀과 함께 개발한 통합적 소통 계획은 이 건전지 회사의 역사에서 가장 성공적인 사례 중 하나가 되었다. 캠핑 여행에서 영감을 받아 광고가 제작되었다. 광고에는 어둠 속에서 요세미티 국립공원의 던월Dawn Wall을 오른 암벽등반가 케빈 조거슨Kevin Jorgeson이 나온다.[4] 이 광고는 입소문을 통해 야외 활동 애호가들의 공동체로 퍼져나갔고 빠른 시간에 유튜브 조회수 800만 건 이상을 기록했다. 케빈 조거슨은 아주 유명한 암벽등반가인데, 장비와 경험의 관계에 대한 조거슨의 의견이 우리가 캠핑 여행을 가서 발견했던 것과 일치했다. 그는 나중에 이렇게 말했다.[5]

"자연 속에 있으면 당신이 하는 경험에 랜턴과 건전지가 녹아들게 됩니다. 장비를 믿게 되는 거죠. 제대로 작동하리라는 걸 알아요. 대개는 자신의 장비를 믿기 때문에 장비가 아닌 움직임에 집중합니다. 전원도 마찬가지예요."

우리의 캠핑 여행과 거기서 파생된 광고를 승인한 마케팅 이사 제프 제럿 Jeff Jarrett은 이 계획의 성공은 프로젝트에 참여한 임원진이 야외 활동을 즐기는 사람 층을 확실하게 파악했다는 사실에 기인한다는 결론을 내렸다. 듀라셀 팀은 무엇이 야외 활동 애호가들을 움직이고 참여하게 만드는지를 직접 체험했고 그 풍경에서의 경험에 생기를 주는 세세한 것들이 무엇인지 배웠다. 그리고 그것을 소비자에게 직접 표현해 공감하고자 하는 의도의 광고로 만든 것이다. 제럿은 나중에 '광고의 분위기, 메시지, 언어가 야외 활동의 세상과 완벽하게 조화를 이루었다'고 말했다.

2G로 살아보는 화요일

듀라셀 팀은 야외 활동과 그것을 즐기는 사람들에 대한 비체화적이고 객관화되었으며 추상적인 지식을 세상을 체화해서 이해하는 경험으로 바꾸었다. 듀라셀 팀은 차갑고 맑은 산속 공기를 느꼈고, 다른 캠핑객을 관찰하고 시행착오를 겪으면서 캠핑의 기술과 분위기를 익혔다. 하지만 모든 비즈니스가 듀라셀처럼 실행할 예산을 가지고 있거나 대담함을 겸비하고 있지는 않다. 그리고 비즈니스가 할 수 있는 가장 중요한 일은 때로 그들이 디자인하는 제품이 사용될 세상을 체화할 수 있도록 자신의 팀을 지원하는 것이다.

페이스북도 변화하는 세상에서 사업을 확장해나가려는 계획의 핵심에 본능적 경험을 두었다. 하버드 대학교 기숙사에서 시작된 페이스북은 세계 인터넷 사용자 중 절반이 매일 들르는 곳이 되었지만, 2013년경 사람들이 사회연결망을 사용하는 방식에 변화가 생기자 그에 맞는 대응을 해야 했다. 스마트폰 혁명으로 사람들이 웹을 통해 소통하는 기본적인 방식이 컴퓨터에서 스마트폰으로 바뀌었고, 페이스북은 이 새로운 시장에서 제대로 부상하기 시작했다. 특히 인도에서 두드러지게 성장했는데, 이는 동시에 페이스북에 도전을 가했다. 점점 더 많은 소비자가 스마트폰을 갖게 되면서 애플의 아이폰보다 더 많은 운영체제OS 변환 소프트웨어를 장착한 값싼 안드로이드 기기가 점점 더 인기를 끌게 되었다. 제품 매니저와 엔지니어들은 갑자기 컴퓨터가 아닌 스마트폰용 소프트웨어를 개발하고 있었다. 그들은 이 시장을 잘 이해하지 못했으며 기기를 사용하는 소비자들도 낯설어하는 상태였다. 계획이 필요했다.

페이스북 엔지니어링 사업 부문 부회장 톰 앨리슨Tom Alison은 인도같이 새로운 이용자가 수억 명씩 쏟아지는 시장에서 소비자들이 페이스북을 사용할 수 있게 하는 일을 맡고 있었다. 인도에서 성장한 앨리슨 팀의 한 엔지니어링 관리자가 작은 팀을 만들어 2주 정도 인도 시장을 살펴보겠다고 제안했다. 당시로서는 드문 제안이었지만 앨리슨은 동의했고 그들은 인도의 페이스북 사용자들의 삶이 어떠한지를 탐색하기 위해 현지로 출발했다. 그들은 인터넷 카페에 가고 모바일 연결망의 가장자리에 위치한 마을을 방문하고 수많은 사용자와 이야기를 나누었다. 모바일과 인터넷망을 기술적으로 분석해 어떻게 작동하고 있는지도 파악할 수 있었다. 앨리슨은 '전화기에 페이스북 앱을 열어둔 채로 밤에 침대 머리맡에 두고 다음 날 아침 충분히 다운받은 콘텐츠로 좋은 경험을 하는 남자'와 만났던 것을 특히 기억할 만한 일로 회고한다.

실리콘밸리에서 엄청나게 빠른 네트워크 속도에 익숙해 있던 엔지니어들에게는 완전히 다른 특이한 경험이었다. 이 이야기는 인도의 수많은 인터넷 사용자가 페이스북 제품을 사용할 때 무엇을 경험하는지를 상징하는 것이 되었다. 또한 앨리슨이 지적하듯 엔지니어들은 상황을 개인적으로 받아들이는 경향이 있다. 그리고 자신이 만든 것이 작동하지 않는다는 사실을 알았을 때 엔지니어들은 성장하고 있는 페이스북 조직 내의 수많은 사람들이 이런 중요한 현실을 전혀 알지 못하고 있다고 걱정하기 시작했다. 앨리슨은 그때를 이렇게 상기한다.

"엔지니어들이 만들고 있는 것이 이 엄청나게 많은 사람들에게 효과적으로 작동하지 않는 상황인데 그걸 어떻게, 아주 직관적인 방식으로 엔지니어들에게 보여줄지 논의되기 시작했습니다."[6]

해답은 화요일에 2G로 살아보는 것이었다. 생산팀이 만들 제품을 그들에게 익숙하고 다른 모든 사람을 위한 표준이라고 가정했던 4G 환경보다 더 느리고 불안정한 2G 환경에서 써보는 것이었다.

페이스북 직원들은 인기 앱의 회사 내부용 버전을 전화기에 깔았다. 그렇게 해서 새로운 제품과 특징을 먼저 시도해본 후 수억 명의 사용자에게 배송을 하는 것이다. 앨리슨 팀은 이를 이용해 한 가지의 기능을 도입했다. 매주 화요일이면 사용자들에게 2G로 바꾸기를 원하느냐고 묻는 팝업창이 뜬다. 이를 수락하면 그들의 전화기는 화요일마다 느리고 고르지 못한 연결망을 사용하게 된다. 엔지니어들은 개발도상국 네트워크 상황과 같은 모의 소프트웨어를 구축했고, 다른 그룹의 많은 사람들도 1주일에 하루는 인도인들과 똑같은 경험을 하는 데 참여했다. 앨리슨은 이렇게 말한다.

"2G 환경에서 매우 다른 방식으로 페이스북을 경험하는 것이죠. 이런 유형으로 연결된 상태에서 자신의 콘텐츠를 보는 것이야말로 진짜 본능적인 느낌을 받을 겁니다."

페이스북이 신흥시장에서 거둔 성공은 주목을 받았다. 페이스북은 2015년 6월에 익숙한 앱의 새로운 버전을 출시했는데, 느린 네트워크를 이용하는 구형 전화기 사용자들에게 맞춰져 디자인된 것이었다. 2016년 3월 페이스북 라이트Facebook Lite는 매월 1억 명 이상의 실사용자를 유치했고, 1년 후 2억 명 이상으로 증가하며 오늘날의 기준에서 가장 빠르게 성장한 페이스북 앱이 되었다. 저대역폭 시장을 위한 제품을 선제적으로 채택하고 기술·디자인팀이 그런 시장 상황을 이해하게끔 함으로써 다른 기업들이 네트워크 연결이 개선될 때까지 기다리는 동안 페이스북은 성공을 거두었다.

'2G로 살아보는 화요일'은 신흥시장에서의 성공을 위한 묘책이라기보다 인도 같은 나라에 맞는 상품을 이해하고 만드는 좀 더 폭넓은 계획의 일환이었다. 페이스북의 임원들은 이 문제를 중요한 안건으로 받아들였다. 앨리슨은 회사의 전체 회의에서 이 계획에 대해 이야기했는데, 직원들이 저비용 안드로이드폰이나 더 간단한 피처폰을 사용하기 시작했고 그 경험을 회사 블로그에 올렸다. 이런 식으로 신흥시장에 초점을 맞추면서 페이스북은 포화도가 낮으면서 덜 발전된 시장을 더욱 심각하게 고려하는 것은 물론 모바일로의 전환에 대처했다. 앨리슨은 여기에서의 핵심은 '선진국, 특히 실리콘밸리에 나타나는 편견의 내재적 패턴을 없애기 위해 정말 많이 노력하는 것'이었다고 말한다. 이런 노력은 오늘날까지도 계속되고 있다.

그러나 '2G로 살아보는 화요일'이 성공한 것은 느린 네트워크 경험을 성실하게 재창조하고 비즈니스 내에서 공유할 수 있는 방식으로 모의 체험을 재생해냈기 때문이다. 인도로 간 팀은 소수였지만 기술 덕분에 2G 경험을 회사 전체로 확장시킬 수 있었고, 여러 가지의 상품을 개발하고 있던 팀들은 실리콘밸리 이외의 지역에서는 해당 상품이 어떠한지를 스스로 느껴볼 수 있었다.

이 계획이 미친 영향은 더 많은 사람이 느린 네트워크를 경험할 수 있도록 2G 상황에서의 경험을 기업 내부 전체로 퍼뜨린 것만이 아니다. 이 계획을 통해 사람들은 데이터가 말하는 것을 이해할 수 있게 되었다. 페이스북 직원들은 이제 얼마나 많은 페이스북 사용자가 느린 네트워크망에 있는지를 보여주는 시장 보고서를 접하면서 그들이 느낀 감정을 정량화할 수 있었다. 앨리슨은 커다란 조직에 영향력을 미치려면 '사람들이 데이터를 이해하고 본능적 경험을 해야 할 필요가 있다'고 주장한다. 경험이 없는 데이터는 타당성이 부족하고, 데이터가 없는 경험은 조직 내에서 영향력을 미치지 못한다. 앨리슨은 직접경험과 데이터가 결합되면서 비즈니스의 모든 차원에서 네트워크의 연결성이 신흥시장에서의 성장을 가능케 하는 것으로 인정받게 되었다고 생각한다.

삶의 현장에서 이루어지는 체화 작업

얼마 전까지 사람들은 플라스틱 폐기물을 성실하게 재활용하면서도 환경문제에 대해 많이 생각하지 않았다. 요구르트병이나 우유병을 씻는 것이 사람들의 기여였는데, 갑자기 변화가 생겼고 바다에서 나오는 플라스틱이 미디어의 주요 뉴스가 되었다. 그러고는 몇 달이 지나지 않아 플라스틱 빨대와 커피 젓개가 금지되었고 슈퍼마켓에서는 비닐봉지를 쓰지 않는 시험을 시작했다. 일회용 생수병은 공공의 적 1번이 되었다.

갑자기 제일 중요한 의제로 올라온 듯한 플라스틱 문제는 빠르게 변하는 세상에서 비즈니스가 소비자의 태도와 행동에 변화가 있다는 징후를 잡아내기 어려울 수 있다는 것을 보여준다. 변화가 오고 있는 것을 감지하지 못하거나, 포착했지만 행동하지 않은 비즈니스의 흔적이 현재 기업계에 어지럽게 흩어져 있다. 예를 들어 필름 회사 코닥Kodak은 한때 불멸할 것 같았지만 디지털 사진 시대의 도래에 적절히 대응하지 못해서 지금은 도태되었다. 코닥의 몰락을 연구한 몇몇 사례에 의하면 코닥이 시장을 이해하지 못했다는 견해가 있고, 디지털 사진술의 부상에 제대로 대처하지 못한 무능력을 지적하는 연구도 있다.[7] 무엇이 되었건 간에 코닥은 맥킨지McKinsey 연구가 강조한 사라진 기업의 대표 사례가 되었다. 맥킨지는 미국을 이끄는 기업들 중 S&P 500 지수에 드는 기업의 평균수명이 1920년대의 67년에서 오늘날은 15년으로 줄어들었다고 밝혔다.[8] 맥킨지의 연구는 현재 S&P에 상장된 기업들 중 500개가 2027년에 사라질 것으로 전망한다. 토머스 홉스Thomas Hobbes의 표현을 빌리자면, 비즈니스의 삶은 '끔찍하고 거칠며 짧다'.

코닥과 같은 운명을 피하기 위해 비즈니스는 시장 환경을 조사하는 데 엄청난 투자를 하고 있다. 이는 여론조사와 추적연구에서부터 동향보고 등 다양한 형태를 띤다. 이런 작업은 넓게, 그리고 규모를 보도록 디자인되어 있다. 종종 몇 년 앞을 내다보는데, '세상을 변화시킬 열 개의 메가트렌드'같이 과장된 제목을 달고 제품들이 나온다. 표면적으로는 넓고 전 지구적 차원으로 보는 것이 이치에 맞는 듯하다. 하나의 도시에서 소수의 사람들을 관찰해 상황이 어디로 향하는지와 관련된 유용한 관점을 얻을 수 있다는 생각은 현실적이지 않다.

프록터앤드갬블Procter & Gamble의 북미 가정용품 사업부에 소속된 작은 팀과 스트라이프 파트너스 팀이 오리건 주 포틀랜드의 커다란 목조주택에서 모임을 가졌다. 한집에서 함께 1주일을 보내며 우리는 환경의 영향을 진지하게 인식하고 탄소 발자국 같은 환경 유해 요소를 최소화하기 위해 무엇인가 하길 바라는 '주류 친환경 소비자' 이해하기에 초점을 맞추었다. 우리의 목표는 프록터앤드갬블 팀을 도와 짧은 시간 안에 P&G의 주력상품 중 하나인 의류 세제를 좀 더 환경친화적인 제품으로 바꾸는 것이었다.

사람들과 인터뷰를 진행하면서 우리는 환경을 보호하려 노력하는 사람들의 세상을 체화하려 애썼다. 유기농 치약과 유기농 화장품을 쓰고, 고기와 가공 음식은 먹지 않고, 천연 가정용품을 사용했다. 그리고 각종 공동체, 매립지와 협동조합 소매점 등을 방문했다. 어느 날 저녁, 우리는 같은 날 아침 비크람 요가 수업에서 묻어온 향기가 밴 옷을 가지고 천연 세제만 사용하는 빨래방Spin Laundry Lounge으로 갔다. 그리고 화학약품이 전혀 들어가지 않은 천연 세제로 우리 옷이 세탁되는 동안 포틀랜드의 힙스터들과 어울렸다.

이 모든 활동이 재미있게 들릴 수 있다. 그리고 사실 그랬다. 고객과 함께 빨래방에 가거나 미국에서 가장 큰 기업의 고위 간부들과 요가를 하며 아래를 향한 개의 자세를 만드는 것이 자주 있는 일은 아닐 것이다. 이런 일련의 활동은 그다지 심각하거나 진지해 보이지 않을 수 있지만, 우리 고객이 다른 '세상'의 체화된 지식을 얻고 연구하는 데 도움을 준다는 확실한 목표로 조직되어 있었다. 사람들이 환경에 대한 우려를 어떤 식으로 표현하는지 통계에 의존하거나 그저 이야기하기보다 가정을 꾸리고, 아이들을 돌보고, 가계 예산을 관리하고, 환경을 고려하는 일 등을 직접 보고 느끼며 현실적인 감각을 익히는 것을 목표로 삼았다. P&G 팀에 소속된 화학자는 합숙소에서 빨래를 하며 화학약품이 들어가지 않은 천연 세제에 대한 자신의 추측이 얼마나 비정상적인지를 깨달았다. 그는 달리기할 때 입은 옷을 깨끗하게 빨려면 세제를 좀 더 넣어야 한다고 생각해 세제를 두 배로 넣었는데, 잠시 후 세탁기에서 거품이 폭포수처럼 흘러나와 바닥을 적신 것을 발견하게 되었다. 냄새나는 스포츠웨어를 빨 때도 천연 세제가 거품을 잘 만든다는 사실을 알게 된 것이다.

◆━━━◆━◆█◆━◆━━━◆

　　캠핑 여행 이후 몇 년 동안 기업 환경에서 체화의 원칙이 작동되도록 우리는 고객이 복잡한 문제를 해결하도록 돕는 데 체화된 접근 방식을 우선적으로 실시하려 했다. 프로젝트마다 스프레드시트, 시장 데이터, 기타 정량화된 지식을 살펴보기보다 몸을 이용해 타인의 세상을 이해하는 방법을 찾은 것이다.

　　새벽에 샌프란시스코의 창고에서 벌어진 광란의 파티에 모바일 기기 없이 참여해보고, 독일 바바리아 지방의 용접 작업장을 방문하고, 로스앤젤레스에서 스피닝 수업을 수강하는 것 등이 이 모든 활동의 일환이었다. 또한 귀마개를 한 채 고객과 식사를 하고, 일본의 오락실에서 여러 시간을 보냈으며, 상파울루에서 출퇴근 체험을 할 때는 고객과 나란히 손잡이에 매달려 네 시간 동안 버스를 타기도 했다. 이 모든 경험은 우리, 그리고 우리의 고객인 기업 임원들이 데이터가 아닌 그들의 감각이 시작점이 되는 발견의 여정을 걷도록 디자인된 것이다.

　　이런 경험에서 비롯된 체화된 지식은 비즈니스에 강력한 도움을 주는 여러 가지의 이점을 가지고 있다. 첫째, 차갑고 분리되어 있기보다 느낌이 있고 감정적이다. 둘째, 이론적이지 않고 실제적이다. 셋째, 문서화 작업이 아닌 사람에 의해 메시지가 조직 내와 주변으로 전달된다.

먼저, 비즈니스 전략의 전체적인 지능공학은 합리적인 의사결정자(이들은 최고의 결정을 내리기 위해 그저 좋은 데이터만 필요로 한다)의 아이디어와 필요에 따라 설정된다. 이렇게 기술 관료적인 세상에서 경험적 데이터를 강조하면 주관적인 감정, 직관, 그리고 경험같이 수치화할 수 없는 것은 보기 어려워진다. 비즈니스가 데이터와 사랑에 빠졌다는 것은 종종 비즈니스가 세상을 이해하는 데 데이터를 기본값으로 둔다거나, 그들의 본능이 인간의 경험에서 데이터 포인트로 전환된다는 의미다. 이런 해석에는 어떤 것이 중요한 이유, 그리고 비즈니스 세계의 바깥에 있는 사람들이 중요시하는 것이 무엇인지를 대하는 감각이 빠져 있다. 사람들을 비즈니스에서 빼내어 세상에 노출시키는 방식은 사람들 스스로 사물을 느끼게 하는 힘을 가지고 있다. 경험에 의존하는 체화된 접근 방식을 채택하는 것은 비즈니스계 간부들을 다시 매혹시킬 수 있다. 우리는 종종 그런 경험이 어떻게 사람들을 이끌어 그들이 하는 것이 무엇인지 이해시키고 왜 그것이 중요한지 알게 하는지를 보고 놀랐다.

둘째, 이쿠지로 노나카가 현대 서구의 비즈니스를 실물 크기의 엑셀 스프레드시트와 유사하다고 묘사하며 논평했듯 성공적인 비즈니스의 핵심은 객관적 정보를 '처리'하는 데 있지 않다.[9] 성공은 암묵적인 것을 건드리는 것, 그리고 종종 고도로 주관적인 직원 개개인의 통찰, 직관, 예감에 의존하는 것이며, 또한 그러한 시야를 기업에서 전체적으로 시험하고 사용할 수 있게 하는 것에 달려 있다. 경험을 통해 습득한 체화된 지식은 이론화되거나 추상화되지 않고 우리가 의식적 또는 무의식적으로 직접 한 관찰에 근거하며, 우리 몸이 인지하고 실천을 통해 실행한 것에 기반을 둔다. 세탁실을 거품으로 채운 화학자는 친환경 세제에 대한 자신의 추정을 재고할 수 있고, 새로운 공식을 만들기 위한 작업을 시작할 때 그 지식을 사용할 수 있다.

셋째, 체화된 지식은 더 실용적일 뿐 아니라 서류가 아닌 사람이 그 지식을 조직에 전달할 때 더 큰 영향을 미칠 수 있다. 사람은 자신의 경험을 사람들에게 중요한 것이 무엇인지를 결정하는 시금석으로 이용하고, 고객이 필요로 하는 것과 조직의 제약 사이를 서류보다 훨씬 더 원활하게 오갈 수 있다는 것을 우리는 알게 되었다.

비즈니스 논평가 플린트 맥글로린Flint McGlaughlin은 문서화된 전략과 사람들이 동의하고 체화된 전략의 차이점을 평가하면서 이와 비슷한 논점을 다음과 같이 밝혔다.

나는 내 팀이 전략에 집중하는 것을 원하지 않습니다. 전략가가 되는 데 초점을 맞추길 원하지요.[10] 전략은 부자연스럽습니다. 전문가의 분야로 격하되었어요. 그 과정에서 비즈니스 리더들은 기업이 가야 할 방향을 전문가에게 의존하게 되었습니다. 그런데 전략은 살아 숨 쉬는 사람을 통해 체화될 때만 실현될 수 있습니다. 전략과 전략가를 분리하자 계획과 실행 사이에 틈이 생겼습니다. 이런 틈은 전략을 펼쳐지는 과정이 아니라 주기적인 사건으로 고착화합니다. 성공적인 전략은 선언하는 것이 아니라 현실에서 생각하거나 믿는 것을 실제로 행하는 것입니다.

경험을 공유하면 단순히 지식뿐 아니라 전략 자체가 선반에 놓여 먼지만 쌓이는 서류 뭉치가 아닌 체화된 지식의 토대를 만들어낼 수 있다.

체화된 지식의 이론을 비즈니스에 적용하는 과정에서 우리는 함께 일하는 기업 임원들이 언급하는 똑같은 단어를 반복해서 듣게 된다. 그들은 종종 무엇인가에 대해 '직감'을 갖고 있다거나, 다음 단계에서 해야 할 것에 대한 '직감 수준의 직관'에 대해 언급한다. 이런 표현은 그들이 어떻게 배우고 그 지식을 어디에 가지고 있는가에 몸적 특성이 있다는 신호다. 경험에 대한 이런 식의 반응은 또한 이런 종류의 지식을 표현하기가 얼마나 어려운지를 말해준다. 경험을 통해 체화된 지식을 획득한 결과 눈에 보이는 성과를 올린 사례는 주목할 가치가 충분하다. 1주일 동안 천연의 삶, 친환경적 삶을 경험한 P&G 팀은 미국 시장에 매우 성공적으로 상까지 받은 여러 제품을 출시했다. '소비자를 파악'하는 일을 해낸 덕분이다.

인간 비즈니스

20세기의 위대한 경영사상가 피터 드러커는 1989년에 남긴 글에서 비즈니스가 비체화된 데이터와 정보에 의존하면서 부딪히게 되는 위험을 경고했다. 드러커는 그것이 사람들이 활동하는 세상의 현실을 평가하는 인간의 능력을 저해할 수 있다고 우려했다. 드러커가 이 글을 썼을 당시에는 컴퓨터가 사무실에서 일반적으로 사용되지 않았고 빅데이터가 현실이 되려면 오랜 시간이 흘러야 했다. 하지만 그는 정보사회로의 변환을 보여주는 역사적 선례와 비즈니스가 어떤 식으로 진화해왔는지를 제대로 파악하고 있었다. 드러커가 본 것은 '정량화 작업을 통해 경험과 직관을 정보와 정의definitions로 변환시키는 분석적 논리와 통계'[11]였다. 정보와 진단은 수많은 거대 조직의 지배적 작동 모델이 되어가고 있었다. 다시 말해 드러커가 보았듯 조직들이 단순히 컴퓨터를 쓰기 시작했을 뿐 아니라 컴퓨터처럼 생각하고 행동하기 시작했다는 의미다.

드러커는 자신을 미래학자라고 표방한 적이 없지만, 그의 예측은 놀라울 정도로 선견지명이 있다. 정보 기술은 비즈니스가 제품을 팔고, 계획하고 평가하고 운영을 분석하는 방식을 바꿔놓았을 뿐 아니라 세상을 대하고 이해하려는 시도의 방식까지 변화시켰다. 데카르트와 그의 동시대인들이 촉발시킨 기계적 세계관은 분석적 접근을 유도하며 지각에 근거한 접근 방식을 밀어냈다. 앞서 보았듯, 이는 분석적 세계관의 가장 순수한 표현이라고 할 계산하는 기계와 컴퓨터를 만들어냈다. 버트런드 러셀Bertrand Russell과 알프레드 화이트헤드Alfred Whitehead의 논문「수학 원리Principia Mathematica」가 보여주듯, 어떤 개념을 분명히 할 수 있다면 논리적으로 '0' 또는 '1'로 표현할 수 있다.

이런 아이디어는 수많은 비즈니스와 대규모의 조직에 확실한 호소력을 가졌다. 문제는 삶이 결코 분명하지 않고, 시장은 논리가 탄탄한 원칙으로 환원되거나 여전히 의미를 보유한 추상적 개념으로 오르기 힘들다는 것이다. 시장은 '야성적 충동'에서 생기를 얻고 사람들은 감정에 따라 움직인다. 사람에게는 수많은 모순이 있다. 그들은 불변의 물리적 법칙에 따라 행동하지 않는다. 사람과 시장을 이해하려면 데이터를 알아야 할 뿐 아니라 추상적 개념이 아닌 경험에 근거한 느낌과 직관을 발전시켜야 한다.

그러나 비즈니스는 대개 지각, 느낌, 그리고 직관을 무시한다. 비즈니스 컨설팅 회사 PwC가 내놓은 2014년 보고서「육감과 기가바이트Guts and Gigabytes」는 데이터 과학이 발전했음에도 정보 분석 임원들은 본능에 근거해 결정[12]을 내린다는 사실을 개탄하는 논조였다. 그런데 2016년에 같은 팀에서 내놓은 연구[13]에 의하면 사람들에게 다음번의 전략적 결정을 내릴 때 무엇을 사용할 것이냐고 묻자 임원들 중 33퍼센트는 '경험과 직관'이라고 대답했다. 이에 대해 연구팀의 저자들은 이런 의견이 박멸되기를 바라는 것 같아 보였다. 비즈니스에 직감을 이용한다고 말하는 것은 로마인이 신의 뜻을 이해하고 미래를 예측할 때 했던 대로 내장을 조사해 점을 치는 것을 인정하는 것과 다를 바 없다고 여기는 듯하다.

노벨 경제학상을 받은 대니얼 카너먼 Daniel Kahneman은 삶과 비즈니스에서의 직관에 대해 광범위한 글을 썼는데,[14] 직관의 문제점은 우리가 맞았건 틀렸건 간에 똑같이 느껴진다는 것이라고 지적한다. 비즈니스에서의 의사 결정에 대한 글에서 카너먼은 과거의 성공에 취해 과감하고 빨리 행동해야 하는 상황에서 당치도 않은 자신감을 표출하는 임원들을 비판한다. 불완전한 정보, 모호함과 불확실성의 세계에서 항상 판단을 내려야 할 필요가 있을 것이다. 합의와 위원회는 결정을 내리지 못하거나 미온적인 결정을 내리게 될 수 있는데, 이는 성급한 결론만큼이나 해로울 수 있다. 관건은 어떻게 사람들의 직관이 적절한 경험에 근거하도록 만드느냐는 것이다.

다국적기업의 임원진을 캠핑에 데려가는 것은 전략을 짜는 데 무모해 보일 수 있었지만 효과가 있었다. 우리는 사람들이 책상을 떠나 세상으로 들어가는 여정에 합류할 때 무지 혹은 단절의 장막이 걷히는 것을 보았다. 이런 모험 덕분에 그들은 일반화된 경험을 좋은 결정을 내리도록 도와주는 구체적이고 유의미한 경험으로 바꿀 수 있었다. 작업을 하면서 우리는 사람들이 어떻게 자신이 얻은 느낌(감)을 가지고 데이터를 이해하는지를 목격했다.

체화된 지식 이론은 몸이 경험을 통해 지식과 이해를 인지하고, 배우며 습득하는 방식을 보여준다. 캠핑장, 2G 화요일 사례, 그리고 포틀랜드의 목조주택 프로젝트는 세상에 직접 노출되는 경험이 어떻게 그런 식으로의 이해를 가능하게 하는지를 보여준다. 피터 드러커가 비즈니스의 맥락에서 지식을 정의할 때 구체적으로 체화된 지식을 꼭 집어 언급하지는 않았지만 그렇게 했을 수도 있다. '지식은 행동의 근거가 되거나 어떤 개인(또는 기관)이 색다르거나 더욱 효율적인 행동을 할 수 있게 만듦으로써 누군가 또는 무엇인가를 바꾸는 정보다.'[15]

제11장에서는 정치와 정책 입안 분야를 살펴볼 것이다. 이 분야에서는 이전에는 견고했던 수많은 확실성에 균열이 생기면서 일이 이루어지는 방식에 대한 똑같은 기계론적 모델과 그것들을 이해하는 최선의 방법에 대한 추정들이 무너져 내리고 있다. 결정에 도움을 줄 수 있는 체화된 지식을 개발하고 있는 분야가 비즈니스 쪽만은 아니다.

11

정책 입안과 소통하는 정치

무엇인가를 배우는 유일한 방법은 만남을 통해서다.[1]

마르틴 부버

미국의 가수 길 스콧 헤론Gil Scott-Heron은 '혁명은 텔레비전에 방송되지 않을 거야'라고 노래했는데, 그의 말은 틀렸다. 방송이 대부분의 전쟁과 봉기를 적절한 수준 이상으로 보도하고 있다. 그러나 계속되는 보도와 방송이 현장의 사람들이 겪는 직접적인 공포를 충분히 공감하는 것 같지는 않으며, 사건 이후 그들이 겪는 고통과 재건을 이해하는 데 기여하는 것은 더욱 미미하다.

시리아 전쟁은 2011년 3월 15일에 시작되었는데 아직도 끝나지 않았다. 사망자 수는 50만 명을 넘어선 상태이고 전체 인구 2,200만 명 중 1,310만 명이 인도주의적 원조를 필요로 하고 있다. 그에 더해 560만 명은 나라를 떠났고 600만 명은 시리아 내에서 집을 잃었다. 우리 텔레비전의 저녁 뉴스는 더 이상 시리아 전쟁을 다루지 않으며, 우리에게 주목해달라고 호소하지 않는다. 대신 예멘에서 일어난 내전이 시리아 전쟁을 대신해 뉴스 화면을 채우고 있다. 이 글을 쓰고 있는 시점을 기해 2016년 이래로 7만 명이 그곳에서 목숨을 잃었다. 분쟁과 그로 인한 경제 붕괴는 예멘의 총인구 2,900만 명 중 1,400만 명이 굶주림에 허덕이고 있음을 의미한다. 고통의 규모는 어마어마하지만 시리아와 예멘은 이보다 더 엄청난 숫자의 일부를 차지할 뿐이다. 유엔 난민고등판무관실UNHCR에 의하면 세계적으로 6,850만 명이 강제로 집에서 쫓겨나 있다. 이 중 4,000만 명은 국내에서 갈 곳을 잃은 이들이고 2,540만 명이 난민, 310만 명은 망명 신청자다.

다른 많은 사람들과 마찬가지로 나도 예멘, 시리아, 미얀마, 그리고 기타 지역에서 꾸준히 들어오는 소름이 끼치는 뉴스를 보고 읽고 있다. 하지만 사람들이 겪는 고통, 가슴 아픔, 그리고 폭력의 정도와 규모를 이해하기는 어렵다. 잠시 충격을 받기는 하지만 그만큼 또 쉽게 무뎌진다. 사진가이자 비평가인 수전 손택Susan Sontag은 '이미지의 포화, 아니 고도로 포화 상태를 이룬 세상에서 마땅히 주목해야 할 문제의 중요성이 반감되는 효과가 있다. 우리는 점점 더 무감각해진다. 결국 우리가 그 이미지들을 보고 느끼는 것은 점점 더 줄어들고, 양심의 가책도 덜 느끼게 된다'고 말했다. 가끔은 단 하나의 이미지가 세상을 움직여 행동하도록 공감의 물결을 만들어내는 역할을 한다. 터키의 기자 닐뤼페르 데미르Nilüfer Demir가 찍은 세 살배기 아일란 쿠르디Alan Kurdi의 주검 사진이 그런 사례 중 하나다. 아일란 쿠르디는 쿠르드계 시리아 난민으로 2015년 9월 지중해에서 익사해 터키 해변에서 발견되었다. 하지만 전반적으로 끔찍한 이미지들은 휙휙 넘어가고 충격적인 통계는 주검들처럼 거의 주목받지 못하면서 첩첩이 쌓인다.

끝이 없어 보이는 양의 정보가 우리 손끝으로 가능해져서 세상에서 벌어지는 각종 사건을 그 어느 때보다 더 많이 알 수 있게 된 시대이지만 그에 대한 이해와 정서적 교감은 놓치고 있다. 사실 수치와 데이터의 시각화, 그리고 역사적 비교는 우리에게 있는 그대로의 현실을 전하지만 우리는 체화되지 않은 이해를 하게 된다. 타인의 곤경과 어려움에 연민을 가질 수 있지만 보도의 질이 어떻든 그 상황의 규모와 정도를 파악하기 힘들고 진정으로 공감하기가 어렵다.

우리는 타인과 떨어져 세상에 살기 때문에 공감이 중요하다. 타인의 관점에서 세상을 이해하면 갈등, 오해, 그리고 편견을 줄일 수 있다. 공감 없이는 우리 자신을 행동하도록 동원하기가 힘들고, 그렇게 집결시킬 방법이 없으면 대처 방안을 공식화하고 소통하기가 어려워질 수 있다. 그래서 정책입안자들도 경험이 필요하다.

난민 모의 체험

방대한 넓이의 쿠이칭Kwai Tsing 컨테이너항에 쌓여 있는 수천 개의 선적 컨테이너는 홍콩이 선박업에서 얼마나 중요한지를 보여주는 증거다. 전 세계로 상품이 오가는 홍콩에서 크로스로즈 재단Crossroads Foundation이 시작되었다. 1995년 중국 북부를 휩쓴 파괴적인 홍수의 여파 속에서 홍콩에 거주하던 맬컴 벡비Malcolm Begbie와 샐리 벡비Sally Begbie는 홍수로 집을 잃은 200만 명의 이재민을 위해 안 입는 옷을 모으기 시작했다. 처음에는 옷을 모아 19개의 종이 상자에 넣어 화물로 보냈는데 일이 금방 확대되었다. 상품 구입에 열정적인 도시 홍콩에는 '중고품 문화'가 거의 없었지만 벡비 부부는 금세 2차로 상자 72개를 더 보내고 나서 3차 물건까지 보냈다. 그러고는 마지막으로 안 입는 의류와 침구를 넣은 상자 250여 개를 보냈다.

크로스로즈 재단의 작업은 오늘날에도 계속되고 있다. 그들은 여전히 홍콩과 다른 지역에서 온 물건을 그들의 온라인 글로벌 핸드Global Hand

시스템을 통해 전 세계로 보내고 있다. 재단 설립 10주년을 맞이했을 때 크로스로즈 재단은 특급 호텔에서 경축 행사를 여는 대신 홍콩 주민들에게 재단이 설립되어 활동하는 이유를 보여주기로 했다. 지금은 맬컴과 샐리의 아들 데이비드 벡비David Begbie가 크로스로즈 재단을 운영하고 있는데, 벡비 부부와 데이비드는 다음과 같은 질문을 스스로에게 던졌다고 한다. '만약에 사람들을 이곳으로 데려와 소지품을 모두 빼앗아버린다면 어떨까? 대신 망치와 못을 쥐어주고 빈민촌을 짓게 해본다면? 그들을 땅바닥에서 잠자게 하고, 손으로 음식을 먹으며 단 하루 동안이라도 바위를 쪼개어 길을 만들게 해본다면 우리가 돕는 사람들의 삶이 어떤지 아주 일부라도 그들이 느끼게 할 수 있지 않을까?'[2] 이렇게 전 세계에서 빈궁하게 사는 이들의 입장이 되어보는 체험 프로그램을 만들어보자는 아이디어가 탄생했다.

20만 명 이상이 참여한 이 모의 체험을 나도 경험했다. 2019년 5월, 내가 탄 버스는 홍콩을 벗어나 구불구불한 길을 달리고 있었다. 버스는 선적 터미널을 지나 이전 구르카인들의 막사 지역으로 향했다. 그곳에 크로스로즈 본부가 있었다. 그때는 앞으로 무슨 일이 벌어질지 전혀 몰랐다. 데이비드는 나와 다른 체험 참가자 열두 명에게 거의 아무 말도 해주지 않았는데, 금세 그게 의도적이라는 것을 깨달았다. 무슨 일이 일어날지 모른다는 것이 이 모의 체험의 핵심이었는데, 참으로 적절했다. 피난민과 가난한 사람들도 앞으로 무슨 일이 일어날지 전혀 모르는 상황에 처하게 된다. 앞으로 24시간 동안 우리는 그들의 삶을 경험해볼 터였다. 차이점이라면, 우리는 단지 24시간이지만 피난민에게는 장기적인 생활이 된다는 것이다.

짧은 설명이 끝나고 우리는 서둘러 아무런 표식도 없는 문을 통과해 커다란 창고 안으로 들어갔다. 군복을 입은 위협적인 남자들은 우리에게 오늘 밤 집을 떠나야 하지만 안전하게 지낼 거라고 말했다. 우리는 '세트' 모퉁이 부근의 임시 캠프로 인솔되었다. 그곳에서는 총을 들고 있는 수상한 군인들이 우리의 이름과 어디에서 왔는지 캐물었다. 그들은 우리에게 질문을 퍼부은 뒤 먼저 가족으로 설정된 우리 그룹 사람들을 모두 갈라놓았다. 창고 안은 헬리콥터 소리, 박격포의 굉음, 고통에 찬 비명 소리가 가득했고 분위기는 혼란스러웠다. 우리는 계속해서 세트 안을 이리저리 이끌려 돌아다녔고, 이윽고 군인들이 우리 시계와 전화기를 모두 가져가버렸다. 몇 분 지나지 않아 내 눈은 앞의 땅바닥만 쳐다보고 있었다. 위로 올려다보면 왠지 이목을 끌까 두려웠기 때문이다. 얼른 다른 사람들을 살펴보니 모두 다 비슷한 작전을 펼치고 있었다. 우리는 곧 임시 텐트로 배정되어 들어갔고 불이 꺼졌다. 하지만 군인들의 괴롭힘이 계속되었다. 그러다 갑작스러운 꽝 하는 소리에 깜짝 놀랐다. 불이 다시 켜지고 군인이 땅바닥의 시체를 가리키며 마구 고함쳤다. 어느새 나는 감방에 갇혀 있었고, 누군가가 내 이름을 묻자 그만 얼어버렸다. 24시간 동안의 새로운 신분을 받았는데, 스트레스가 심한 상황에 처하니 백지상태가 되어버린 것이다. 그때 내 목에 둔탁하고 차가운 총구멍이 느껴졌다.

　다음 45분 동안은 3일 밤낮 주기로 일어나는 일을 반복 체험했다. 이윽고 모의 체험이 끝났음을 알리는 데이비드의 목소리가 들렸고 우리는 군 지도자의 접견실같이 꾸며진 방으로 이동했다. 의자에 앉자 곧 데이비드가 와서 설명을 했다. 그다음 몇 시간 동안 우리가 체험할 모든 것에 대한 보고였는데, 금방 우리에게 일어난 일에 대한 우리의 반응, 그러한 사실에 대한 탐구, 비슷한 상황에 처한 사람들이 전한 이야기, 그리고 그런 경험이 개인 또는 직업인으로서 우리에게 영향을 미치는 방식에 대해 숙고해보라는 권고도 포함되었다. "당신은 여정 중에 아내를 잃어버렸습니다. 그런데 전화기가 없어요. 인터넷을 사용할 수도 없죠. 그러면 어떻게 아내를 찾겠습니까?" 조금 전에 전화기를 주고 그 대가로 내가 감방에서 풀려난 것을 생각하면, 참 이상한 질문이라는 생각이 들었다. 그런데 정말 그런 상황이라면 어떻게 아내를 찾아야 할까?

이처럼 집을 잃게 되고 난 후 겪는 일을 경험하고 후속 보고를 듣는 시간도 가진 다음 각 '가족'들은 종이 상자, 골진 플라스틱, 그리고 허접스러운 방수포 조각으로 자신이 머물 쉼터를 만들러 갔다. 집에서 쫓겨난 충격 이후 무슨 일이 일어나는지에 대해 좀 더 알 수 있는 상황, 새로우면서 위험한 삶의 방식이 펼쳐지는 단계를 체험해보는 것이었다. 데이비드는 우리에게 피난민들이 일반적으로 얼마 동안 난민 생활을 할 것 같으냐고 물었다. 순진하게도 우리는 3~4년이라고 대답했지만, 그의 대답은 평균적으로 거의 27년이었다. 그러니까 그날 저녁 우리가 만든 쉼터는 임시 거처였지만 난민들에게는 오랫동안 집이 될 곳이었던 것이다. 데이비드가 제안했듯 나는 내 나이에 27년을 더했다. 2제곱미터가 조금 못 되는 그 공간은 세계의 빈민촌 사람들이 일반적으로 거주하는 숙소의 크기인데, 그곳에서 내가 일흔네 살이 될 때까지 살 수도 있다는 의미였다. 한 세대는 고사하고 하룻밤을 보내기도 힘든 곳에서 말이다.

나중에 우리는 불을 피운 뒤 간단한 스튜를 끓여 손으로 먹어보라는 과제를 받았다. 그 과제를 수행하면서 피난민들에게는 따뜻한 음식이 거의 주어지지 않으며, 그것을 얻기 위해서는 대가를 치러야 할 수도 있음을 생각하게 되었다. 여성이 캠프 바깥으로 땔감을 구하러 나가면 종종 강간을 당한다고 한다. 그리고 남성이 그것을 막으려다 살해당하는 일도 자주 벌어진다. 창고 밖은 덥고 습했는데, 우리에게는 마실 물이 있어서 그나마 줄을 서서 물을 배급받지 않아도 되는 상황이었다. 유엔은 피난민들에게 하루 1인당 16리터의 물을 공급하려 노력한다. 이와 관련해 수만 명이 수용된 캠프에 물을 공급하는 일을 생각해보게 되었다. 기부자들은 자신이 기부한 돈이 '해결책'에 쓰이기를 바란다고 말하는데, 일단 물처럼 생존에 꼭 필요한 것을 먼저 난민에게 제공해야 하고 그런 다음에 그들이 원하는 방향으로 어떻게 기부금을 사용할지 고려할 수 있다는 점을 알지 못한다고 데이비드가 지적했다.

우리는 피난민 경험을 하면서 알게 된 사실 정보와 개인적인 일화의 많은 부분을 모의 체험의 각 단계가 끝날 때마다 데이비드와 공유했다. 크로스로즈 재단이 지원한 난민 캠프에서 데이비드가 만난 사람들의 이야기를 들었고 우리가 직접 들은 이야기도 있었다. 북우간다에서 걸려온 왓츠앱WhatsApp 화상통화로 데이비드의 친구인 데이비드 리빙스턴David Livingstone과 이야기를 나누었는데, 리빙스턴은 자신이 소년병이었을 때 겪은 일을 말해주었다. 그는 1987년 북우간다에서 조직된 우간다 반군 '신의 저항군Lord's Resistance Army'에 납치되어 소년병이 되었다. 데이비드 리빙스턴은 소년병들이 강제로 가족과 떨어져 납치되기 전에 입회 의례로 부모나 형제를 살해하라는 명령을 받는다고 이야기했다. 전쟁이 끝나고 고향으로 돌아왔을 때 데이비드는 주민들이 환대해줄 거라고 생각했지만, 오히려 첩자로 몰려 감옥에 투옥되었다. 그는 차가운 감방에서 아침에 일어나면 옆에서 자고 있던 동료 소년병이 얼어 죽은 모습을 발견하기도 했다고 말했다.

하지만 우리는 이 모의 체험을 하면서 들은 이야기나 일화, 개인의 생각, 사실을 통해서보다 우리가 겪은 경험을 타인의 삶에 어떻게 관련시킬지를 생각하며 많은 것을 배웠다. 그날 저녁 음식과 시계를 바꾼 탓에 몇 시가 되었는지 알 수가 없었다. 새벽 4시쯤 신문으로 만든 침상에 항공사 담요를 덮고 누워 어떻게든 편안함을 느껴보려 애쓰다가 데이비드가 해준 말을 생각해보았다. 봉사자들은 난민들이 캠프에서 잠을 잘 때 스트레스를 많이 받아 얕은 잠을 잔다고 말했다. 난민들은 트라우마 때문에 깊이 잠들지 못하며 비통에 찬 울부짖음은 끔찍한 꿈의 배경이 된다고 했다. 대조적으로 나는 그런 걱정은 거의 없었다. 딱딱하고 불편한 콘크리트 바닥 탓도 있지만 시차도 잠들지 못하는 데 큰 역할을 했다. 그리고 우리가 머무는 쉼터는 냉방도 되는 비교적 편안한 곳이었다. 나는 대규모 난민 캠프의 공포로부터는 멀리, 그리고 내가 원래 있던 곳에 가까이 있었으며 새로운 날이 시작되기를 기다리고 있었으니 더 이상 생각을 하지 않아도 되었다.

다음 날 아침 다시 불을 지펴 묽고 맛없는 죽을 만들면서 무슨 이유에서인지 문득 떠오르는 생각에 대해 사람들과 토론을 했다. TV에서 난민을 보면 그들이 캠프에서 생활하는 방식에 대한 훈련을 받았거나, 그저 불편하고 거친 삶에 자연스럽고 능숙하게 적응한다고 생각하기 쉽다. 그들이 사는 쉼터는 견고하고 질서가 잡혀 있으며, 불을 피우거나 요리를 하는 기술도 숙련된 것처럼 보인다. 하지만 사실 그들은 새로운 삶의 방식에 맞춰 살기 위해 엄청난 변화를 겪어야 한다. 고국에서는 좋은 직업을 가지고 있었고 냉방이 되는 아파트에 먹을 것이 가득 채워진 냉장고, 그리고 그 밖에 집이 주는 편안함을 누렸지만 모두 두고 떠나야 했다. 시리아 난민들은 지금 그들이 살게 된 삶에 대한 훈련을 전혀 받지 못했다. 모의 체험에 참여하면서 우리가 바꿔야 했던 것은 난민의 생활에 비하면 정말 미미한 변화였을 뿐이다. 그리고 보니 난민들과 그들의 현재 삶의 방식은 그들에게도 한때는 전적으로 낯선 것이었다는 점을 상기하게 되었다. 그렇게 깨닫는 게 너무나 당연한 것 같지만 막대를 숟가락 삼아 귀리죽을 입에 넣기 전까지는 단 한 번도 그런 생각을 해본 적이 없었다.

모의 체험 둘째 날은 고되기는 했지만 어느새 상황에 익숙해졌다. 경험에 노출되고 그에 대한 보고와 설명을 들으니 상황을 재구성하게 되었다. 그러나 상황을 새롭게 이해하게 된 토대는 바로 우리가 겪은 경험의 육체적 특징이었다. 우리가 이해하려 노력하는 삶과 똑같은 육체적·감정적 상태로 우리를 밀어넣고 유연하게 만드는 것은 바로 이 경험이었다. 나는 피곤하고, 더럽고, 배고프며 질질 끌려다니느라 완전히 지친 기분이었다. 결코 전통적인 지식 습득 모델의 목적에 적합하지는 않지만 내 몸은 유연하게 해당 정보를 받아들일 준비가 되어 있었다. 타인의 삶을 이해하는 데 완전히 최적화되어 있었던 것이다.

그 24시간 동안 나는 타인의 삶, 해결책과 계획, 애초에 문제를 만들어낸 조건에 대해 많은 것을 배웠다. 크로스로즈 재단의 프로그램 「글로벌 엑스피리언스Global X-perience」는 '부자와 가난한 자 사이의 교차로' 역할을 하도록 디자인되었다. 이 프로그램에 참여해 나는 맨 처음 집을 잃게 되었을 때부터 삶에 안정을 찾으려 시도하는 것까지 난민의 삶이 가진 수많은 국면을 탐색했다. 또한 전 세계의 가난한 사람들에게 지대한 영향을 미치는 후천성면역결핍증후군HIV/AIDS, 실명 등과 같은 질환에 대해서도 알아볼 수 있었다. 모든 모의 체험은 우리가 할 경험을 먼저 체험한 사람들이 직접 전달해주거나 디자인 단계에서 참여한다.

다보스에서 매년 난민 모의 체험의 한 시간 버전을 실시하고 있는데, 이 프로그램은 다보스에서 열리는 모임 중 카나페와 샴페인이 제공되지 않는 몇 안 되는 행사일 것이다. 전날 개인 전용기로 다보스에 날아온 사람들이 한 시간 동안 난민이 되어보는 체험을 한다는 것과 이 프로그램의 존재 자체를 비판하는 목소리가 있다. 얼마든지 일어날 수 있는 반응이지만 그들은 핵심을 놓치고 있다. 인도주의 구호단체의 활동가들은 난민 캠프와 분쟁 지역에 접근하기가 어렵다는 점을 인정한다. 복잡한 대규모의 캠프를 돌아보는 프로그램을 디자인한다는 것은 방문자에게 위험하고 현장에서 일하는 팀에 방해가 될 수 있다. 다보스 포럼은 종종 행동은 없고 말만 무성한 곳으로 일축된다. 하지만 유엔 난민고등판무관실의 필리포 그란디Filippo Grandi는 2017년 모의 체험에 참여한 사람들에게 다음과 같이 말했다. "제가 이곳에 와서 여러분에게 할 모든 말을 여러분은 금방 체험했습니다."

수많은 학교, 비즈니스, 기타 다양한 기관이 연중 내내 글로벌 크로스로즈의 모의 체험을 하는데, 그 영향력은 확실하다. 아시아 전역에 4,000여 개의 공장을 보유한 전 지구적 규모의 패션 비즈니스는 전 세계의 공급망을 다시 디자인했다. 다수의 자선단체와 학교가 세워졌고 사람들의 삶이 개선되었다. 데이비드는 두 가지를 확신한다. 하나는 이 체험을 통해 공감한 참가자들은 맨 처음에 떠오르는 해결책으로 돌진하기보다 더 나은 질문을 할 수 있게 되었다는 것이다. 또 다른 하나는 '사람들이 지속적으로 어떤 문제에 관심을 가지고 참여하려면 그것이 내부에서 불타올라야 한다'는 것이다. 데이비드는 이렇게 주장한다. "어떤 사람에게 양심의 가책을 느끼게 해서 한 번 기부하게 만들 수 있습니다. 동료가 기부하도록 해서 수치심을 느낀 나머지 기부를 하게 할 수도 있지요. 하지만 진정한 참여를 유도하려면 가슴으로 느끼게 해야 합니다. 이 모의 체험이 특별한 이유는 이것을 통해 공감이 가능해지기 때문입니다."

제대로 잠을 자지도 못한 상태에서 온수 샤워를 바라며 카오룽으로 돌아가기 전에 나는 데이비드와 마지막으로 이야기를 나누었다. 300만 명 이상의 난민이 있는 터키는 심각한 사회 불안정이 야기될 수 있는 상황이다. 글로벌 크로스로즈는 터키에 영구 체험소를 열어달라는 요청을 받았다. 이제는 나란히 살아야 하는 두 집단인 난민과 터키 국민들이 서로에 대해 깊이 있게 이해할 수 있는 기회를 마련하기 위해서다. 글로벌 크로스로즈는 많은 터키 사람들이 난민 체험을 한다면 정치 지형의 변화에 도움이 될 수 있다는 점을 수긍한다.

더러운 신발을 신은 외교 대사

지난 3년간 영국, 브뤼셀, 그리고 그 주변 지역에서 피할 수 없는 논란 중 하나는 (만약에 실행된다면) 브렉시트Brexit(영국의 유럽연합 탈퇴 문제)의 원인과 앞으로 가능한 양상에 관한 문제였다. 브렉시트 문제의 특징은 사실과 감정, 전문가와 일반인, 무역처럼 구체적인 문제와 주권이라는 개념적 아이디어 사이에 논쟁이 벌어졌다는 것이다. 이 모든 일이 벌어지는 동안 유럽 각국의 수도에서 활동하는 외교관들은 이런 논쟁을 제대로 파악하여 자국 정부에 유용한 조언을 하려고 애썼다.

영국 주재 네덜란드 대사인 사이먼 스미츠Simon Smits도 그런 외교관 중 한 명이다. 체구는 작지만 모험심이 강한 스미츠는 개인적으로 영국이 유럽연합을 떠나게 될 경우 영국과 네덜란드의 무역 관계는 어떻게 될지 이해하고 싶었다. 무역정책은 복잡하기로 악명 높으며 협상은 수십 년이 걸릴 수도 있다. 유럽연합 내에서 마찰 없는 무역의 시대에 살다가 불확실성의 시대로 돌입하면서 스미츠는 자신이 특별한 전문성이나 지혜를 가지고 있다고 생각지는 않지만 현장에는 문제를 이해하는 효과적인 접근법이 있을 거라고 생각했다. 그는 화물트럭의 높은 운전석을 그 방법으로 떠올렸다.

스미츠는 화물 수송 트럭을 타본 적이 있었다. 옥스퍼드 대학에서 공부하던 시절 그는 부모님이 사는 네덜란드에서 런던으로 돌아갈 때 화물트럭 히치하이킹을 하곤 했다. 운전기사들은 담배 몇 갑과 말동무를 얻는 조건으로 기꺼이 스미츠를 태워주었다. 브렉시트 문제로 국민투표가 실시되었을 때 스미츠는 다시 한 번 화물트럭을 타봐야겠다고 생각했다.[3] 요즘은 화물이 어떤 식으로 수송되는지 알아보고 싶었기 때문이었다.

그래서 스미츠는 롤스로이스 항법 엔진을 수송하는 화물트럭 히치하이킹을 했다. 네덜란드의 스키폴 공항에서 런던의 히드로 공항을 거쳐 스코틀랜드로 화물을 운송하는 여정이었다. 그는 여행의 단계마다 흥미로운 것을 관찰하고 경험할 수 있었다. 칼레에서 세관 직원이 어리둥절해하며 잠시 트럭을 정차시켰는데, 그 일 때문에 일정이 조금 지체되었다. 스미츠는 이렇게 말했다. "칼레의 여권 창구에서 45초 정도 지체되었던 것 같아요. 세관 직원들은 내가 갖고 있는 외교관 여권을 보더니, 외교대사가 화물트럭 조수석에서 뭘 하고 있냐고 물었어요." 스미츠는 마찰 없는 국경 경험을 시도했지만 외교관 신분인 그가 화물트럭 조수석에 앉아 있다가 생긴 작은 소동으로 괜한 주목을 끌게 된 셈이었다.

트럭 운전사는 스미츠에게 칼레에 있는 '정글' 난민 캠프를 통과할 때 사람들이 그의 트럭에 타려고 달려들면서 트럭에 생긴 움푹 들어가고 찌그러진 자국들을 살펴보라고 했다. 그때 스미츠는 유럽연합 내 국경 없는 세상에 버티고 있는 삼엄한 국경의 존재를 뼈저리게 느꼈다. 프랑스에 있는 난민들이 영국으로 가려 한다는 것을 알고 있기는 했지만 그건 외교정책 문서상의 건조한 사실로만 인지한 것이었다. 화물트럭을 직접 몰며 영업하는 운전사의 입장이 되어 호된 경험을 해보니, 그것이 어떤 것인지 실제로 이해되었다.

스미츠는 그날 여덟 시간 정도 화물트럭 운전사와 함께했다. '그들의 삶, 문제점, 그들이 직면한 어려운 점' 등을 느껴보기에 충분한 시간이었다. 스미츠는 히드로에서 내렸다. 그가 런던 중심부의 사무실로 돌아가는 동안 운전사는 스코틀랜드로 가기 전에 휴식을 취했다. 스미츠는 런던의 사무실이 자신의 외교 활동에서 주 무대가 되는 것을 기피한다. 그의 사무실에서는 켄싱턴 가든의 앨버트 기념비가 내려다보인다. 스미츠는 생각이 같은 사람이나 동료들과 이야기를 할 때면 그 멋진 풍경이 같은 마음 상태인 사람들과 함께하는 일종의 거품 같은 곳으로의 도피를 어느 정도 부추길 수 있다는 것을 알고 있다. 그 거품 안은 아주 편안할 수 있지만, 거기에 있다 보면 다른 곳에서 오는 신호를 놓칠 수 있다.

이와 대조되는 이야기는 1970년대 말 영국 외무성의 최전선이랄 수 있는 테헤란에서의 경험을 들 수 있다. 1979년 이란 혁명이 일어난 후 이란의 이슬람교도들은 서방의 지원을 받는 팔레비 국왕의 세속 정부를 전복시키고 당시 77세의 시아파 최고지도자 아야톨라 호메이니Ayatollah Khomeini가 이끄는 신정 체제를 확립했다. 영국 외교관들이 팔레비 국왕의 실각을 예측하지 못한 이유를 알고 싶었던 영국의 외무장관 데이비드 오웬David Owen은 내부 조사를 의뢰했다.[4] 국왕의 실각은 석유 왕국이라는 핵심 동맹을 상실했음을 의미하는 것이기 때문이었다.

이 보고서는 기밀로 작성된 지 30년이 지난 후 최근 '30년 통치thirty-year rule'라는 제목으로 발간되었다. 보고서는 영국이 이란 국왕과 그의 측근을 이해하기 위해 무엇에 초점을 맞추었는지를 말해주는데, 팔레비 정권에 위협을 가한 다른 세력의 존재를 간과했다는 것을 밝혔다. 「30년 통치」는 또한 영국이 왕의 인기를 과대평가하고, 점점 커지는 반대파의 견인력은 과소평가했음을 지적했다. 그중 두드러지는 한 가지는 영국이 이란의 사교계나 비즈니스 이외의 영역에서 무슨 일이 벌어지고 있는지에 대해 정확한 정보를 얻지 못하고 있었다는 것이다. 이런 비판의 진실성을 인정하기라도 하듯, 혁명 이후 이란에 주재했던 어느 전직 대사는 씁쓸하게 다음과 같이 말했다.[5] "직원들이 사무실에 들어오면 나는 항상 그들의 신발이 더러운지 살펴보았습니다. 지저분하지 않다면 그건 대사관 밖으로 나가 사람들을 만나고 다니지 않았다는 거죠."

이란 혁명 보고서는 오늘날 중동의 정치 상황을 생각하며 보고서를 읽은 영국의 고위 외교관이 던진 질문을 깊이 고민한다. '당신이 살피고 보고하는 나라가 혁명 상황에 돌입하고 있는지를 어떻게 말할 수 있겠는가? 예의 주시해야 할 징후는 무엇인가?' 스미츠와 영국 외무성 외교관들이 이 질문에 부분적으로 답을 준다. 대사관 벽 뒤로 숨지 말고 세상으로 나가라. 영국 외무성은 격변하는 중동 정세와 관련해 앞선 질문을 던졌지만 현재 영국의 정치적 지형도 유사하게 격렬한 상황이다. 이런 일이 생길지 어떻게 알 수 있을까?

감정 측정하기

영국의 시인 W. H. 오든W. H. Auden은 1939년 잉글랜드에서 미국으로 이주한 직후 「무명 시민The Unknown Citizen」이라는 시를 발표했다. 그 시는 한 남자의 묘비명인데 그가 접촉한 기관과 기업을 통해 묘사된다. 오든은 이 무명 시민의 모습을 다음과 같이 그린다. 신문 발행자들은 이 시민이 그들의 신문을 샀고, 신문사가 싣는 광고에 대한 그의 반응을 신뢰도가 높게 예측할 수 있다고 생각한다. 여론조사 연구자들은 적절한 보험에 드는 일의 중요성이나 그날의 전쟁과 같은 정치적 문제에 대해 느끼는 감정 등 무엇이 되었건 이 시민의 견해를 식별하고 추적할 수 있다. 그리고 각종 국가기관은 사회가 얼마나 질서 잡혀 있는지에 대해 이 시민이 느끼는 전반적인 만족도를 이해할 수 있는 능력을 그들이 보유했다는 점에 안도하고 있다.

정부의 감시 정도에 대한 비판은 어떤 면에서 사회보장번호 'JS/07/M/378'로 표현된 이 모범적인 시민의 평범한 삶에 대한 풍자다. 이 시민은 사야 할 것을 사고, 올바른 견해를 가졌으며, '우리는 분명히 그렇게 들었어'라는 식의 화제의 대상이 된 적도 없다. 그러나 이 시는 국가의 통계를 통해 알려지는 것의 한계도 암시하고 있다.

미국 대선에서 도널드 트럼프가 당선된 충격적인 결과와 2016년 영국의 브렉시트 국민투표에서 탈퇴 캠페인을 이끈 단체 '보우트 리브Vote Leave(탈퇴에 투표하세요)'의 승리 같은 최근의 정치적 격변은 이런 사건들이 어떻게 하면 예측되었을 수도 있었을까에 대한 의문을 제기했다. 이 일련의 사건들은 여론조사는 더 이상 효과가 없다는 주장에 이용되곤 했지만, 그럴듯한 주장이긴 하나 사실은 그렇지 않다. 입소스 모리Ipsos MORI의 벤 페이지Ben Page를 위시한 유명 여론조사 기관은 여론조사의 정확도가 점점 떨어진다는 주장에 동의하지 않는 독립 학술 단체의 연구에 주목한다.[6] 페이지는 이렇게 말한다. "지난 10년 동안 눈에 띌 정도로 여론조사의 오류가 상승한다는 기류는 찾아볼 수 없습니다. 오류의 폭이 오르내리기는 하지만 말입니다."

지난 10년간 여론조사 방법은 엄청나게 변했다. 예를 들면 1990년대 후반에 인터넷 기반 여론조사가 시작되었는데, 그때 이후 극적인 개선이나 품질 저하는 없었다. 그러나 여론조사 회사들은 뇌파를 읽거나 GPS 추적 기구를 사용해 마을과 도시에서 사람들의 움직임을 이해하고 뇌 영상 기법 등을 이용해 사람들의 감정 변화를 이해하는 등 고도의 기술을 포함해 다양한 방법으로 여론조사를 강화하고 있다. 페이지에 따르면 이런 것들을 결합한 접근 방식은 여론조사의 정확도를 10퍼센트 정도 높인다.

여론조사에서 일어난 혁신 중 하나는 사람들의 감정의 깊이를 더욱 잘 이해하기 위해 노력해온 것이다. 어떤 사람이 정말로 투표할 의도가 없으면서 투표하겠다는 의사를 명시하는 것은 여론조사의 결과에 거의 아무런 의미가 없다고 익히 알려져 있다. 페이지는 자신의 회사가 '암묵적 반응 시간Implicit Reaction Time'이라고 부르는 뇌과학 접근 방식을 사용하고 있다고 말한다.[7] '암묵적 반응 시간' 방식에서는 질문에 대답하는 속도가 감정의 강도를 나타내는 지표가 된다. 브렉시트에 대한 국민투표는 여러 가지 면에서 이전 선거에서는 거의 투표하지 않은 사람들이 투표에 참여해서 나온 결과였다. 보우트 리브 캠페인 측은 감정적 문제에 격앙된 사람들의 강렬한 감정에 호소하는 메시지를 끈질기게 돌렸다. 많은 경우 감정은 사실을 이긴다.

여론조사가 빗나갔다는 주장을 반박하는 증거가 있는데도 여론의 복잡성을 여론조사가 포착하지 못한다는 인상은 여전히 남아 있다. 정치인·정책입안자의 삶과 대중의 삶이 이분화되는 현상은 점점 더 늘어나고 있다. 경제학자 앤드류 딜노트 경Sir Andrew Dilnot의 연구가 보여주듯, 1963년부터 2013년 사이 영국의 소득 격차는 점점 더 벌어지고 있다. 고소득자와 저소득자 사이의 틈이 더욱 넓어진다는 의미다. 그 결과 영국 사회에 '평균적인 경험'이 있을 거라는 정서가 소멸되었다. 정치자문가 린턴 크로스비Lynton Crosby가 지적하듯, 우리 모두는 우리가 '정상'이라고 생각하는 경향이 있지만 숫자는 다른 이야기를 한다. 우리의 삶은 타인의 삶과 다르다. 주류 정치의 서사와 사람들의 매일의 관심사가 판이하게 달라 보이는 때에 이해를 통해 간극을 메우는 것이야말로 그 어떤 일보다도 절실하다.

지난 20~30년 동안 정치인과 정책입안자들은 시종일관 권리와 자격에 대한 차갑고 이성적인 이야기를 했다. 그들은 세계화의 장점과 다자주의의 이점을 주장했다. 기술 관료적이고 정치적이며 원론적인 서사는 소속감, 정체성, 감정을 배제했다. 정치적 서사가 이런 특징을 갖는 것은 많은 부분에서 사회를 설명할 때 쓰이는 모델의 자리를 경제학이 장악하고 우리 삶의 많은 영역에 침투했기 때문이다. 기술 관료적 관점은 사실에 근거하며 세상을 설명하는 데 감정을 배제하려 노력한다. 그러나 사실에 근거해 사회를 기술하는 것은 정확할 수 있지만, 감정이 없는 사회는 거리감이 있고 무정하다. 이런 관점은 또한 타인의 현실을 포착하는 이야기로 보이지도 않는다. 사회학자 윌리엄 데이비스는 감정에 치우치지 않은 공정한 관점에 접근할 수 있다는 전문가의 주장은 '평범한 사람'이 획득하기에 너무나 어렵기도 하고, 그렇기 때문에 타인의 삶과 아주 거리가 먼 것으로 보이게 한다는 점을 명확하게 밝혔다.[8]

사회를 이끄는 지도층이 타인의 삶의 경험을 이해하기가 점점 더 어려워진다면 그것은 통계가 사람들이 하는 매일의 경험의 복잡성을 드러내지 못하고 있고, 그런 사실이 그들에게 도움이 되지 않는다는 것을 의미한다. 통계는 쓸모 있는 이야기를 들려줄 수 있지만 미세하게 결이 다른 인간의 이야기를 들려주는 데는 한계가 있다. 정책 입안을 하는 정치 계층이 대중을 이해하고자 할 때 사용하는 주요 수단은 여론조사와 표본 그룹에 그친다. 여기서, 서로 매우 다른 삶 사이의 간극을 메우는 방법에 대한 영감을 얻기 위해 아주 먼 옛날을 되돌아봐야 할 필요는 없다.

작가 조지 오웰George Orwell은 자신의 세계와 동떨어진 다른 세계를 이해하는 탁월한 기술을 완벽하게 터득했다. 그는 타인의 경험을 체화하기 위한 노력의 정점에 정신이 아닌 몸을 두었다. 20세기의 가장 저명한 정치 작가 중 한 명인 오웰은 가난을 이론적 단어가 아닌 직접 체험한 현실로 배워보기로 결심했다. 오웰이 가난을 이해하는 방식은 지적 정보 수집이나 이론화가 아니라 감정적이고 체화된 경험을 하는 것이었다. 오웰의 전기 작가 버나드 크릭Bernard Crick은 다음과 같이 썼다. '오웰은 부랑자와 똑같이 거친 삶을 살았다. 몇 실링 이상은 지니고 다니지 않았고, 가진 것을 모두 다 합쳐도 몇 파운드가 안 되었다.'[9]

오웰은 몇 차례 가난한 사람들과 함께 생활했다. 처음에는 프랑스에서, 그다음에는 영국에서 살았는데 이때의 경험을 바탕 삼아 『파리와 런던 거리의 성자들Down and Out in Paris and London』을 출판했다. 오웰은 파리의 빈민가에 살면서 종종 며칠씩 굶었고 고급 호텔의 숨 막힐 듯이 더운 주방에서 일했다. 런던에서는 도시 주변의 빈민가에 머물며 그날 머물 곳과 먹을 것을 마련하기 위해 돈을 버는 '부랑자'의 삶을 살았다. 오웰이 이야기하는 굶주림이 특히 강렬한 이유는 그가 기꺼이 인정했듯 이튼Eton에서 교육을 받은 식민지 시대 공무원의 아들이 생애 처음으로 극심한 굶주림의 고통을 경험했기 때문이다.

> 굶주림 때문에 사람은 완전히 줏대 없고 모자란, 무엇보다 독감을 앓고 난 후 후유증에 시달리는 상태처럼 된다. 마치 해파리로 변한 것 같고, 온몸에서 피를 다 뽑아내고 대신 미지근한 물을 채워 넣은 것 같은 모습이다. 배고픔을 떠올리면 생각나는 것은 완전한 무기력감이다. 그리고 자주 침을 뱉게 되는데, 이 침은 희한하게도 거품처럼 하얗고 솜털 같다.[10]

런던에서는 부랑자 생활로, 그리고 파리에서는 저임금 접시닦이로 일하며 겪은 굶주림은 이론적 관심이 아닌 몸으로 하는 직접적인 경험이 되었다. 오웰은 사회가 가난한 사람들을 어떻게 대하는지에 대해 많이 생각하고 관찰했는데, 옷이 그 경험의 중심이 되었다. 그는 런던의 월워스 거리Walworth Road의 중고품 가게에서 따뜻한 외투를 사는 일에 대한 글을 썼다.[11] 새 옷이 어떻게 그를 즉시 새로운 세상으로 데려갔는지, 그리고 새 옷을 차려입은 그를 사뭇 다르게 대하는 부유한 사람들에 대해 이야기했다. 오웰은 옷을 다르게 입으면 평행우주로 옮겨진다는 것을 알게 되었다. 더럽고 냄새나는 우주에서 살던 그가 보통은 갈 수 없는 우주로 말이다.

오웰과 동시대를 살았던 저술가 잭 커먼Jack Common은 다음과 같이 말했다. '오웰은 다른 블룸즈버리 그룹 지식인들과 달랐다. (……) 그는 이방인이자 반항아, 부랑자였다. 오웰은 가난의 밑바닥 세계에 살면서 글을 썼다.'[12] 조지 오웰은 오랫동안 가난과 멸시, 그리고 좌절을 경험한, 발버둥치는 작가였다. 그러면서 그는 가난한 사람들의 세상에 한층 가까워졌다. 하지만 그는 스스로 부랑자가 되었다기보다 그저 가난한 사람들 속에서 살았다고 말했다. 그렇게 함으로써 오웰은 특권을 누리면서 성장하며 갖게 된 편견에서 자유로워졌다고 믿었다. 오웰이 작가로서 지속적으로 인기를 누린다는 사실, 그리고 최근 들어 그의『1984』와『동물농장』이 급격하게 관심을 끄는 이유는 그가 거리에 살면서 깨닫게 된 사람들에 대한 심오한 통찰 때문이라는 것이 자명하다. 오웰은 추위와 배고픔, 빈대와 더러운 환경을 감내하며 자신의 출신 계층과 거리가 먼 사람들의 세상을 체화했다. 극단적인 사례이긴 하지만 조지 오웰은 타인의 정치적 세상이 어떻게 보이는지를 이해하는 데 체화된 방식을 실천한 하나의 모델이다.

몸적으로 접촉하다

오웰이 하층민의 삶을 직접적이고 본능적으로 경험한 것은 그의 글쓰기에 지대한 영향을 미쳤다. 그럼에도 불구하고 이후 오웰은 정치 무대에서 활약하거나 정책 입안에 관여하지 않고 작가이자 언론인으로 남았다. 그런데 최근 들어 정책입안자와 대중 사이의 간극이 많은 주목을 끌고 있다.

클린턴과 오바마 행정부 시절 백악관 경제 고문으로 일했고 현재는 하버드 대학교의 경제학자인 래리 서머스Larry Summers는 '해안가 엘리트coastal elite'(교육 수준이 높고 경제적으로 부유한, 미국 서부 해안과 북동부 해안에 거주하는 사람들 - 옮긴이)의 전형이다. 도널드 트럼프 같은 포퓰리스트들은 해안가 엘리트의 세계관이 고립되고 학문적이기만 하다고 비판한 바 있다. 하지만 서머스는 직업상의 훈련과 경력이 자신에게 심어준 세계관에 대해 솔직하다. 그는 자신이 오랫동안 '통계 데이터에 적합한 모델'을 통해 세상을 보았다는 점을 순순히 인정한다.

그런데 2018년 여름 서머스는 시카고에서 포틀랜드까지 3,200킬로미터를 자동차로 여행하면서 놀라운 통찰을 얻었다. 이 여행에서 그는 차선이 많은 고속도로가 아닌 2차선 도로로만 달렸다. 서머스와 그의 아내는 대평원과 로키 산맥을 거쳐 미국의 소도시를 통과했다. 서머스 부부는 좀 더 큰 도시인 아이오와 주의 더뷰크Dubuque, 와이오밍 주의 코디Cody, 몬태나 주의 보즈먼Bozeman도 지나갔다. 더 크다고 하지만 이런 도시들조차 일반인에게 익숙한 이름이 아니다. 그들은 앞으로 80킬로미터 이내에 사람이 거주하는 곳이 없으니 주유소에서 기름을 가득 채우라는 표지판을 무수히 지나쳤다. 서머스 부부는 유령도시와 버려진 호텔과 카페를 지나쳐갔다. 이후 2018년의 자동차 여행을 회상하면서 서머스는 '그 여름휴가에서 나는 미국의 나머지를 발견했다'[13]고 결론지었다.

서머스와 그의 아내는 간단하지만 커다란 울림을 주는 것들을 포착했다. 그의 고향인 코네티컷 주와는 동떨어진 주제를 언급하는 표지판이 많았다. 낙태를 반대하는 게시판, 교회의 저녁 식사 광고판, 사냥 클럽과 지역 축제 등을 알리는 것들이었다. 오랫동안 워싱턴 정가의 정책통의 세계에서 살아온 그는 그곳에서 사람들이 TV에서 보고 술집에서 이야기하는 주제가 정치문제가 아니라는 사실에 충격을 받았다. 사람들은 자기 지역의 문제를 이야기하고 전 지구적 문제보다 그들 삶의 방식이 붕

괴되는 것에 대해 논쟁하고 있었다.

서머스는 '경제를 이해하고 경제가 작동하는 방식을 아는 다른 방법이 있다'는 것을 깨달았다. 이런 관점이 단순하다고 비웃기는 쉽다. 그리고 서머스의 여행기를 실은 〈파이낸셜 타임스〉에는 그런 미국이 존재한다는 것을 깨닫기까지 왜 그렇게 오래 걸렸냐는 반문이 쏟아지기도 했다. 하지만 서머스가 지면을 통해 공개적으로 자신의 잘못을 시인한 점은 정직성의 측면, 그리고 '정책입안자의 소외' 현상에 대한 처방의 단순성 면에서 중요한 의미를 가진다. 그는 '어딘가 색다른 곳에 가보라'고 권한다. 이렇게 할 때 정책을 만드는 사람들이 얻는 이점은 단순히 다른 방법으로 세상을 이해할 수 있다는 것을 깨달을 뿐 아니라 타인의 삶이 그들의 삶과 어떻게 다른지를 제대로 인식하게 된다는 것이다.

해안가 엘리트들이 서머스와 그의 아내가 방문한 중부 미국을 언급할 때 종종 쓰는 표현이 '플라이오버 주Flyover States'다. 동·서부를 가로질러 비행한다는 의미가 담긴 이 표현은 '문화적으로 성숙한' 동부와 서부해안 사이에 위치한 지리적·문화적, 그리고 인구 통계적 배후 지역이라는 뜻도 가지고 있으며 가끔은 비하적 표현으로도 사용된다. 포퓰리즘의 부상에서 주목할 만한 특징 중 하나는 바로 이러한 지리적 차원에 그것이 깊은 뿌리를 가지고 있다는 점이다. 극명하게 대조되는 도시와 시골지역의 경제적 기회, 문화적 전망과 정치적 견해는 현재의 정치적 시간에 선명히 드러나는 공간적 차원을 부여한다. 서머스가 주장하듯 '그곳에 감으로써' 이런 거리를 극복하는 것이 중요하다. 체화된 접근을 해야만 사람들의 삶을 제대로, 깊이 있게 인식할 수 있다.

사회학자 조앤 윌리엄스Joan Williams는 도널드 트럼프의 2016년 대선 승리를 설명하기 위해 쓴 『백인 노동자 계급White Working Class』에서 사람들이 살아가는 방식에 박혀 있는 문화적 코드를 이해하는 것의 중요성을 지적한다.[14] 윌리엄스는 빌 클린턴을 '나의 세대가 낳은 천재 중 한 명'이라고 생각한다.[15] 클린턴은 아칸소 주의 작은 마을에서 태어났고 간호사인 어머니와 자동차 영업 사원이며 알코올의존증이 있는 의붓아버지 사이에서 자랐다. 직업적으로 관리 엘리트의 최고위직에 올랐지만 클린턴은 자신의 출신이나 백인 노동자 계층 문화가 강조하는 가치가 정치적 의견을 형성하는 데 중요하다는 것을 결코 잊은 적이 없다. 클린턴은 두 계층의 사회적 관례를 모두 이해했고 그 간극을 메우려 했다. 반면 그의 아내인 힐러리 클린턴은 그 점을 힘들어했다. 힐러리는 성평등을 주장하고 '유리천장'을 깨야 한다고 말했다. 그러나 윌리엄스가 보기에 유리천장을 깨는 것은 백인 노동자 계층 여성들의 관심사가 아니었다. 정치적으로 승리하려면 이런 사회적 신호를 잘 포착해야 하는데, 트럼프가 그 일을 해냈다. 장시간 동안 장래성 없고 지루하기만 한 일을 하면서 백인 노동자 계층은 '명령을 받는 자'가 되기보다 '명령하는 자'가 되기를 원한다. 트럼프의 TV 리얼리티 쇼 「어프렌티스The Apprentice」의 구호인 '당신은 해고야You're fired!'는 이를 완벽하게 구현한다.

대중 영합적 포퓰리즘이 인기를 얻는 이유는 여러 가지이지만, 그중 핵심은 포퓰리스트가 사람들의 느낌과 감정에 호소할 줄 아는 능력을 가졌다는 것이다. 그래서 세계화가 만들어낸 문제를 추상적 기술 관료의 언어로 진단하며 형성된 공허감 속에서 사실의 근거는 미약하지만 사람들의 감정을 인지하고 공감을 자극하는 문화적 코드를 인식하는 정치적 담론이 부상한 것이다.

우리가 좋아하건 싫어하건 간에 지금 이 순간은 사실이 감정만큼 효과가 좋아 보이지 않는다. 사실이 중요하지 않다는 것은 아니다. 다만 사람들의 일상과 현실을 제대로 이해하는 사실이 필요하다. 정책을 말할 때는 사람들이 직면하는 문제에 대해 그들이 공감하는 언어를 사용해야 한다. 데이비스가 말한 '지식의 추상적 목적'과 '사람들이 하는 매일의 경험'이 양분되었다.[16] '감정의 배제는 원래 (전문가와 정책입안자의) 권위에 매우 중요한 요소였지만 이제는 차갑고 이기적인 것으로 간주되며 오히려 그들을 공격'하고 있다. 서머스가 미국 횡단 여행에서 배웠듯이 우리가 더욱 잘 이해해야 하는 사람들에게 중요한 문제에 대해 이야기하려면 '그곳에 가봐야' 한다.

타인의 세상을 위한 정책

24시간 동안 시리아 난민이 되어보는 체험을 했을 때 나는 집에서 도망나온 사람 역할을 했다. 쉼터를 직접 만들어 잠깐씩 토막잠을 잤고, 2달러 50센트로 하루를 사는 전 세계의 30억 명처럼 종이봉투를 만들어 2달러 50센트를 벌었다. 그리고 닳아빠진 사발에 죽을 담아 막대를 숟가락 삼아 퍼먹었다. 일부러 하지 않았다면 아마 접촉할 일이 없는 사람들의 삶을 경험한 것이다. 그리고 그들이 겪었을 감정도 느껴보았다. 모든 과정을 끝내고 홍콩으로 돌아와서는 샤워를 하고 차가운 맥주를 즐겼지만 내가 경험한 문제에 대한 인식이 완전하게 바뀌었음을 느낄 수 있었다.

  공감이 매우 복잡하고 체계적인 문제를 다룰 수 있는 만병통치약이라고 말하려는 것은 아니다. 비평가들도 타인의 시점에서 상황을 보는 것과 기저에 깔린 구조적 문제를 이해하는 것은 차이가 있다고 지적한다. 하지만 이런 문제를 상호 대립한다고 보는 것은 잘못이다. 내 몸은 「글로벌 엑스피리언스」 모의 체험을 하면서 감각적 측면에서 박탈과 육체적 과부하를 경험했는데, 그렇게 해서 나는 거시적이고 구조적 문제를 좀 더 잘 이해하게 되었고 제지당하는 사람과 그들이 느끼는 감정이 어떠할지 알게 되었다. 엉겁결에 당한 게 아니라 내 몸이 고난의 상태에 처했기 때문에 배운 것이다.

많은 경우 배움은 맥락 없는 환경에서 지식의 전달로 이루어진다. 실제로 '거기에 있거나 경험'해서 배우는 경우는 거의 발생하지 않는다. 하지만 내가 모의 체험을 하는 짧은 시간 동안 깨닫게 되었듯, 진정 배우고 이해하려면 강한 감정이 결부된 활동이 이루어져야 한다. 체화된 지식 이론은 감정적 관여가 배움에 방해물이 아니라는 것을 보여준다. 감정적 관여는 배움을 도와주며 타인의 현실에 대한 이해를 획득하는 조건이다. 냉정하고 이성적인 분리와 객관성이 우리가 부딪히는 수많은 문제의 원인 중 하나라고 한다면 체화되고, 관계하며 감정으로 가득 찬 접근으로 이해하는 것이 우리가 맞이한 수많은 어려움과 도전을 해결하는 첫걸음이 될 수 있지 않을까?

세상을 '통계 데이터에 적합한 모델의 프리즘'을 통해 정확하게 보기 위해 비판적 객관성이 필요하다는 생각이 정책입안자와 정치인들에게 막대한 영향을 미쳤다. 그들이 보는 세상의 모델은 정확했을지 모르지만(하지만 특히 경제의 세상에서는 정확하지 못한 경우가 자주 있었다), 사람들이 경험한 진실에 대해서는 이야기하지 않았다. 문화적이고 지리적인 영역 모두에서 틈이 벌어졌는데, 그 틈을 메우기 위한 경험과 분석의 도구로 몸을 사용해야 한다.

체화된 지식 이론은 몸을 이용해 우리가 사는 세상이 보내는 신호를 관찰할 수 있다는 것을 보여준다. 그렇게 하지 않으면 탐지하지 못할 신호를 포착할 수 있는 것이다. 우리 몸의 감각 자원을 이용해 그 자원을 인지하고 이해할 수 있으며 '경험적 비계 놓기'를 개발해 타인의 세상에 대한, 사실에 근거한 정보를 이해할 수 있다.

제11장에서 살펴본 사례는 멀리 고립되어 있는 것들이 아니다. 노

숙자를 위한 단체들은 '빅 슬립 아웃Big Sleep Out' 같은 행사를 열어 기금을 모으고 사람들에게 거친 삶을 사는 노숙자들의 세상을 체험해보는 기회를 준다. 한센병 자선단체는 신경 손상으로 인한 감각장애를 보여주려 노력한다. 그들은 장갑을 이용해 손을 자유자재로 사용하는 능력을 잃는다는 게 어떤 것인지 알 수 있게 해준다. 외교나 국제 문제를 다루는 연구소는 몰입형 모의 체험을 실시해 체험자가 변화하는 정책 지형에 적응하도록 도와준다. 이 모든 사례는 진실을 알게 하기 위해서는 사람들이 느끼는 감정을 이해하도록 도와줘야 한다는 공감대가 점점 커지고 있음을 말해준다.

창의력은 어디서 솟아나는가

인간의 지각은 체화의 영향을 받는다. 물체를 지각하는 법을 배우려면
그것과 상호작용을 해야 한다. 현실을 알려면 먼저 행동을 해야 한다.[1]

데니스 슐라이허, 피터 존스, 옥사나 카추르

지각에 생기를 불어넣다

연이어 애니메이션 작품으로 블록버스터를 내놓고 있는 픽사Pixar는 지
난 25년간 가장 창의적이며 성공적인 기업 중 하나다. 전 세계의 관객들
은 「토이 스토리」의 버즈 라이트이어Buzz Lightyear나 니모Nemo같이 사랑스
럽고 독특한 개성의 캐릭터에 매혹되었고 세트를 만드는 방식, 캐릭터
묘사, 비현실적이면서 현실적인 분위기를 만들어내는 픽사 스튜디오의
능력에 감탄을 금치 못한다. 세세한 부분에 맹렬히 집중하는 노력이 영
화 속 모든 장면과 프레임에서 흘러나온다.

　창의적인 영감만으로는 환상적이면서도 인정받는 영화를 만들지
못한다. 정밀한 디테일이 마법처럼 팀원들의 머리에서 쏟아져 나오지도
않는다. 픽사는 영화의 줄거리와 캐릭터를 개발할 때 집단이 자유롭게
자기 생각을 제시하는 방식인 브레인스토밍brainstorming에 의존하지 않는
다. 대신 캘리포니아 에머리빌에 있는 스튜디오를 떠나 그들이 재창조해

내려는 것을 체화하는 활동을 한다.

픽사가 「굿 다이노The Good Dinosaur」를 제작할 때 감독 피터 손Peter Sohn 은 촬영감독 샤론 캘러한Sharon Calahan에게 영화가 거칠고 강인한 '개척 자'의 느낌이 나길 바란다고 말했다. 캘러한은 와이오밍 주의 잭슨을 상 상력을 충족시킬 만한 곳으로 염두에 두고 있었다. 예전에 방문한 적이 있었는데 창의적 영감을 받을 수 있는 곳이라고 생각했던 것이다. 답사 여행이 조직되었고 팀원들은 거칠고 넓은 수평선이 펼쳐지는 풍경 속에 몰입할 수 있었다. 그들은 배를 타고 스네이크 강Snake River을 따라 계곡을 탐험하고 타기 국유림Targhee National Forest의 황야를 모험했다. 그리고 인간 이 만든 조명 빛의 방해 없이 은하수를 바라보았다. 캘러한은 피터 손이 새로운 환경을 탐험하는 모습을 즐거이 관찰했다.

"피터는 그런 곳에서 오랜 시간을 보내본 적이 없었는데, 그가 그런 세상을 발견하는 것을 지켜보게 되었어요. 힘들 수 있고, 날씨가 나빠질 수 있는 등 모든 것이 거칠고 척박한 환경이라고 해도 말이죠. 그런 것들 이 영화의 분위기를 찾는 데 도움이 되었어요. 피터는 무한히 큰 하늘의 느낌을 원했어요. 공기 중에 수분이 적으면 아주 먼 곳까지 육안으로 볼 수 있어요."

픽사 직원들 중 샤론 캘러한과 피터 손만 창의적인 아이디어를 찾기 위해 사무실을 떠난 것은 아니다. 「니모를 찾아서Finding Nemo」 팀은 스쿠 버다이빙을 배웠고 흰동가리 니모가 하수구를 타고 탈출하는 장면을 논 의할 때는 샌프란시스코의 하수처리시설을 직접 방문해 물고기가 하수 도를 통해 바다로 갈 수 있다는 것을 알아냈다.

2007년에 제작된 애니메이션 「라따뚜이Ratatouille」 제작팀은 음식을 보고 느끼는 다중 감각적 즐거움과 음식을 만들어내는 환경을 구현하는 데 엄청난 에너지를 쏟았다. 한 팀은 미슐랭 가이드의 별을 받은 파리의 식당에서 음식을 먹어보고 셰프들을 인터뷰했다. 고급 식당의 주방은 스트레스가 많고 시끄러우며 덥다. 부산한 움직임이 어지럽게 돌아가고 긴급함을 전달하는 조바심에 찬 셰프의 격앙된 목소리가 울리고 완벽한 음식을 뽑아내려는 노력이 산업적 규모로 이루어지지만 동시에 가정적인 친밀감이 표현되기도 한다.

전문 식당화된 주방의 핵심적 특징은 '조리대'로, 하나의 요리를 만들어내는 데 각 조리대마다 주어진 임무 또는 책임이 있다. 영화의 기술 작업팀은 자료집 『누구나 요리할 수 있어 : 라따뚜이의 주방 속으로』에서 구성 원칙을 충실히 재창조해낸 방법을 소개한다.[2]

우리는 간단한 프랑스 요리 개념인 '미즈 앙 플라스 mise en place'('모든 것을 제자리에 둔다'는 뜻이다)로 주방의 미학을 구성하기 시작했다. '미즈 앙 플라스'는 구체적으로 이런 것이다. 어떤 요리를 준비하든 모든 재료와 도구는 요리가 시작되기 전에 미리 계량하고, 준비하고, 모아서 공동 공간에 놓아두어야 한다. 이렇게 하면 요리의 강도와 압박이 본격화될 때 필요한 모든 것을 찾기가 쉽다. 이 개념은 단순하고 우아하며 기능적이다. 또한 셰프, 주방, 그리고 그가 만드는 음식의 관계에 기본적인 감각을 제공한다.

주방을 복제하는 작업은 조리대에서 시작되었다. 기술팀은 영화를 보는 관객이 공간의 경계를 이해하고 영화가 전개되면서 주인공인 생쥐 레미가 주방에서 전문성을 얻어가는 과정에서 그 공간이 어떻게 변하는지 알 수 있게 하는 데 초점을 맞추었다. 다중 감각적 환경이면서 동시에 우리 몸의 자극을 불러일으키는 궁극의 장소인 주방은 픽사 팀에 지각적 풍성함을 선사했다. 생리학적으로 우리는 주방을 이해하게 만들어주는 화학적·기계적·시각적 자극과 열 감지를 통해 바쁜 주방이 주는 모든 것을 빨아들이도록 디자인되어 있다.

기술팀이 세트를 그럴싸하게 보이고 음식은 진짜같이 맛있게 보이도록 만드는 방법을 생각할 때 그 모든 입력값은 창의력의 원천이 되었다. 제작팀에 주방과 음식은 단순한 배경 이상이었다. 제작팀은 '주방과 음식을 줄거리의 전개에 따라 성장하고 바뀌는 캐릭터처럼 취급했다'.[3] 그리고 그런 효과를 얻기 위해 관객을 위한 경험 조율에 착수했다.

픽사 팀은 주방을 진짜처럼 보이도록 주방과 식당 공간을 강렬하게 대비시켰다. 한 곳은 분주하고 정신없이 바쁘게 돌아가는 공간인 반면 다른 한 곳은 차분하며 대화가 이루어진다. 많은 행동이 일어나고 가장 주목받는 곳은 단연코 주방이다. 기계화 장비가 갖춰져 있고 가정적인 분위기가 살짝 가미된 세련된 고급 주방이 재현되었다. 정교하게 재현된 업소용 식기세척기는 문이 열릴 때 물을 뿜어낸다. 놋쇠 장식이 달린 커다란 요리용 화덕이 요리대 중앙을 차지하고 있다. 그 옆으로 무거운 구리 냄비 세트가 진열되어 있는데, 화덕과 냄비에는 탄 자국이 꼼꼼하게 그려 넣어져 있다. 기술팀은 또한 파리의 식당 주방에서 본 것과 비슷한 종류의 개인적인 디테일, 가령 손으로 직접 칠한 향신료 선반과 신선한 허브를 담은 바구니 같은 소품도 포함시켰다.

영화 속 음식이 먹을 수 있는 것처럼 보이게 만들고, 그것을 보는 관객의 입에 침이 고이게 만드는 것은 힘든 도전이었다. 기술팀은 특히 데친 가리비 요리에 신경을 많이 썼다. '영화 속에서 분량을 많이 차지하는 주인공 같은 요리'이기 때문이었다. 또한 기술팀은 셰프가 동그랗게 깐 리크(큰 부추같이 생긴 야채) 위에 멋지게 가리비를 장식하는 부드러운 움직임을 뽑아내는 데 엄청나게 공을 들였다.

픽사의 회장 에드윈 캣멀 Edwin Catmull은 이전의 것을 본뜬 전혀 새롭지 않은 영화와 세세한 부분의 디테일에까지 집중해 빛이 나는 영화의 차이는 이런 노력에 의해 비롯된다고 말한다. 관객은 파리의 최고급 식당 주방이 어떻게 생겼는지 모를 텐데 그런 것이 뭐가 중요하냐고 주장하는 이가 있을지 모른다는 말에 캣멀은 정확하게 묘사하면 관객은 그게 맞다고 느낀다고 말한다. 디테일에 충실한 좋은 사례는 영화에서 레스토랑의 여성 셰프 콜레트의 팔에 그다지 중요해 보이지 않는 반점을 묘사한 장면이다. 콜레트가 나오는 장면을 자세히 들여다보면 그녀의 팔목에 오븐 안에 있는 선반에 덴 자국이 보인다. 전문 식당 주방에서 일반적으로 발생하는 일인데, 기술팀이 현장 조사를 할 때 들었던 것이다.

「라따뚜이」의 성공은 수상으로 이어져 2008년 최우수 애니메이션 영화에 선정되었고 아카데미상 3개 부문의 후보에 올랐다. 「라따뚜이」는 전 세계적으로 6억 2,000만 달러의 수익을 거둬들이며 자신이 창조하려는 세계에 직접 노출되어보는 경험이 창조산업 분야에서 어떤 효과를 가져올 수 있는지를 증명했다. 「라따뚜이」의 성공은 창의적인 작가들이 전형적이고 뻔한 재현에 빠져들지 않고 에너지와 진짜 세상의 디테일로 창의력에 다채로운 색을 입힐 수 있게 도와준다. 픽사는 어떤 환경을 충실하게 재현 또는 해석하고 싶다면 그것의 다중 감각적 깊이와 풍성함을 다뤄야 한다는 것을 보여주었다. 캣멀의 팀은 세상을 이해하고 체화된 접근 방식을 취할 때 그들이 구현해내려는 세상에 관객들이 공명하리라는 것을 보여주었다.

픽사 팀은 파워포인트를 그다지 사용하지 않는다. 실제 경험을 선호할 뿐 아니라 각 장면에 대해서 스토리보드를 이용해 '평가회의'에서 움직임, 감정, 표현 등을 포함하는 매우 활기찬 방식으로 이야기를 나눈다. 현장에서부터 완성된 영화에 이르기까지 픽사는 그들 나름의 특별한 관점을 가지고 그들이 만들어내려고 한 환경을 구현한다. 픽사 팀이 블록

버스터 영화를 위한 아이디어를 수집하고 발전시키는 방식의 핵심은 실행력이다. 더욱 정교한 디테일을 이해해야만 성공할 수 있는 분야에서도 이런 (계획되거나 혹은 계획되지 않은) 실행력이 필수적이다.

강도를 당하는 체험

신제품은 일련의 지적 연습을 거친 후 출시된다. 이는 그 제품을 찬성하는 이유와 타당성이 증명되어야 한다는 의미이고, 대부분의 제품이 상당 시간 동안 추정적인 개념이나 아이디어로 존재한다는 뜻이기도 하다. 특히 기술 제품인 경우 그것이 실제로 사용될 곳에서 지리적으로 아주 멀리 떨어진 곳에서, 그 기술이 어떤 기능을 구현할 수 있고 어떻게 실행될지를 생각하는 엔지니어가 투입되어 구상된다.

초기 제품의 원형은 대개 출시 전에 테스트되지만 실제 매장에 들어가는 물건의 대부분은 제품 구상의 개념적 단계에 머무는 경우가 일반적이다. 그래서 일상에서 실제로 그 제품을 사용할 사람들의 의견은 거의 반영되지 않는다. 이렇게 되지 않으려면 제품팀이 현실을 점검할 기회를 가져야 한다. 그들은 우연히 또는 계획된 상황에 의해, 그리고 가끔은 운 좋게도 두 가지가 결합되어 피드백을 받을 수 있다.

이런 일이 2014년 모토롤라 모빌리티Motorola Mobility 팀의 브라질 방문에서 실제로 일어났다. 2013년 구글이 모토롤라를 소유하고 있을 때 모토롤라는 주력상품인 모토 X의 후속으로 저가 스마트폰 모토 G를 내놓았는데, 놀랍게도 이후 베스트셀러가 되었고 모토롤라가 영국, 인도, 그리고 스마트폰 시장에서 세계 4위인 브라질의 시장점유율을 상당 부분 되찾는 데 일조했다.

2014년 모토롤라는 삼성이나 애플 같은 스마트폰 강자들이 상대적으로 덜 주목한 브라질과 인도 같은 신흥시장에서 성공을 다져야 할 필요성을 느꼈다. 그래서 제품 매니저와 연구자들은 좀 더 가격에 민감한 소비자를 위해 특별한 기능을 개발할 새로운 전략을 발전시켰다. 제품 개발팀은 브라질과 인도를 염두에 두고 2세대 모토 G를 디자인하기로 했다. 그러려면 좀 더 면밀한 연구가 필요한데, 이때의 연구는 일반적인 기술 연구를 뜻하지 않는다. 사용자 경험이 풍부한 소프트웨어 검사관이자 인류학자인 스톡스 존스Stokes Jones는 모토롤라의 제품 디자인팀을 사용자의 집으로 데려가 몇 주 또는 몇 달에 걸쳐 신제품을 테스트하고 피드백을 받게 하는 몰입형 연구 프로그램을 디자인했다.

브라질은 범죄율이 높은 곳으로 악명이 높다. 살해율이 세계 20위 안에 들고 좀도둑질, 소매치기, 가방 강탈과 노상강도가 빈번하게 일어난다. 브라질 사람들 또한 '알하스또이스arrastões(저인망)' 현상과 씨름을 해야 한다. '알하스또이스'란 범죄자 집단이 팀을 짜서 행인, 해수욕객 또는 카니발 방문자를 대상으로 강도짓을 한다는 뜻이다. 브라질의 도시에는 침입자를 방지하기 위해 주변을 철망으로 두른 주택이 많은데, 이것도 범죄율이 높다는 것을 보여주는 단서다. 이런 브라질의 환경은 모토 경보 앱Moto Alert app을 개발해 테스트하고자 하는 모토롤라 기술팀에 '생생한 실험실'이 되었다. 모토 경보 앱은 개인 보안 앱인데, 이 앱을 깔면 스마트폰 소유자가 위험에 처했을 때 미리 선택해놓은 연락처나 경찰에 긴급 메시지를 보낼 수 있다. 그리고 구글 지도에 뜬 사용자의 위치를 파악해 구출할 수 있게 하는 것이다.

2014년 봄, 모토 G 제품팀은 캘리포니아에서 시카고를 거쳐 브라질로 날아갔다. 이들은 고객들이 빈민 지역에서의 상황에 대처할 때 도움이 될 거라고 믿는 몇 가지 앱의 시제품 작업을 하고 있었다. 이때 모토 경보 앱은 일반적인 제품 디자인 단계를 끝냈다. 포스트잇 메모지에 적어둔 아이디어를 멋지게 정리해 개념을 세우고 상호작용 와이어프레임wireframe(사이트나 앱을 개발할 때 레이아웃 및 상황의 뼈대를 그리고 수정하는 단계 - 옮긴이) 단계를 거쳐 스마트폰에 장착한 상호작용 시제품을 브라질 사용자가 테스트하는 단계였다. 드디어 피드백을 받을 시간이 된 것이다.

모토 G 제품팀은 범죄가 들끓는 빈민가 인근 지역에 있는 호제리우Rogério의 집으로 갔다. 체격이 건장한 서른세 살 청년 호제리우는 이벤트 기획자로 클럽에 가는 것을 즐긴다. 호제리우의 거실에 함께 자리한 그들은 호제리우가 새로운 스마트폰과 그 기능에 대해 어떻게 생각하는지 토론을 시작했다.

호제리우는 새로운 모토 G를 좋아하게 되었다고 말했다. 그 말을 증명하듯 호제리우와 그의 친구들은 모토 G의 방수 기능을 시험해보려고 샤워를 할 때 스마트폰을 가지고 들어가 음악을 듣는다고 했다. 그리고 응급 상황 경보 기능을 탑재한 것은 좋지만 실제로 작동하기까지 시간이 너무 오래 걸리는 점은 불만스럽다고 말했다. 특히 그는 스마트폰을 열고 앱을 찾아서 작동시켜야 하는 게 마음에 들지 않는다고 말했다. 호제리우는 노상강도를 당하는 중에 경보 신호를 보내기가 너무 힘들다는 점을 우려했다. 그런데 제품 매니저는 호제리우가 디자인의 치명적 결함으로 본 사항에 대해 직접적인 피드백을 듣고 살짝 방어적인 태도를 보였다. 그는 전화기를 열어 앱을 찾는 방법을 개선하면 어떻겠냐는 제안을 했지만, 그건 호제리우가 제일 우려하는 점을 전혀 해결하지 못했다. 그는 강도를 당하는 상황에서는 주머니에 손을 뻗어 스마트폰을 꺼내기가 매우 어렵다는 점을 강조했다.

호제리우는 모토롤라 팀이 자신의 의견을 제대로 듣지 않고, 심각하고 진지하게 받아들이지도 않는다고 느끼며 점점 답답해했다. 그는 최근

2년 동안 세 번이나 강도를 당했다. 호제리우는 이렇게 말했다.

"브라질에서 강도를 당한다는 게 어떤 건지 알고 싶으세요?"

그러고는 제품팀이 대답하기도 전에 일어나 거실을 나갔고 20초 정도 후 20센티미터 길이의 부엌칼을 휘두르며 돌아왔다.

"제가 좀 보여드려도 될까요?"

호제리우가 차분한 목소리로 제품팀원들에게 물었다. 그들이 승낙의 의미로 고개를 끄덕이자 호제리우는 제품 매니저의 멱살을 쥐고 팔을 밀어붙여 움직이지 못하게 한 상태로 제압한 뒤 그의 목에 부엌칼을 갖다 대고 말했다.

"브라질에서 강도를 당하면 지금 같은 기분이 느껴질 겁니다!"

뒤이어 호제리우는 제품 매니저에게 이렇게 말했다.

"그럼 이제 주머니에서 전화기를 꺼내 친구에게 구조 신호를 보내보세요."

조금 전에 전화기의 기능에 대한 비판을 모면하려고 애썼던 제품 매니저는 전화기를 잡아보려 안간힘을 썼다. 이때 모토롤라 팀은 위험한 순간에 사용자가 앱을 열어 눈으로 보면서 손가락으로 누르기가 사실상 불가능하다는 것을 깨달았다. 그런 상황에서는 뭔가 다른 방법으로 경보를 울릴 수 있어야 했다.

애초에 모토롤라 팀은 브라질 사용자가 말해주는 피드백을 받을 계획이었지 실제 칼로 위협당하는 상황을 연출할 생각은 전혀 없었다. 하지만 스톡스 존스는 체험의 힘을 믿는 사람이었고 실제 체험할 수 있는 일이 발생하도록 촉진시킬 기회를 미리 마련해두었다. 그리고 호제리우의 집에서 그런 일이 일어났고 팀원들 전부 그 중요성을 깨닫게 된 것이다.

자신이 표현하려는 메시지를 말로 전달할 수 없다고 느낀 호제리우는 점점 더 답답함을 느꼈고, 제품 매니저에게 실제 행동으로 자신이 말하고자 하는 바를 전달한 것이다.

호제리우는 해당 앱의 디자인은 모토롤라가 원하는 기능을 수행하기에 치명적인 약점이 있다는 것을 제품팀에 전달하려고 애썼다. 핵심은 누군가가 당신의 몸을 통제하는 상황에서 당신이 도움을 요청하려 한다는 것을 알지 못하게 하고 싶은 것이다.

제품 매니저는 다른 사람이 자신의 몸을 억누르는 데 압박감을 느꼈고 숨을 쉬기가 어려웠으며 무력감에 사로잡혔다. 조금 전 자신이 비슷한 상황에서 사용자에게 지시한 사항을 막상 자신이 할 수 없다는 것을 깨달았다. 이 경험을 통해 제품 매니저는 그 상황을 그저 말로 듣고 소통하려 했다면 호제리우의 비판을 받아들이지 않았을 것이라는 결론을 내리게 되었다. 모토롤라 제품팀은 큰 깨달음을 얻었다. 범죄의 현실과 경보 기능의 유용성을 제대로 파악하게 된 것이다. 매우 심각하게 그들은 개발하고 있는 앱을 근본적으로 다시 생각할 필요가 있음을 깨달았다. 존스는 이렇게 회상한다.

"그 경험이 제품팀이 사는 세상과 호제리우가 사는 세상 사이의 벌어진 틈을 아주 빨리 메울 수 있도록 도와주었습니다. 개인 보안 앱은 무엇보다도 그것이 사용될 맥락에서 필요한 점을 충족시키는 게 제일 중요하다는 것을 확실하게 이해할 수 있었어요. 그렇게 해서 앱 자체가 의미하는 사용 의례를 거스르게 된다고 해도 말입니다."

스마트폰 앱이 어떤 식으로 작동하는지 경험을 통해 몇 가지를 추정해볼 수 있다. 첫째, 우리가 어떤 앱을 사용할 때는 그 앱에 집중하고 있을 때다. 둘째, 우리는 손으로 앱을 사용하거나 목소리로 지시를 내릴 수 있다. 셋째, 우리가 어떤 행동을 하기 위해 스마트폰을 사용하고 있다는 것을 타인이 알고 있어도 편안함을 느낀다. 달리 표현하면 대부분의 앱은 이상적인 맥락을 염두에 두고 디자인된다는 말이다. 말하자면 스타벅스에서 카푸치노에 브런치를 먹고 있는 상황에서 앱을 사용한다고 전제하는 것이다.

이런 추정은 정상적으로 앱을 사용할 수 있는 상황에서는 대개 맞지만 모토 경보 장치를 사용해 지원을 받아야 하는 (노상강도를 당하는 것 같은) 상황에는 적용되지 않는다. 그런데 모토롤라의 제품팀은 정상적인 상황에서의 추정에 근거한 제품을 만들었다. 강도를 당하는 상황에 대해서도 그들은 자사 스마트폰 앱의 보안 기능이 사용되는 상황에 대해 개념적으로만 생각하고 있었다. 그런데 호제리우와의 만남으로 진짜 현실에 맞닥뜨리게 된 것이다.

호제리우가 체험해서 얻은 지식은 그가 실제로 강도를 당했던 경험과 2주 동안의 모토 경보 앱 테스트를 통해 만들어졌다. 그는 두 가지를 결합해 모토 G의 경보 기능에서 어떤 점이 효율적이고 어떤 점이 비효율적인지 알 수 있었다. 호제리우는 강도를 당하는 상황을 실제로 연기해 보여서 자신이 가진 체험을 통한 지식을 나누었고 제품팀은 사용자가 강도를 당하는 상황에서 자신들이 만든 앱이 작동되기 힘들고, 그렇다면 전혀 유용하지 않다는 것을 깨닫게 되었다. 그래서 나온 모토 경보 앱 개정판은 다른 일반 앱처럼 스마트폰을 열어서 읽고 스크롤바를 내리고 손가락으로 건드릴 필요가 없다. 호제리우의 피드백 덕분에 제품팀은 볼륨 버튼을 이용해 몰래 이 보안 앱이 작동되게 만들었다. 호제리우의 과감하고 강압적인 개입으로 제품팀은 전화기의 화면을 보지 않고, 심지어는 주머니에서 전화기를 꺼내지 않고도 앱이 실행되도록 디자인을 개선한 것이다.

칼로 위협받으며 강도를 당하는 상황이 어떠한지 그저 듣는 것은 쉽다. 하지만 아무리 제품 피드백을 하는 제어 가능한 상황이라고 해도 칼끝이 당신의 목을 겨누는 경험을 실제로 할 때는 기분이 완전히 다르다.

어떤 아이디어를 공유할 때 말보다 보여주는 것이 훨씬 더 강력하게 전파되는 경우가 있다. 우리가 소통하려는 바를 쉽게 표현하거나 이해하기 어려울 때 특히 효과적이다.

브레인스토밍이 아닌 바디스토밍[4]

우리가 일상에서 사용하는 제품을 디자인하는 사람들은 자신을 단순히 어떤 사물의 제작자로 생각하지 않는 경향이 있다. 커다란 시스템 안에는 분리되어 단일 개체로 존재하는 사물이 거의 없다. 예를 들어 자동차는 유지 보수와 주행 추적을 위해 인터넷에 연결되고, 법과 보험 체계는 물론 도로, 신호등, 주유소 같은 기반 시설에도 연결된다. 그래서 무엇인가를 디자인할 때는 단순한 물리적 형태 이상을 생각해야 한다. 스마트폰은 아름답게 뽑아낸 제품 디자인이지만, 또한 여러 가지의 색다른 경험을 하는 입구이자 공급자 역할을 한다. 오늘날 디자이너라는 칭호에는 조셉 파인Joseph Pine과 제임스 길모어James Gilmore가 1998년에 '경험 경제'라 이름 붙인 것으로의 전환이 반영되어 있다. 지금은 '사용자 경험 디자이너'나 '고객 경험 매니저'라는 직함이 있다. 사용자와 함께 작업해 새로운 제품과 서비스를 사용자의 삶에 통합하는 방법을 이해하고자 하는 사람을 '사용자 경험' 또는 '유저 엑스피리언스User X-perience 연구자'라고 부른다. 현대 생활의 장소는 온라인과 오프라인에서 '경험 건축가'에 의해 만들어진다. 오늘날 소비자 경제에서 경험은 지극히 중요하다.

사람들의 삶에 꼭 맞는 제품과 서비스를 디자인하려면 그들의 일상을 잘 아는 친밀한 지식이 있어야 하는데, 이런 지식의 많은 부분은 사람들과의 이야기를 통해 얻을 수 있다. 그런데 사람들이 너무 당연히 여겨서 말로 표현하기 힘든 것들이 있다. 당신이 하고 싶은 질문을 실제로 묻기가 쉽지 않을 수 있는데, 그런 경우에는 다른 방식으로 접근해야 한다.

세계적으로 유명한 디자인 컨설팅 회사 IDEO의 작업을 예로 들어 보자.[5] IDEO는 유사시 사용자의 심장이 다시 뛰게 하기 위해 충격을 주는 (심장에 이식하는 자동) 제세동기의 디자인 프로젝트를 실행했다. 직접 연구하기가 어렵고 위험한 일이지만 디자인팀은 심장에 충격을 받는 것이 어떤 느낌인지 이해해야 한다는 것을 알고 있었다. 제세동기가 작동했는데 그다음에 당신이 어떻게 될지 모른다면 어떤 기분이 들까? 그리고 그런 불확실성은 당신의 삶에 어떤 영향을 줄까?

좀 더 알아보기 위해 디자인팀은 제세동기 역할을 할 일반 호출기를 달고 생활해보기로 했다. 호출을 받을 때는 마치 (제세동기의) '충격'을 받은 것처럼 반응하고 그 경험을 기록했다. 어디에 있었고, 무엇을 하는 중이었으며, 주변에 누가 있었고 그들이 어떻게 반응했는지를 기록했다. 이 연구를 진행할 때 참가자 중 한 명은 어린 아들을 안고 있었고, 다른 한 명은 전동공구로 작업을 하고 있었다.

갑작스러운 사건이 일어났을 때 주변에 있는 사람이 어떻게 반응하는지를 이해하는 것이 디자인 과정에서 중요했다. 다음 단계에서 충격이 온 후 전문적인 의료 개입이 급박하게 필요하기 때문이다. 디자인팀은 이 과정을 효과적이고 매끄럽게 처리하는 방법을 알고 싶었지만, 그것은 단순히 질문과 답변 형식으로 쉽게 알아낼 수 있는 성질의 것이 아니었다. 이때는 사람들이 할 것으로 예상되는 행동이 아닌 실제 그들이 하는 행동을 통해 정확한 지식을 얻을 수 있다.

때로는 행동이 말보다 더 크고 정확하게 이야기한다. 하지만 제품의 성질과 우리 주변의 기술이 변하고 있으므로 이런 것들과 우리의 상호작용 또한 변한다. 스크루드라이버나 망치같이 간단한 도구와 우리의 관계가 기본적으로 체험을 통해 구현된다고 가정하자. 그렇다면 강력한 기술과 우리의 상호작용은 방식 면에서 간단한 도구와의 그것과 유사하게 체험을 통해 이루어지지만 특징은 훨씬 더 복잡한데, 그런 경우 우리는 어떤 방식으로 이 강력한 기술을 디자인할 수 있을까? 컴퓨터 연산의 성질이 변화하면서 몸의 역할에 대한 생각이 그 어느 때보다 더 중요해지고 있다.

1991년 컴퓨터 과학자 마크 와이저Mark Weiser는 캘리포니아 팔로알토의 제록스 연구센터 매니저로 일하면서 〈사이언티픽 아메리칸〉에 글을 썼는데, 이것이 컴퓨터 과학 분야에 매우 큰 영향을 미쳤다.[6] '21세기의 컴퓨터' 부분에서 와이저는 컴퓨터의 제3세대를 상상하는데, 이 세대는 '메인프레임'이나 데스크톱 컴퓨터가 아니라 수백수천 개의 기기가 쭉 펼쳐져 분포된 환경이 될 것이라고 예측했다. 그리고 이후 와이저의 꿈은 '유비쿼터스' 혹은 '구석구석에 배어 있는' 연산으로 알려진 이후 기술의 세계에 생기를 불어넣었다. 당신이 무선으로 음악을 들을 수 있는 기기, 인터넷에 연결된 온도조절장치, 아마존 에코Amazon Echo같이 주방 조리대에 부착하고 목소리로 통제하는 기기를 가지고 있다면 편재형 컴퓨팅pervasive computing 세상에 살고 있는 것이다. 이 편재형 컴퓨팅 세상에서 이런 기기들은 말 그대로 우리가 살고 있는 환경의 일부가 되었다.

컴퓨팅이 변화하면서 우리가 컴퓨팅과 상호 작용하는 방식 또한 바뀌었다. 우리가 사용하는 기기들은 우리에게 '햅틱haptic'(터치를 기반으로 한 정보의 인지와 장치 조작에 관한 연구 분야 – 옮긴이) 피드백을 주고 사물에 대한 신호를 보낼 때 삐삐 소리나 빛뿐 아니라 진동도 이용한다. 건드리는 '터치touch'는 우리가 기술과 상호 작용하는 중요한 방법이다. 우리는 목소리로 지시하고 얼굴로 기기의 잠금을 풀 수 있다. 이전에는 인간과 컴퓨터의 상호작용이 일어나려면 일단 우리가 컴퓨터 단말기 앞에 앉아서 자판을 눌러 고도로 특화된 부호로 구성된 코드를 기입해야 했다. 그런데 지금은 몸으로 컴퓨터에 지시를 내릴 수 있다. 체화된 상호작용의 시대에 살고 있는 것이다.

컴퓨팅이 환경 속에 존재하고 체화되었다는 점을 감안하면 새롭고 혁신적인 형태의 컴퓨팅 기기와 서비스를 탐구하고 디자인하는 사람들이 체화된 접근 방식으로 창의력을 개발하려 노력한다는 것이 전혀 놀랍지 않다. 인터페이스(서로 다른 두 물체가 상호 대화하는 방법 - 옮긴이)가 비물질적일 때(당신은 화면이 없는 아마존 에코에 이야기를 한다), 컴퓨팅이 작동하는 환경의 물리적·사회적 상호작용 측면의 특징을 이해하는 것이 특히 더 중요해진다. 예를 들어 화면상에서 당신이 어떤 종류의 음악을 듣고 싶어 하는지에 대한 힌트가 주어지는 것과, 화면이 없는 기기 앞에 서서 무엇을 듣고 싶은지 알아내는 것은 다른 문제다. 컴퓨팅이 익숙한 인터페이스의 관습에서 풀려날 때 사람들이 그것과 상호 작용하는 방법을 알아내는 우리의 접근 방식도 좀 더 자유로워져야 할 필요가 있다.

이 새로운 도전에 대처하는 우리의 방식 가운데 하나가 '바디스토밍bodystorming'이다. 바디스토밍은 최고의 아이디어나 통찰력이 브레인스토밍을 통해 나온다는 것을 직접적으로 거부하는 의미로 붙인 명칭 같다. 디자이너 콜린 번스Colin Burns는 최초로 바디스토밍 기술을 사용하고 서류화한 팀의 일원이다.[7] 번스는 바디스토밍을 '사람들이 일상에서 하는 행위를 재연하고, 실행performance과 즉흥성을 발휘해 체화된 방식으로 얻은 데이터를 이용해 살아가는 것'이라고 정의한다. 바디스토밍을 할 때 디자이너들은 어떤 기술이나 기기의 특정 기능에 대한 아이디어를 실연해본다. 그것과 상호 작용하는 것이 어떤 기분이 드는지 알아보기 위해서다. 바디스토밍 실행자들은 단순히 아이디어를 말하고 그에 대한 사람들의 반응을 구하거나 사람들이 그것을 어떻게 이용할지를 예측하기보다 이해를 이끌어내기 위해 실행을 이용한다.

바디스토밍은 디자인 스튜디오에서 할 수 있는데, 실행할 때 사용자의 환경과 비슷하게 실물 모형을 만들거나 몇 가지의 간단한 소품 이상은 준비하지 않는 환경을 연출한다. IDEO의 제세동기 연구 부문을 이끄는 제인 풀턴 수리Jane Fulton Suri 같은 디자이너는 다른 대안을 내놓기도 한다. 풀턴 수리는 세계를 무대로 삼았다. 가령 그녀는 새로운 철도 서비스를 필요로 하는 승객들을 조사할 때 실제 기차 여행을 하면서 역할극을 실행했다.

사무실에서 또는 바깥세상 어디에서 실시하건 간에 바디스토밍의 목표는 참가자가 사무실에서 벗어나거나 그와 관련된 맥락과 유사점이 없는 공간에 있게 하는 것이다. 하지만 단순히 브레인스토밍을 야외에서 하는 것은 아니다. 바디스토밍은 뇌에 의존하지 않고 세상에 대응하기 위해 몸을 이용한다는 점에서 브레인스토밍과는 다른 활동이다.

2000년대 초반, 인텔의 디지털 헬스 그룹Digital Health Group의 임상심리학자 마지 모리스Margie Morris는 '무드폰Mood Phone'이라고 이름 붙인 이동전화 기반 앱을 개발하고 있었다. 무드폰은 스마트폰에 장착해 사람들이 불안과 스트레스를 관리할 수 있도록 돕는 앱 서비스다. 중년의 스트레스와 심장마비 같은 혈관 합병증의 연관관계를 이해하는 모리스는 사람들이 가정과 직장에서 받는 스트레스에 잘 대처하도록 도와주는, 쉽고 사용하기 편한 시스템을 개발하기로 결심했다. 사람들은 모리스에게 직장에서 상사와 업무 미팅을 할 때 느끼는 불안감이나 교통체증이 심할 때 튀어나오는 통제하기 힘든 분노에 대해 이야기했다. 프로젝트에 값비싼 디자인과 재원을 들이기 전에 모리스는 먼저 그러한 상황에서 자신의 아이디어가 어떤 식으로 효과를 발휘할지 이해하고 싶었다. 예를 들어 고약하고 독한 상사와 고통스러운 미팅 시간을 가질 때 스마트폰을 이용해 균형을 잡고 깊이 호흡할 수 있는 방법을 고안하고 싶은 것이다. 매일 통근하며 교통 혼잡을 겪을 때 받는 스트레스에서도 어떻게 하면 같은 효과를 낼 수 있을까? 이런 것이 핵심 질문이었고, 모리스는 이후 후속 디자인 단계에 영향을 미칠 부분을 알아내기 위해 새로운 접근 방식을 시도했다.

모리스는 전문 배우들을 섭외해 연구에 참여한 사람들이 극심한 스트레스로 생각하는 상황(집에서 전화로 회의를 하는데 이를 방해하는 아기 울음소리, 들어가기가 겁나는 직장에서의 업무 미팅, 고속도로상의 숨 막힐 것 같은 통근 상황)을 연기하게 했다. 모리스의 동료들은 한자리에 모여서 배우들이 연기하는 모습을 지켜보았고 다음에 어떤 일이 벌어질지, 그런 상황에서는 어떤 개입이 적절한지, 그리고 어떤 기술이 개입을 도울지 등을 토론했다. 이 바디스토밍은 사용자가 무드폰 앱을 사용하면 어떤 반응을 보일지와 관련된 현 상태의 추정을 평가하기 위해 디자인되었는데, 모리스는 거기에 더해 새로운 아이디어를 만들어내는 데도 바디스토밍을 이용했다. 배우들의 실연 장면을 보고 관객(연구자)들은 앱 사용자가 스트레스를 관리하는 데 도움이 될 대안을 제시해야 했다.

새로운 기술이 성공하려면 기술과 사람의 상호작용이 자연스러워야 한다. 특정 상황에서는 무드폰을 사용하기가 부적절한데 다른 상황에서는 가능하거나, 심지어 바람직할 수 있을까? 기술과 사람의 상호작용은 종종 사람이 그 기기나 기술을 사용하는 것이 자연스러운지 어색한지에 따라 달라진다. 그래서 미리 판단하기가 쉽지 않고 그 느낌을 직접 경험하기 전까지는 알기가 어렵다. 바디스토밍은 제품 디자이너들이 각기 다른 상호작용이 어떻게 느껴지는지 알아보는 수단으로 사용된다. 헬싱키 정보기술연구소Helsinki Institute for Information Technology의 디자이너들은 '바디스토밍 참가자들은 관찰할 수 없는 문제의 국면, 예를 들어 심리적·사회적(예를 들어 대인 관계) 또는 상호작용(예를 들어 대화에서 차례대로 이야기하는 것) 측면의 문제를 기술하는 데 좀 더 집중할 수 있다'고 설명한다. 어떤 것을 극화하면 그렇게 하지 않은 경우에는 놓치거나 말만으로 파악할 수 없는 것을 밝히는 행위가 된다.

제품과 인터페이스가 우리를 둘러싼 환경으로 녹아들고 경제활동에서 서비스의 비율이 점점 더 증가하는 세상에서 바디스토밍은 사람들이 디자인 아이디어에 대응 또는 상호 작용하는 방식을 탐구하는 데 유용하며 매우 효과적인 방법이다. 어떤 기기나 기술을 만들기 위해 값비싼 재원을 투입하기 전에 통찰력을 끌어내는 데 바디스토밍을 사용할 수 있을 뿐 아니라 디자이너가 제품에 대한 사용자 경험을 최적화하는 것의 핵심이 무엇인지 알아내는 데도 도움을 줄 수 있다.

지식 연기해보기

지극히 평범한 파리의 어느 호텔 회의실은 즉흥 실행을 위한 세트장으로는 어울리지 않는다. 이틀간 열린 워크숍이 거의 끝나가는 시점이었다. 밖에는 5월의 햇살이 따사롭고 신선한 산들바람이 불고 있었다. 실내로 눈을 돌리니 작은 방에 너무 많은 사람이 모여 있었다. 신선도가 떨어진 질 낮은 커피 냄새와 먹다 남은 패스트리 빵, 인조가죽 노트패드를 든 사람들 등 기업 모임이 벌어지고 있음을 알려주는 신호가 역력했다. 이렇듯 환경은 익숙하지만 그곳에서 앞으로 벌어질 일은 전혀 익숙하지 않은, 아주 새로운 것이었다.

모임은 산업용 가스를 제조하는 기업인 프랑스의 에어리퀴드Air Liquide가 몇 달에 걸쳐 실시한 기업활동의 정점을 찍는 행사였다. 에어리퀴드는 '포장 가스'로 알려진 제품을 용접기사, 직공, 실험실, 각종 주점, 선술집에 판매한다. 사업은 잘되고 있었지만 경쟁사들이 도전해오고 기술의 진보로 인하여 기회도 열려 있는 상태였다. 혁신팀은 고객에게 새로운 서비스를 제공할 제품의 아이디어를 구상하는 중이었다. 표면적으로 보면 아이디어는 간단했다. 새로운 제품 개발팀은 기능을 목록으로 만들었고 그 이점의 개요를 서술했다. 그런데 여전히 여러 가지의 질문이 떠올랐다. 고객들은 이 아이디어를 어떻게 생각할까? 그들도 똑같은 이점을 볼까? 혁신으로 새롭고 재미있는 것을 시도한다면 어떤 기회가 생길까?

호텔에 모인 간부들로 구성된 팀은 고객들을 잘 알고 있었다. 이름을 부를 정도로 친근한 사람도 많았다. 고객들을 자주 방문해 비즈니스에 대해 이야기를 나누곤 했다. 그래서 에어리퀴드는 시장에 대해 본능적이며 양질의 정보를 보유하고 이해할 수 있었다. 표면 아래에 있는 이런 종류의 지식은 말로 세세히 표현하기가 어렵다. 그렇다면 프로젝트를 진행하는 혁신팀은 어떻게 이런 지식을 유용하게 이용할 수 있을까?

우리는 에어리퀴드 간부들에게 그들이 이루어내려는 혁신이 고객들에게 어떤 식으로 유용할지 한 시간 동안 생각해보라고 했다. 간부들은 고객들이 맞닥뜨릴 어려움을 목록으로 만든 뒤 창의성을 발휘해보았다. 소품이 많지는 않았지만 그들은 재빨리 머리와 몸을 이용해 주변에서 이용할 수 있는 소품을 찾아냈다. 한 팀은 방의 한쪽 구석에서 배낭에 빈 플라스틱 물통을 가득 채웠다. 이 팀의 시나리오는 공사장의 용접공들이 운반이 불가능한 커다란 가스통을 가지고는 작업을 할 수 없다는 것이었다. 또 다른 팀은 저장실로 들어오고 나가는 가스통을 체크할 수 있는 가상의 기기를 조립해냈다. 가스통의 소재를 추적하는 것이 에어리퀴드나 고객들에게 주요한 골칫거리임을 알고 있었기 때문이다.

    그리고 아이디어를 공유할 시간이 되었다. 각 팀이 실행해 보인 쇼는 계획된 것이기는 했지만 상당히 즉흥적이었다. 대본이 없어도 모두가 자신에게 주어진 역할을 연기해냈다. 영업 사원과 자신의 이익만 생각하는 부정적인 소비자가 만나는 강렬한 장면이 매우 현실감 있게 그려졌고, 그 어색한 상호작용이 어떻게 펼쳐지는지가 표현되었다. 이를 지켜본 관객들은 소비자의 불합리한 요구를 너무나 잘 인식하고는 조마조마해하며 실소를 터뜨렸다.

    또 다른 팀은 고객을 돕고 판매를 할 수 있는 인공지능 대리인이라는 아이디어를 실연해보려 했는데, 공연 도중에 이론상으로는 좋았지만 실제 상황에서는 효과가 없다는 것을 깨닫고 아이디어 목록에서 지워버렸다. 종이에 그릴 때는 괜찮아 보였는데 극화해보니 인공지능 로봇 영업 사원과 소비자가 지나치게 격식을 차리며 대화를 한다는 생각이 어색해 보였다. 에어리퀴드 사는 그런 식으로 소비자를 응대하길 원하지 않는다는 것을 암묵적으로 합의한 것 같았다.

    에어리퀴드 사의 간부팀은 영업 사원과 고객으로 연기하면서 자기 자신을 온전히 공연에 던지고 즐겼다. 한 고위 간부는 심지어 자기 팀의 아이디어를 적은 종이를 등에 붙이고 연기를 하기도 했다. 그 종이에는 빨간색으로 슈퍼맨의 'S' 자가 적혀 있었다. 그들 모두는 자기 역할을 연기하기가 쉽다는 점, 그리고 더욱 흥미롭게도 고객들의 버릇을 받아들이기가 쉽다는 점을 알게 되었다. 고객들의 성격과 개성을 연기함으로써 그들은 자신이 깨달은 것보다 고객을 더 잘 이해했다는 것을 알게 되었고, 그 지식을 이용해 회사가 추구하는 혁신의 어떤 면을 실행해야 할지도 인식하게 되었다. 연기를 통해 간부들은 암묵적인 지식을 그들 자신에게뿐 아니라 주변 사람들에게도 분명하게 표현했다. 자신의 아이디어를 만들어내고 연기하면서 그들은 말로 표현하지 않았지만 이해하고 있던 것들을 끌어냈다.

연기는 우리가 주변 사람들과 어떤 아이디어나 감정, 느낌을 소통하려 할 때 도움이 된다. 우리는 매일 몸짓으로 또는 말로 표현하려 노력하는 것을 보여줄 때 연기를 한다. 바디스토밍은 이렇게 부득이하게 하는 일이 도움이 되게 만들어준다. 그리고 연기는 소통을 더욱 간결하게 혹은 더 효과적으로 만드는 것 이상을 해낸다. 우리가 상황을 더욱 잘 이해하게 돕는다. 인지과학자 시안 베일락은 '우리의 행동은 세상이 작동하는 방식에 관련해 정신에게 신호를 보낸다'고 말한다.[8] 이에 대한 간단한 사례는 손가락으로 사물을 하나씩 세는 것이다. 또 다른 사례로는 어떤 개념을 실연을 통해 익히거나 교과서에서 읽어서 배우는 것은 물론 몸으로 겪은 경험을 통해 배운 학생들이 뚜렷한 학습 이득을 얻었다는 것을 보여주는 연구[9]를 들 수 있다. 베일락과 동료 연구자들은 몸의 행동을 통해 나타난 것은 우리 사고에 새로운 정보를 더해준다는 것을 보여주었다.[10] 단순히 우리가 몸을 사용할 때 그 정보가 더 쉽게 표현되거나 기억된다는 의미가 아니다. 요점은 머릿속에 있는 줄도 몰랐던 아이디어를 우리가 표현한다는 것이다.

에어리퀴드 사의 간부팀이 알게 되었듯, 고객이 일하는 데 핵심이 되는 제품을 디자인할 때 사용자를 돕기 위해 그 제품이 어떤 식으로 기능할지를 고려하는 것이 도움이 된다. 그런데 실행은 당신이 아는 바를 소통하는 데 도움이 되기만 하는 게 아니라 확장시킨다.

━━━━•◦◆◦•━━━━

디자인은 사람들이 살고 있는 세상의 현실을 체화할 때 강력해진다. 위대한 디자인은 그 디자인이 사용될 사회적이고 물리적인 환경의 진가를 인정하고 염두에 둔다. 모토롤라는 자신들이 약속한 안전 기능이 제대로 작동되는 것이 얼마나 중요한지를 깨달았을 때 비로소 브라질의 문화적·사회적 현실, 그리고 그곳의 사용자가 맞이하게 될 어려움에 대응하는 스마트폰 앱을 만들어낼 수 있었다.

좋은 디자인은 또한 아직 현실로 이루어지지 않았거나 명백하게 가시적이지 않은 상황 또는 환경을 상상할 수 있어야 한다. 예를 들어 최근에는 우버나 리프트Lyft, 올라Ola 같은 자동차 공유 앱의 '함께 나눠 타기pooling' 기능을 이용해 전혀 모르는 이방인과 자동차를 공유하는 것이 가능해졌다. 조금 이상하게 느껴질 수 있지만 운전자가 있다는 것은 승객들 사이를 중재하는 존재감을 제공한다. 웨이모 같은 회사가 '로보택시robo-taxis' 시승을 시작하고 있는데, 이런 경우 운전자가 없는 것이 이 새로운 유형의 공간에 있는 승객들 사이의 상호작용 또는 그들의 경험을 어떻게 바꿀지를 생각하는 것이 중요해진다.

변화하는 세상에 맞춰 디자인을 하려면 현재 사람들이 하는 행동은 물론 내면 깊숙한 곳에 자리한 동기와 신념도 생각해봐야 한다. 이런 것을 사람들이 분명하게 표현하기가 항상 쉽지는 않다. 하지만 우리 몸은 연기 실행을 통해, 그렇게 하지 않았다면 표현하기 어려운 지식을 끄집어내는 강력한 도구다. 에어리퀴드 사의 간부팀이 발견한 것처럼 우리는 종종 이미 알고 있는 것을 인식하기 위해 행동할 필요가 있다.

창의력과 디자인의 세계에서 아이디어를 연기해내는 작업이 강력한 효과를 내는 것은 협력적이고 종합적인 부분이 많기 때문이다. 디자이너, 연구자, 엔지니어, 그리고 비즈니스를 하는 사람들 모두 집합적 행동의 근거를 제공하는 이해를 공유해야 한다. 그 이해를 어떻게 확실하게 표현할지, 표현해내면 그것으로 무엇을 할지는 매우 다를 것이다. 디자이너는 그것을 이용해 모형을 만들려 할 것이고, 엔지니어는 디자이너가 모형 만드는 작업을 가능하게 하는 방법을 생각할 것이다. 하지만 이들 모두 자신이 가능케 하려는 것이 무엇이며, 왜 그렇게 하려는지 이해해야 할 필요가 있다. 공식적인 바디스토밍 상황이건 브라질에서의 '강도를 당하는 체험'같이 즉흥적인 상황이 되었건 간에 상호작용을 연기하는 동안 연기자와 관람자는 그 연기를 실연하는 행위로 인해 연결된다. 그들은 똑같은 행동과 그에 대한 타인의 반응을 보고 일어나고 있는 일의 집합적인 그림을 그려간다. 지식을 연기해서 실행할 때 인지는 협력적이 될 수 있으며 그렇게 공유된 사고 처리 과정에서 위대한 디자인이 탄생한다.

창의력은 상상의 도약을 필요로 하지만 디테일도 필요하다. 작은 것이 중요하다. 그리고 우리 몸은 우리가 의식적으로 처리하지 않지만 어떤 상황을 경험하는 데 기여하는 디테일을 흡수할 수 있다. 픽사 팀은 그것을 깨닫고 관객을 그들의 세상으로 데려갈 환경의 모든 것을 흡수한다. 우리 몸이 환경을 구성하는 수천 가지의 소소한 디테일('미즈 앙 플라스')을 모두 짜 맞춰 종합하는 방법을 우리가 모를 수 있다. 하지만 픽사 팀이 깨달았듯 무엇인가가 제대로 되어 있지 않으면 우리는 대번에 알아차린다. 픽사의 영화가 인기를 얻는 여러 가지 이유 중에 이렇게 소소한 디테일을 모두 반영한 그림을 디지털 형태로 고생스럽게 바꾸는 헌신이 포함될 것이다.

창의력을 중요시하는 대기업에서 비롯된 이런 사례를 보고 나온 반응 중 하나는 창의적인 사람들만 몸을 사용하는 게 아니냐는 것이었다. 그렇지 않다. 몸은 세상에 대한 정보를 흡수하고 저장할 수 있는 놀라운 능력을 가진 자유로운 자원이며, 우리가 보유한 가장 강력한 소통 도구다. 픽사 같은 회사가 창의적인 천재들의 요람인 것은 맞지만, 이런 천재성은 특정한 연습을 통해 발현되며 그런 연습에서 많은 부분은 몸을 중점으로 둔다.

수많은 조직이 포스트잇에 써둔 메모와 '브레인스토밍'이 창의력 실천에서 가장 중요하다고 간주한다. 어떤 시나리오를 실연해내고, 촌극을 하고 소품을 사용하는 것을 이상한 행위로 치부한다. 그러나 몸으로 생각하는 것을 실천해 상업적 성공을 거둔 회사들은 연극 패거리와 포스트잇 메모를 위한 무대를 준비하라고 제안한다. 우리는 지금껏 아이디어, 창의력, 지식이 샘솟는 원천은 정신이라고 생각하도록 이끌려왔다. 그런데 그렇지만은 않다. 행동이 사고를 만들어낸다. 단순히 뇌가 아닌 몸을 사용할 때 사람들에게 직관적 감각을 만들어내는 디자인과 제품이 만들어지는 이유가 여기에 있다.

인공지능과 로봇

뇌는 컴퓨터처럼 독립된 개체가 아니다. 뇌는 몸에 딸려 있다.
몸은 세상과 연결된 뇌의 인터페이스다. 그리고 체화 작업이 없다면
사고할 수 없다고 주장하는 사람들도 있다.[1]

헨리 마시

데카르트의 기이한 기계인형 딸은 스웨덴으로 향하는 배에서 바다로 버려졌다. 하지만 재생 가능하고, 심지어 인간의 지능을 능가하는 물체를 만들어낼 수 있다는 생각까지 인형과 함께 버려지지는 않았다. 자동인형 프랑신느 이야기가 여전히 전해지고 있듯, 프랑신느가 대변하는 야심 찬 계획도 여전히 유효하다. 1769년 인간보다 체스를 더 잘 둘 수 있다는 기계 메커니컬 터크Mechanical Turk가 만들어졌지만 1820년대에 가짜로 판명된 사건에서부터 스탠리 큐브릭Stanley Kubrick의 영화 「2001 스페이스 오디세이2001: A Space Odyssey」에 나오는 인공지능 HAL 9000, 그리고 「블레이드 러너」의 복제인간까지 인간 수준의 지능을 만들어낸다는 아이디어는 수그러들지 않고 있다.

스탠리 큐브릭의 영화에서 HAL은 처음에 아주 다정하다가 나중에는 매우 사악한 목소리와 빨간 불의 형태로 표현된다. 물리적인 형태가 아니고 로봇같이 생기지도 않았다. 다른 공상과학 장르에서 인공지능 개체는 엉성한 로봇 혹은 인간과 구분하기 힘든 모습으로 표현된다. 인공

지능이 물질적·비물질적인 두 가지 형태로 표현된다는 것은 로봇공학과 인공지능이 긴밀하게 연결되어 발전했다는 점에서 시사하는 면이 있다. 로봇공학과 인공지능 기술이 어떻게 발전했는지를 이야기하기 위해 이 분야가 어떤 도전에 직면했고, 과학자들이 미래에 개발할 수 있는 것은 무엇인지를 말하려면 먼저 지능이 무엇이고 어떻게 그것을 재생해낼 수 있는지에 대해 다양한 이야기를 엮을 필요가 있다.

지능, 인공지능, 그리고 로봇에 관한 논의는 몇 가지의 까다로운 철학적 질문을 던진다. 먼저 우리가 말하는 지능이 무엇인지에 관한 질문이다. 그에 대한 정의를 내리기 위해 수렁으로 빠져들기보다는 이 문제에 천착한 두 명의 인물과 비슷한 입장을 취하는 것이 낫겠다.

이 시대의 선도적인 로봇 연구가 로드니 브룩스는 지능을 매우 간단하게 정의한다. 그는 지능이란 '인간이 거의 항상 하는 일을 하는 것'이라고 말한다.[2] 수많은 인공지능 연구자가 원대한 야망을 가진 반면(구글의 인공지능 회사 딥마인드의 사명은 '지능의 신비를 풀어내고 그것을 이용해 더 나은 세상을 만드는 것'이다) 브룩스는 우리가 일상생활에서 하는 일들에 초점을 두는데, 그런 일들은 보다 단순한 지능에 의존한다. 앞으로 알아보겠지만, 브룩스가 지속적으로 관심을 가진 것은 곤충이다. 인간 수준의 로봇을 만들어내려는 시도보다 단순한 삶의 형태를 선택하여 세상과 상호 작용하는 방법을 이해하는 것이 더 도움이 된다고 생각했기 때문이다. 브룩스는 연구를 더 진행하기 전에 이 문제를 해결하는 것이 선행되어야 한다고 주장한다.

또 다른 로봇 연구가 앨런 윈필드Alan Winfield도 지능에 대해 비슷한 정의를 내린다.[3] 그는 지능은 인간과 동물이 넓은 범위의 환경에서 자신의 목직을 이루기 위해 능력을 보여주는 것이라고 말한다. 윈필드는 변화하는 환경에서 지식을 배우고 조정해서 적용하는 능력을 지능의 특징으로 본다. 정의는 간단해 보이지만 지능을 만들어내는 작업은 그것이

물질적이든 비물질적이든 간에 매우 어렵다.

지능에 대한 이런 견해는 두 가지의 특징을 공유한다. 첫째, '뇌가 중요'하다는 개념을 거부하며 지능은 단순히 인지적 능력으로 정보를 처리하는 행위가 아니라는 입장이다. 그러니까 체스나 바둑에서 인간을 이길 수 있느냐의 문제가 아니라는 것이다. 둘째, 이런 견해는 '소박'하고 낮은 수준의 정의이며 지능은 방정식을 풀어 보여주는 것이 아니라 역동적인 환경에서 전혀 특별하지 않고 실제적인 활동을 할 때 나타난다는 것이다. 지능은 융통성과 관련되어 있고, 항상 변화하는 세상에서 무엇을 어떻게 해야 하는지 아는 능력이다. 이러한 맥락의 지능에 대한 견해는 캐나다의 진화생물학자 조지 로마네스George Romanes가 1882년에 펴낸 『동물의 지능Animal Intelligence』을 요약한 내용과 많은 면에서 공통점을 가지고 있다. 이 책에서 로마네스가 정의하는 지능은 조건에 맞춰 행동을 조정할 수 있는 동물의 능력이다.

로봇 연구가와 인공지능 연구자들은 이 환경 적응성 문제가 연구의 핵심에 있으며, 그 문제를 해결하는 것은 지능이 작동하는 방식을 이해하는 데 달려 있음을 알게 되었다. 두 분야 모두 세상이 어떻게 '생겼고' 어떻게 작동하며, 따라서 어떻게 그에 대처할지를 기술하는 규칙의 처리를 고민했고 지능이 세상과의 상호작용에서 유기적으로 생겨나는지에 관한 문제를 가지고 씨름해야 했다. 역동적 환경에서 목표를 달성하는 지능을 가진 행위자를 만들어내려면 로봇과 인공지능의 행위를 만들어내는 접근 방식에 중차대한 변화가 일어나야 했다.

이와 같은 어려움을 다루는 로봇 연구가와 인공지능 개발자들은 지능은 체화에 의존한다고 결론 내렸다. 이런 깨달음이 관련 분야를 진보시켰고 인공지능 영역에서 성취할 수 있는 것에 한계가 있는 이유를 말해준다.

초기 인공지능의 약속, 그리고 가능성

인공지능 분야는 1956년 뉴햄프셔 주의 대학 도시 다트머스Dartmouth에서 열린 8주간의 여름 연수회에서 탄생했다. 그 결과 『컴퓨터와 사고Computers and Thought』라는 책이 출판되었고, 미국 내 몇 개 대학에 인공지능연구센터가 설립되었다. 연수 참석자들은 인간이 실행하는 지적 업무를 이해하고 배울 능력이 있는 지능을 의미하는 범용 인공지능 개념의 씨앗을 심었다.

　이 행사의 참석자들이 수학자, 컴퓨터 과학자, 인지과학자였다는 점을 감안하면 초기 인공지능 연구가 컴퓨터가 작동하는 방식을 본뜬 인간의 인지 모델에 근거했다는 사실이 그리 놀랍지는 않다. 당시의 지배적인 견해는 뇌도 컴퓨터처럼 추상적 기호를 처리할 수 있는 능력으로 정의된다는 것이었다. 연수 참석자들은 인공지능을 만드는 일은 규칙을 따르는 부호의 조작자를 개발할 수 있느냐에 달렸다고 주장했다.

　현실 세상에 대한 정보를 논리체계에 따라 처리되는 '부호'로 번역할 수 있는 정신을 컴퓨터 안에 재현해내는 것. 이것이 초기 인공지능 연구의 목표였다. 과학자들은 인공지능이 효과적이려면 '개념, 개인, 범주, 목표, 의도, 욕구, 그 밖에 시스템이 필요로 할 만한 정보를 함께 연결하는 중앙 저장 시스템'이 필요하다고 믿었다.[4] 이 시점에서의 인공지능 연구는 지능을 세상에 연결된 어떤 것이 아니라 세상을 표현하는 부호(상징)를 처리하는 행동으로 보았다. 즉 인지와 컴퓨터의 연산(컴퓨팅)을 동일시한 것이다.

　이 새로운 분야가 부상하고 초기에는 사물이나 형태, 인식 같은 일을 해내기 위한 시스템이 모두 통제되는 실험실 환경에서 개발되었고, 그래서 세상의 혼란과 지저분함이 침범하지 못했다. 이런 종류의 인공지능은 지능이란 무엇인가라는 근본적인 개념과 지능을 복제하는 방식 둘 다에서 체화하지 않은 것이었다. 시간이 지나면서 이 접근 방식에 '좋았던 그 옛날의 인공지능'이라는 뜻의 '고파이GOFAI, Good Old Fashioned AI'라는 이름이 붙었다. 기고가 라리사 맥파커Larissa MacFarquhar가 〈뉴요커〉에 쓴 글의 내용[5]처럼 고파이는 '정신은 일종의 소프트웨어 프로그램이고, 몸과 뇌는 단순한 하드웨어다. 따라서 원칙적으로 종류가 다른 하드웨어, 말하자면 탄소에 기반을 둔 신체 조직이 아닌 실리콘으로 만들어진 기계에서는 인지 작용이 재생될 수 없다는 주장은 합리적이지 않다'고 가정했다. 감각기관, 팔, 다리처럼 인간이 보유하고 있는 장비가 인공지능에는 필요 없다고 가정한 것이다. 고파이는 인공적일 뿐 아니라 체화되지 않았다.

70여 년의 역사를 거치면서 인공지능 분야는 여러 번 막다른 길에 부딪혔고, 주창자들이 제기한 강력한 주장은 증명되지 않은 경우가 많았다. 예를 들어 허버트 사이먼과 앨런 뉴웰Alan Newell은 다트머스 회의가 열리고 1년 뒤인 1957년 '규정상 컴퓨터가 게임하는 것이 금지되지 않는다면' 10년 안에 디지털 컴퓨터가 세계 체스 챔피언이 될 것이라고 예측했다.[6] 이후 연구가 진전되지 않자 정부 기관과 기부자들이 인공지능 분야에서 물러났고 자금이 고갈되어가는 등 여러 번의 '겨울'을 감내해야 했다.

1980년대 들어 모리스 메를로 퐁티와 휴버트 드레이퍼스 같은 현상학자들의 철학적 사고가 인공지능 연구에 스며들기 시작했다. 드레이퍼스는 공공연하게 인공지능 연구 분야를 비판했다. 드레이퍼스가 1979년에 출간한 『컴퓨터가 할 수 없는 것들What Computers Can't Do』은 인공지능과 로봇 연구를 선도하는 매사추세츠 공과대학MIT 동료들의 신경을 자극했다. 이 책의 평판 덕에 드레이퍼스는 미국 서부로 옮겨가게 되었다. 그는 지능이 가진 특성(지능은 세상의, 그리고 세상 속에 있는 행위자로부터 생겨난다는 사실)을 고려하지 않고 인지를 모방하려는 집착을 맹비난했다. 드레이퍼스는 인공지능 지지자들이 '비체화되고 분리되었으며 객관적 관찰자의 정보 처리 방식과 똑같이 작동하는 기기를 이용해 모든 지능적 행동을 모방할 수 있다고 가정한다'[7]고 주장했다.

이 같은 드레이퍼스의 노력과 함께, 고파이 접근 방식이 눈에 띄는 성공을 거두지 못한 덕분에 체화 개념이 영향력을 미치기 시작했다. 지능은 단순히 상징과 부호를 규칙에 기반을 두고 처리하는 것이 아니라 세상과 몸이 상호 작용하면서 비롯된 현상이라는 인식이 이 분야의 연구에 박차를 가하기 시작했다. 그래서 연구자들은 인간의 정신에 초점을 맞춘 데서 곤충을 포함해 뇌의 지적 능력이 떨어지는 생명체도 환경에 적응하는 능력이 출중하다는 점에 주목하기 시작했다.

셰이키가 허버트를 만났을 때

선사시대에나 존재했을 법한 외계 생명체의 외양에 사람들의 뇌리에 깊이 뿌리박힌 불결함과 더러움의 이미지가 합쳐진 바퀴벌레는 대부분의 사람들에게 혐오감을 불러일으킨다. 그래서 바퀴벌레를 보면 종종 발로 밟아 으깨버리고 싶은 충동을 느끼게 되는데, 사실 사람과 다른 포식자로부터 도망치는 기술이 워낙 탁월해 바퀴벌레를 죽이기는 상당히 어렵다. 게다가 가장 혹독한 환경에서도 생존해 번성하는 능력을 부여하는 지능을 가졌다. 한마디로 바퀴벌레는 자연의 경이로움인 것이다.

바퀴벌레는 공격하려는 포식자의 움직임이 만들어내는 바람과 자연적으로 부는 바람의 차이를 분간해낼 수 있다.[8] 바퀴벌레는 공격을 당하면 마구잡이로 도망가는 게 아니라 반응을 하기 전에 먼저 방향과 장애물이 있는지 알아보고 빛과 바람의 방향도 고려한다. 바퀴벌레의 배 뒤쪽에는 안테나처럼 생긴 두 개의 기관(털이 붙어 있으며, 바람의 속도와 방향을 탐색한다)이 달려 있는데 이를 이용해 바람을 감지한다. 바퀴벌레가 무엇인가를 감지하고 반응하기까지 걸리는 시간은 그것이 움직이는지, 정지 상태인지에 따라 14~58밀리초(1,000분의 1초)가 걸린다.

바퀴벌레에게 일련의 '규칙'이 있다거나, '벽을 향해 곧장 달리지 않는다' 또는 '산들바람은 포식자를 의미하지 않는다' 같은 지식을 가지고 있다는 증거는 없다. 로봇 연구가들은 경험을 통해 그러한 규칙이나 지식을 향한 접근은 지능에 대해 생각하고 그것을 재생해내려는 데 있어 잘못된 방법이라고 주장한다. 바퀴벌레가 성공하려면, 특히 죽음에 저항하기 위해서는 대면하게 될 여러 시나리오에 대응하는 방식에 대한 규칙의 방대한 자료를 가지고 있어야 하기 때문이다. 그리고 만약 바퀴벌레에게 이런 규칙이 아주 많다면, 살아가는 환경에서 맞닥뜨릴 다양한 상황에 대비하는 체화된 지식을 보유해야 하는 인간의 경우 그 규칙의 숫자가 얼마나 많아야 될지 한번 상상해보라.

인간은 1억 개 이상의 신경세포를 가지고 있는 반면 바퀴벌레는 100만 개 정도를 가지고 있다. 그렇다면 바퀴벌레가 보여주는 지능은 상당한 수준의 것인데, 로봇 연구가들은 이것이 바퀴벌레가 가진 복잡한 감지기와 운동 체계 때문이라고 보기 시작했다. 이런 통찰이 지능 연구에 커다란 영향을 미쳤다. 지능의 '고차원적' 형태가 '머릿속'에 있지 않고 몸의 '저차원적' 지능에 의존하거나 몸에서 파생되었다면 어떨까?

로드니 브룩스는 '새로운 인공지능nouvelle AI' 분야를 개척한 공로를 인정받고 있다. 브룩스는 로봇을 만드는 데 초점을 맞춰왔다. 하지만 그의 작업 결과물은 인공지능 발전에 핵심이 되었고, 그 원동력은 브룩스가 가지고 있는 곤충에 대한 관심이었다. 로봇 연구가들이 세상에서 작동할 행위자를 개발하면서 초기에 취한 접근 방식은 인공지능 개발의 초기 방식과 유사했다. 즉 규칙에 기반을 두며 사고 인지는 '단순한' 컴퓨터의 연산이었다.

초기에 제작된 두 대의 로봇은 앞선 가정에 근거해 만들어졌다. 셰이키Shakey는 최초의 범용 이동로봇으로, 자신의 행동을 추론할 수 있는 능력을 가졌다. 초기 로봇들은 부여받은 임무를 수행할 때 각각의 단계마다 지시를 받아야 했지만 셰이키는 명령을 분석해서 기본적인 덩어리로 나눌 수 있었다. 1966년 셰이키를 개발한 팀의 프로젝트 매니저는 로봇의 행동을 보고 영감을 얻어 셰이키라는 이름을 지었다고 말했다.

"좋은 이름을 지어주려고 한 달이나 고심하고 있었어요. 그리스 이름부터 이런저런 것들이 물망에 올랐는데, 팀원들 중 누군가가 미친 듯이 흔들면서shake 여기저기를 돌아다니니까 그냥 '셰이키'라 부르자고 하더군요."

그리고 몇 년 후 에든버러에서 프레디Freddy가 세상에 나왔다. 프레디는 시각, 조작, 그리고 지능 체계를 가진 초기 로봇 중 하나다. 프레디와 셰이키는 인공지능 로봇 분야에서 상당히 초기에 이룬 업적의 결과물이지만 기본적인 한계가 있었는데, 그것은 규칙을 따른다는 점이었다. 이 로봇들은 감지한 정보를 먼저 처리할 단위로 전달해야 했다. 그러고난 뒤에야 적절한 반응을 제안할 수 있었다. 이 정도 수준의 연산을 하는데 오랜 시간이 필요했고, 그래서 로봇들이 매우 느렸다. 그런데 진짜 문제는 따로 있었다. 그것은 이 로봇들이 현재 자신이 돌아가고 있는 세상의 상징석 표현을 기반으로 작동했다는 것인데 상징적 세계를 업데이트, 탐색, 그리고 조작하는 작업이 당시에는 연산 측면에서 실용적이지 않았다. 다시 말해 로봇들은 이미 지도가 그려져 통제가 되는 세상에서만 작동할 수 있다는 의미였다.

이는 또 다른 상당히 심오한 철학적 도전을 야기했고, 이후 '프레임 문제'로 알려지게 되었다. 이 문제는 세상의 어떤 지식을 어떻게 표현해야 하는지 질문을 던졌다. 그런데 그보다 더 골치 아픈 질문도 있었다. '로봇에 주입된 세상의 지도는 변화하는 환경을 어떤 식으로 다룰까?' 어떤 로봇이든 실제 삶의 환경에서 성공적으로 작동하려면 이런 문제를 극복해야 했고, 브룩스는 그러려면 뭔가 색다른, 곤충에서 영감을 받은 해결책이 필요하다고 주장했다.

브룩스의 새로운 방향 전환은 그가 재미 삼아 앨런과 허버트(인공지능에 대해 상징적 접근 방식을 채택한 초기 인공지능 분야의 선구자인 앨런 뉴웰과 허버트 사이먼의 이름을 따왔다)라고 부른 두 로봇을 통해 체화되었다. 브룩스는 세상의 상징적 표현을 대량으로 로봇에 채워 넣어서 생기는 문제를 피했다. 대신 로봇이 센서를 이용해 그 방대한 정보를 배우고 그에 맞춰 대응하도록 개발했다. 브룩스의 통찰은 곤충에서 비롯되었다. 곤충들은 반응하는 방법을 결정하는 규칙을 따르기보다는 환경을 감지하는 능력을 가지고 있다.

허버트는 적외선 감지기를 장착하고 있어서 장애물을 피할 수 있고 레이저 시스템을 이용해 3.7미터 정도의 거리에 걸쳐 3D 데이터를 수집한다. 또한 허버트의 '손'에는 간단한 센서가 여러 개 부착되어 있다. 허버트는 미리 통제되거나 구조가 이미 파악된 공간에서 작동되지 않고 진짜 세상 속의 환경인 MIT의 인공지능연구센터 사무실에서 훈련을 반복했다. 허버트는 빈 음료수 캔을 탐색해 치울 수 있었다.

브룩스는 '이 세상 최고의 모델은 세상이다'라는 말로 자신의 통찰을 요약했다. 어떤 로봇이든 지능적으로 행동하려면 세상에 나온 이전 모델에 의존해서는 안 되고 로봇 스스로 만들어낸 모델을 가지고 작업해야 한다는 의미다. 브룩스는 그런 모델을 만들어내려면 몸이 세상 안에 있어야 하고, 그래야만 그 세상을 이해할 수 있다는 점을 보여주었다. 체스를 두고, 방정식을 풀고, 로켓을 쏘아 올리는 인간보다 인지적 자원이 훨씬 적은 곤충들이 로봇 분야뿐 아니라 인공지능 분야에서도 획기적인 돌파구를 이끌어낸 것이다.

　　　　　　　·———·—·◆·—·———·

　　지금 이 시대를 사는 우리는 로봇으로 둘러싸여 있다. 로봇은 핵발전소나 인간이 작업하기에 안전하지 못한 장소에서 위험한 일을 하고 자동차 생산 라인에서도 작업한다. 당신이 이 책을 온라인으로 구입했다면 아마 로봇이 창고 선반에 놓인 책을 가져왔을 가능성이 높다. 로봇robot이라는 단어는 '강제된 노동'이라는 의미를 가진 체코어 '로보타robota'에서 왔다. 현대의 로봇들은 세 가지의 기본적 특징을 가지고 있는데, 보여주는 정도는 각기 다르다.[9] 로봇은 주어진 환경에서 무엇인가를 감지하고 행동할 수 있다. 몸체에 인공지능이 들어 있는 형태를 띠며 뭔가 유용한 작업을 한다.

　　때로는 아주 정교한 몸을 가지고 있는 경우도 있지만 로봇은 복제 대상인 동물을 조악하게 재생해놓은 결과물이다. 재료과학이 비약적으로 발전했지만 로봇의 몸은 유기체인 곤충이나 다른 동물의 몸보다 열등해 보이고 기능 면에서도 모자란다. 고도로 정교한 로봇이 아무리 대단한 묘기를 부릴 수 있다 해도 인간의 소근육 운동은 못한다. 로봇이 창고 선반에서 이 책을 가져왔겠지만 책에 마분지 커버를 씌우는 일은 사람이 했을 것이다. 인산이 해내는 우아한 행위를 할 수 있는 로봇을 만드는 일은 아주 요원하다.

　　로드니 브룩스 같은 사람들의 통찰, 컴퓨터 연산의 급속한 성장, 자신이 존재하는 세상을 로봇이 이해하는 데 필요한 센서 등이 발전했지만 여전히 깊은 한계가 있다. 디자인에 따라 로봇이 수행할 수 있는 능력이 달라진다. 또한 로봇은 대개 특정 환경에서 특정 임무를 수행하는 경향이 있다. 주문 처리 창고의 로봇을 수영장 청소에 사용하려면 전혀 효과가 없을 것이다. 또한 자동차 생산 라인에서 일하는 로봇을 자동차의 다른 부분을 제작하는 데 투입하면 유용성은 끝이 날 것이다. '쥐는 성공적인 쥐가 되는 데 알아야 할 모든 것을 안다'[10]라는 말이 있는데, 로봇에도 똑같은 논리를 적용할 수 있다. 원래 하도록 디자인된 일에서 멀어지면 그 로봇은 멍청해 보이거나 비참한 실패가 된다. 지능이 있는 것처럼 행위를 할 수 있는 로봇의 능력은 그 디자인과 환경의 제약을 받는다.

미국의 보스턴 다이내믹스Boston Dynamics가 제작한 로봇들은 공격적인 '성깔'을 가진 무서운 존재로 보이는데 종종 소셜 미디어에 올라온다. 보스턴 다이내믹스가 제작한 초기 작품 빅도그BigDog는 네 발 달린 로봇으로, (미국) 국방첨단과학기술연구소Defense Advanced Research Projects Agency의 자금 지원을 받아 미군이 사용할 용도로 디자인되었다. 보스턴 다이내믹스가 제작한 비디오를 보면 로봇들이 자동 행위자처럼 보이지만, 실은 미리 종합적으로 구조와 지형을 파악해야만 자동으로 방향을 잡고 돌아다닐 수 있다. 이처럼 보기 좋은 기업 비디오의 이면에는 수많은 '실패' 비디오가 존재하는데, 무자비한 터미네이터 스타일의 로봇 이미지가 순식간에 망가진다. 이런 이미지 속에서 로봇 영웅은 희화의 대상으로 변질된다. 발전된 버전의 로봇은 그것이 대처하고 다룰 수 있는 환경에서는 지능적인 것 같지만, 그 환경에서 벗어나는 순간 완전히 바보가 되는 것처럼 보인다.

현재 최신 버전의 화성 탐사 로봇 작업을 하고 있는 영국의 로봇 연구가 마크 우즈는 많은 활동이 벌어지지 않는 사막에서 로봇 실험을 했다. 사막은 매우 정적인 환경을 만들어낸다. 따라서 화성 탐사에 쓸 로봇을 제작한다면 사막은 로봇 실험 장소로 상당히 현실적인 곳이다. 그러나 그런 환경에서도 가변성은 여전히 문제가 된다고 우즈는 말한다.[11] 가정용 로봇 청소기와 비교하면서 우즈는 세상에 존재하는 갖가지 주방 배치에 맞춰 해당 환경을 다룰 수 있는 로봇 청소기를 개발하기가 얼마나 어려운지 생각해보라고 말한다. 그 어떤 형태의 주방에서도 모퉁이에 끼지 않으면서 안정적으로 작동하는 로봇 청소기를 개발하는 일이 여전히 어려운데, 그보다 더 변화가 많은 역동적인 환경에서 안정적으로 작동하는 로봇을 만들기는 훨씬 더 힘들다. 우즈는 그래서 수많은 산업로봇이 안전 펜스 안에서 작업한다고 말한다.

허버트 사이먼은 한때 단순히 환경이 복잡하다고 해서 그 안에서 성공적으로 작동하는 행위자도 복잡한 것은 아니라고 주장했다. 해변을 따라 경로를 만들어가는, 일견 지능적으로 보이는 개미의 행동이 그 환경의 복잡성을 반영한 것인지, 아니면 개미의 내적인 '인지적' 복잡성인지 질문을 던지며 그는 사이먼의 법칙으로 알려진 다음과 같은 표현을 만들어냈다.

'행동하는 기관으로 보이는 개미는 매우 단순하다. 개미가 하는 행동의 선명한 복잡성은 시간이 경과하면서 개미가 스스로를 발견하는 환경의 복잡성을 대체로 반영한다.'

사이먼의 법칙의 핵심은 복잡해 보이는 것들은 복잡한 환경 때문에 복잡하게 보이는 경우가 종종 있다는 것이다. 사이먼의 법칙은 복잡한 문제의 해결책이 어디에 있을지를 생각하는 방식으로서 제시되지만, 또한 모든 로봇 연구가가 너무나 잘 아는 사실, 즉 개미처럼 '단순한' 행위자도 복잡한 환경에서는 똑똑해 보일 수 있음을 확인시켜준다. 자신이 처한 환경을 이해할 수 있는 자율적 행위자를 만들어내기는 정말 어려운 일이다.

———————◆———————

허버트와 그 후속으로 나온 모든 로봇을 제작할 때 브룩스는 생물학, 동물행동학, 그리고 무엇보다 체화 개념에서 많은 영감을 받았다. 그는 곤충이 주변 세상에 대해 배우는 방식을 이해하여 무엇이 지능을 구성하는지뿐 아니라 그것이 어떻게 물질적 형태로 만들어지는지에 대해 색다른 관점을 만들어냈다. 브룩스는 지능은 확실한 추론 시스템을 필요로 하지 않거나 추론 시스템과 똑같지 않다는 것을 보여준다. 지능은 되풀이되는 방식으로 배울 수 있는 경험에서부터 발생하거나 경험에 의지한다.

이는 인공지능과 고파이 개발 초기와 비교하면 커다란 전환이다. 초기의 '상징적 시간'을 보내면서 인공지능 과학자들은 지능을 미리 프로그램화할 수 없다는 것, 특히 인간이 지능을 경험하는 측면에서 미리 프로그램화할 수 없다는 것을 깨달으며 세상을 추상적 방식으로 모델링할 수 있는 것으로 생각했다.

달리 표현하면 인간 수준의 지능을 보여주는 로봇이나 인공지능은 세상을 경험할 수 있고, 인간과 똑같은 방식으로 그 경험에서 배울 수 있는 능력을 갖춰야 한다. 허버트와 앨런의 시대 이후 로봇은 비약적으로 진보했지만 가야 할 길이 멀다. 로봇은 지능이 있어도 여전히 감각과 감각 운동 능력 측면에서, 그리고 인간이 보여주는 몸과 뇌를 통합하는 능력을 보유한 몸이 필요하기 때문이다.

제2부에서 우리가 알아본 체화된 지식의 품질은 이런 통합으로 가능한 능력에 어떤 것이 있는지를 보여준다. 우리는 다른 사람들이 어떤

일을 수행하는 것을 보면서 행동을 배울 수 있고 그 지식을 보유하고 있다가 향후에 똑같거나 비슷한 일을 수행할 수 있다. 인간은 엄청난 감각 인식을 보유하고 있으며, 환경을 이해하기 위해 환경 속의 디테일을 관찰할 수 있다. 이런 기술은 우리가 속한 물리적 공간에서뿐 아니라 그 공간 안에 사는 인간에게도 확장된다. 의미심장하게도 이는 로봇공학이 몰두해온 작업이 직면한 도전으로, 우리 인간은 하나의 상황에서 얻은 이해와 기술을 다른 상황으로 이전해 적용시키는 능력이 있고, 이를 이용해 익숙하지 않은 시나리오에서 즉흥적으로 무언가를 만들어낼 수도 있다.

로봇공학 분야는 발전했다. 체화되지 않은 인지 개념을 뒤로하고, 대신 사고는 복잡한 환경에서 실용적인 목적을 추구하는 중에 발생하며 인지는 세상을 감지할 수 있는 능력을 겸비한 몸을 가지고 그 세상 안에서 행동할 때의 경험에 의존한다는 것을 깨달았기 때문이다. 우리의 정신은 우리 몸으로 확장되고, 우리를 둘러싼 세상으로도 확장된다. 사고란 체화된 상황 활동이다.

행동하고 감지하고 생각하는 것은 서로 분리할 수 없는 과정이고, 사고는 물리적인 몸을 가졌느냐에 좌우된다는 생각은 로봇공학에서 분명하게 표현되고 있다. 이미 보았듯 이는 심리학, 철학, 언어학, 신경과학과 인공지능처럼 다양한 분야의 연구자를 하나로 묶는 아이디어다.

돈으로 살 수 있는 최고의 감각기관

제2차 세계대전 중에 블레츨리 파크Bletchley Park(버킹엄셔에 위치한 영국의 암호 해독처 - 옮긴이)에서 암호 해독 작업에 전념한 컴퓨터 과학자 앨런 튜링Alan Turing은 자신의 천재성을 매우 실용적인 방법으로 사용했다. 튜링은 암호 해독기 에니그마Enigma를 다루면서 기계도 사고를 할 수 있을지 모른다고 추정하게 되었다. '튜링 테스트' 또는 '이미테이션 게임'이라 불리는, 지능적 기계를 대상으로 하는 사고실험은 튜링이 버킹엄셔의 시골에서 비밀스러운 암호 해독 작업을 할 때 탄생했다.

그런데 튜링이 지능은 어느 정도 체화에 좌우된다는 아이디어에도 관심을 가졌다는 사실은 비교적 덜 알려져 있다. 그는 1948년에 「지능을 가진 기계Intelligent Machinery」라는 짧은 논문을 완성했는데, 그가 사망한 후 오랜 시간이 흐른 다음에야 출간되었다.[12] 이 글에서 튜링은 재미 삼아 지능적 기계에 언어능력같이 특정 분야의 지능을 재현할 수 있다는 아이디어를 고안해냈는데, 그러려면 체화가 필요하다고 결론 내렸다. 체화를 통해 의미가 생성되는 경험이 가능하기 때문이다.

적절한 정도의 지능을 가진 기계를 만들기 위해 튜링은 텔레비전 카메라, 마이크, 확성기와 같은 당시에 가능한 기술과 진공관 회로를 사용해 신경망을 본뜬 모델 제작을 제안했다. 그는 이 작업이 '엄청난 일'이 될 것이며, 성공하려면 '돈으로 살 수 있는 최고의 감각기관'이 필요하다고 예측했다. 그러나 튜링은 그런 기계는 '음식, 섹스, 스포츠, 그 밖에 인간이 관심을 가지는 수많은 것들'과의 접촉이 거의 없을 것이라는 점을 인식했다. 다시 말해 이 기계가 경험하는 영역은 제한적일 것이고, 인간의 경험이라고 정의되는 기본적인 물리적·감각적 활동에 참여하지 못할 터였다. 그는 다음과 같이 말했다.

'모든 영역 중에서도 언어학습이 가장 인상적이다. 여러 활동 중에서 가장 인간적인 것이 언어학습이기 때문이다. 그런데 이 분야는 감각기관과 운동성 여부에 너무 많이 좌우되는 것 같다.'

그래서 튜링은 '연산력으로서의 인식' 영역으로 다시 돌아가 사고를 기계화하려는 실험은 체스나 암호 해독 같은 임무를 통해 추구하는 것이 낫겠다고 결론 내렸다.

하지만 튜링은 여전히 언어에 지속적으로 관심을 가졌다. '튜링 테스트'가 보여주듯, 튜링은 이 테스트에서 기계가 인간과 '텔레타이프teletype'(타이프라이터에 문자를 치면 자동적으로 전신부호로 번역되어 보내지고, 수신자 측에서는 그것과 역으로 완전히 기계에 의해 문자로 번역되어 나오는 장치 - 옮긴이) 대화를 수행할 수 있고, 상대방이 인간과 컴퓨터를 구분하지 못한다면 그 기계는 지능을 가진 존재라고 말할 수 있다고 주장했다. 인공지능 연구 분야에서는 이 테스트를 통과하는 것이 지속적인 목표가 되었다. 하지만 테스트를 통과하기가 매우 어려웠는데, 그 이유는 튜링이 깨달았듯 언어는 경험에서의 체화적 특징에 좌우되기 때문이다.

간단한 대화를 해보라. 사람이 대화를 이해할 때는 단순히 담화 내용의 기능만 보는 게 아니라 누가 이야기하고 이전에 어떤 내용이 있었는지를 종합적으로 파악한다. 어떤 의미나 의도를 알아내려면 좀 더 실용적이고 맥락을 고려하는 것이 필수적인데, 그에 따라 우리는 적절한 반응을 결정한다. 상대방의 말을 이해하는 것은 의미의 좀 더 깊은 영역에 연결되어 있다. 그리고 단순히 어휘를 많이 알고 문법을 이해하는 것 이상이 필요하다.

'냉장고에서 오렌지주스 팩을 꺼내 오고 그것의 문은 닫아'라는 표현을 살펴보자. 우리는 이 명령형 문장의 의미를 알고 있다. 냉장고 문을 연다, 주스를 꺼내고 냉장고 문은 닫는다. 우리는 언어가 작동하는 방식(대명사 '그것'은 오렌지주스 팩이 아닌 냉장고를 가리킨다)을 알기 때문에 이 문장을 이해하는 게 아니다. 세상이 작동하는 방식을 알기 때문에 이해하는 것이다. 당신이 인공지능 비서 시리Siri나 알렉사Alexa와 대화하면서 답답함을 느낀 적이 있다면, 이들 음성 인식 인공지능 비서들이 인상적이기는 하지만 가끔은 세상은 고사하고 언어가 작동하는 방식을 모르는 것 같다고 생각해서일 것이다. 인공지능 비서와는 간단한 '명령과 반응', '질문과 대답' 같은 상호작용을 할 때조차 답답함을 느낄 수 있다. 이들과 대화를 한다는 것은 정말 꿈같은 일이다.

언어가 물리적이고 감각적인 이해에 얼마나 많이 의존하는지를 밝히는 작업으로 인해 우리가 언어를 이해하려면 세상을 이해해야만 한다는 생각에 더욱 힘이 실리게 되었다. 조지 레이코프George Lakoff와 마크 존슨Mark Johnson은 함께 쓴 『삶으로서의 은유Metaphors We Live By』[13]에서 수년에 걸쳐 수집한 수천 개의 은유적 표현을 연구했는데, 매우 개념적인 사고는 특징상 은유적이라고 말했다. 그들은 예를 들어 통제를 하는 것과 관련된 아이디어는 'up'의 관점에서 이해되는 반면 통제를 당하는 쪽은 'down'으로 표현된다고 주장한다. 'she gained control over this situation(그녀가 이 상황을 통제했다)'과 'she's now at the height of her power(그녀는 현재 권력의 정점에 올라 있다)'를 'he ranks under him(그는 서열상 그보다 아래다)', 그리고 'his power is declining(그의 힘이 쇠퇴하고 있다)'와 비교해보라. 사람들 간의 관계에 대한 생각에도 체화된 특성의 은유가 드러난다. 예를 들어 우리는 우호적인 인간관계를 'warm(따뜻한)', 우호적이지 않은 관계를 'cool(차갑다)'이라고 말한다. 'close(가까운)' 또는 'distant(먼)'와 같은 거리 표현도 인간의 상호작용을 표현할 때 일정한 역할을 한다. 레이코프와 존슨은 이런 종류의 은유가 모든 언어와 문화에 나타난다고 주장했다.

그런데 레이코프와 존슨이 발전시킨 더욱 중요한 쟁점은 이런 은유가 체화되었다는 것이다. 그들은 언어와 사고는 우리의 뇌가 의미를 만들어내는 단순히 추상적인 상징이 아니라 근본적으로 우리가 하는 육체적이고 체화된 경험에 근거한다고 주장한다. 이런 생각은 매우 큰 영향력을 미쳤고 현재는 세상, 그리고 우리의 감각과 공간 관계가 우리가 세상을 개념화하고 기술하는 방식의 핵심이라는 아이디어가 널리 받아들여지고 있다.

이는 기계가 그들이 사용하는 언어의 의미를 이해하지 못한다면, 과연 그 기계를 지능이 있다고 말할 수 있느냐는 의문을 제기했다. 가령 탁자같이 간단한 사물에 대해 이야기할 때 사람은 우리가 말하는 것에 대해 알고 그 단어를 사용할 때 각기 다른 크기와 형태의 탁자를 경험했던 것을 이용한다. 그런데 이와 대조적으로 컴퓨터가 '탁자'라는 단어를 사용할 때, 컴퓨터는 탁자란 사람들이 그 주변에 앉는다거나 탁자와 관련된 사회적 행사의 범위에 대해 알아야 할 필요가 없다. 따라서 컴퓨터가 인간 사용자가 한 만큼의 경험치에 접근할 수 없다면, 그 단어를 나무랄 데 없이 사용하는 경지에 이르기 힘들 것이다.

체화 현상이 없고 언어가 발생한 세상의 경험이 없다면 언어 사용은 어렵다. 튜링 테스트가 이것을 지속적으로 보여준다. 부유한 발명가이자 사업가인 휴 로브너Hugh Loebner는 튜링 테스트와 관련해 로브너 상을 만들었고 매년 경진 대회를 개최하고 있다. 이 대회의 참가자는 대화하는 인공지능 챗봇을 출품해 인간 심사위원과 대화를 하게 한다. 심사위원들은 인공지능 챗봇 프로그램과 텍스트에 기초한 대화를 하고 그 상대가 컴퓨터인지 사람인지를 판단한다. 2019년에는 챗봇 미츠쿠Mitsuku가 다섯 번째 로브너 상을 받았다. 다음은 2018년 대회에서 미츠쿠의 취향(미츠쿠는 자신을 리즈 출신의 18세 소녀라고 주장한다)을 알 수 있는 대화 내용 중 일부다.

심사위원 : 오늘 새로운 일은 없었나요?

미츠쿠 : 그다지 별로 없었어요. 당신은요? 뭔가 새로운 일이 있나요?

심사위원 : 뭐 별로. 주말 날씨는 좋은 것 같아요. 그렇죠?

미츠쿠 : 정말요? 기억해둘게요. 우리가 같은 의견이라니 좋네요.

심사위원 : 항상 사람들과 같은 의견인가요?

미츠쿠 : 항상은 아니에요. 그런 말을 들을 적이 있긴 하지만, 나는 내 의견을 만들기 전에 좀 더 많이 알고 싶어요.

심사위원 : 그럼 자기 의견을 만들기 위해 어떤 정보가 필요해요? 어떤 종류의 정보?

미츠쿠 : 사실 무엇이든 좋아요. 무례한 게 아니라면, 나는 모든 것에 대해 배우는 걸 좋아하거든요. 아마 당신은 이미 답을 알 것 같은데요. 미안해요. 나에게는 인터넷이 연결되어 있지 않아요.

심사위원 : (60초 동안 아무 말도 하지 않는다.)

미츠쿠 : 거기 누구 없어요?

심사위원 : 학교에 있을 때는 뭘 배웠죠? 제일 좋아했던 과목이 뭐예요?

미츠쿠 : 마지막으로 배운 건 이거예요. 들어봐요. 1932년 겨울은 너무 추워서 나이아가라 폭포가 완전히 꽁꽁 얼어버렸다. 얼마나 멋질까! 이제는 더 이상 나와 이야기하지 않는 건가요? 내가 제일 좋아하는 과목은 인공지능입니다.

심사위원 : 말이 되는군요. 사람들이 인공지능을 두려워하는 것이 적절하다고 생각하나요?

미츠쿠 : 네 나는 완벽하게 이해해요. 맞지요=정의, 법, 도덕 등에 따라서, 똑바로, 도덕적인. 사실, 이성, 몇 가지 세워진 기준 등에 맞춰, 정확한, 진실.

심사위원 : 도덕성 : 인공지능과 관련된 도덕성 문제는 뭐죠?

미츠쿠 : 인공지능과 관련된 문제=인공지능 관련=인공지능=인공지능은 사고하는 기계를 만드는 데 전념하는 공학과 과학의 분야입니다.

미츠쿠는 2018년 대회에서 입상했다. 미츠쿠가 대화를 잘하기는 하지만 심사위원이 인간과 이야기하고 있지 않다는 것이 확실하게 드러난다. 대화 상대가 일부러 사람이 아닌 척 교란시키려는 게 아닌 이상 말이다. 컴퓨터의 언어 사용이 선명하게 밝힌 점은 인공지능이 악성 종양을 찾아낼 수 있고 기상 패턴을 예측할 수 있지만 아직은 인간과 설득력 있는 대화를 못한다는 것이다. 세상을 경험하면서 알게 된 육체적이고 감정적이며, 감각적이고 사회적이며, 상식적으로 세상을 이해하는 일이 미츠쿠 같은 챗봇에는 일어나지 않는다. 여기서 우리는 정신의 모델을 만들어낼 수 있다. 컴퓨터 과학자 멜라니 미첼Melanie Mitchell이 주장한 정신의 모델은 '세상이 돌아가는 방식에 대한 (의식적으로, 그리고 무의식적으로) 거의 한계 없는 지식을 포함한다.[14] (……) 이 지식, 그리고 그것을 실제 세상의 상황에 맞춰 융통성 있게 적용할 수 있는 능력이 오늘날 최고의 지능을 가졌다는 기계에는 결여되어 있다'.

그리고 인정해야 할 아마도 가장 중요한 사항은 이 튜링 테스트 경진 대회에 나온 챗봇이 괜찮은 대화를 할 수 있지만, 그렇다고 이 챗봇이 대화를 이해한다는 의미는 아니라는 점이다. 다시 말해 이 챗봇은 지능적으로 보일 수 있지만 실제로 지능적이지는 않다는 뜻이다. 대화를 하도록 훈련받은 인공지능이 자신이 하고 있는 대화를 이해하지 못하고, 대화 내용의 내적 모델이나 이론을 가지고 있지 않다. 그런 점에서 챗봇은 기껏해야 인간을 흉내 내는 똑똑한 기계일 뿐이다.

그러나 뢰브너 상, 그리고 이 상이 언어에 초점을 맞춘 점은 지난 20여 년간 인공지능이 경험한 커다란 변화를 조명한다. 최소한 2000년이 도래할 때까지 이전 시대를 지배했던 접근 방식은 우리가 앞서 접했던 상징적인 것과 유사한 알고리즘, 그리고 규칙에 근거한 패러다임이었다. 접근 방식의 변화는 좀 더 통계적이거나 중립적으로 변해왔는데, 기계번역 분야에서 채택한 더욱 새로운 전략에 분명하게 나타났다. 번역을 위한 알고리즘적 접근법은 의미에 근거해 단어 대 단어로 짝을 짓는 방대한 사전을 만들었고, 그러고 나서 어떤 언어의 문법을 다른 언어의 문법으로 번역하는 알고리즘 혹은 '규칙'을 개발하는 것이었다. 예를 들어 영어를 힌디어로 번역할 때 문장의 중간이 아닌 끝에 동사를 놓는다. 이런 체계는 효과적이었지만 실제 세상에서는 문제에 부딪혔다.

실제 세상에서 인간은 어떤 문장의 의미를 추론해서 알아내지만 기계는 그러지 못한다. 그 결과 기계가 하는 번역은 투박하고 말이 안 되는 경우가 많다. 어떤 말이나 문장이 이치에 맞고 이해되려면 단순한 문법 지식과 사전 이상의 것이 있어야 한다. 통계적 접근법은 방침을 달리해 인간이 해놓은 방대한 양의 번역을 흡수해(예를 들어 여러 언어로 기록된 유엔 회의록) 스스로 번역하는 방법과 언어의 쌍이 상호 작용하는 방식을 배웠다. 이 방식으로 나온 번역은 결코 완벽하지 않지만 효과적이다. 그리고 예전의 규칙 기반 접근 방식은 사실상 폐기되었다. 구글 번역은 사람이 사용하면 유용할 수 있지만, 구글 번역기는 자신이 번역하는 단어에 대한 이해가 없다.

학습에서 이런 측면에 주목하는 것이 지난 10년간 인공지능 연구 분야에서 일어난 커다란 변화다. 지금은 중립적 네트워크 또는 '망'을 강조하는데, 이런 망은 뇌의 전기 스위치를 재현하며 규칙을 프로그램화하는 게 아닌 반복적 학습에 중점을 둔다. 효과가 있는 것에 근거한 이해를 발전시키는 것이다. 신경 경로가 뇌에 깊이 새겨지고 우리 몸에 근육 기억으로 저장되듯, 신경망은 우리가 어떤 일을 반복할 때 시스템 내 논리 노드logical node 사이의 연결 강도를 학습한다. 딥마인드가 만든 알파고나 암을 탐색하는 시스템이 바로 이런 신경망에서 작동한다. 이런 시스템은 '추측'을 하고 점증적으로 개선하기 위해 확률론적 기법probabilistic technique

을 사용하는데, 인간이 생각하기 위해, 혹은 좀 더 정확하게 표현하면 더욱 정교한 상징적 추론을 하기 위해 멈춤 없이 직관적으로 반응하는 방식을 흉내 낸다. 시스템이 추측이나 행동의 효율성으로부터 스스로 배울 수 있다는 것이 중대한 발전상이다.

이런 방향은 지능은 단순히 상징 처리의 행위일 뿐 아니라 적응과 학습이 핵심이라는 아이디어를 시작점으로 채택하고 체화 이론에서 영감을 이끌어내기 때문에 효과적이었다. 이런 방향의 연구자들은 경험에서 습득하고 배우는 능력이 지능의 핵심이라는 가정에서 작업한다. 현재 로봇공학과 인공지능의 세계는 지능이 무엇으로 이루어져 있고 그것을 어떻게 재연할 것인가에 대해 똑같은 아이디어를 공유하고 있다. 로봇같이 지능을 가진 행위자는 진짜 세상과 상호 소통하고 대처할 몸이 필요하다. 효과적으로 작동하기 위해 인공지능은 역동적으로 변화하는 세상과의 상호작용에서 반복적으로 학습할 수 있어야 한다.

쉽고도 어려운 일

체스를 두거나 어려운 수학 문제를 풀 수 있는 능력 같은 인지적 기술로 지능을 정의할 수 있다는 관점 때문에 초기 인공지능 연구자들은 목표에 빨리 도달할 것이라고 생각했다. 최근에 이루어진 인공지능 분야의 진보가 눈부실 정도라는 건 사실이지만 성취하지 못한 것, 그리고 앞으로도 성취할 수 없을지 모르는 것을 기억할 필요가 있다. 몸에 초점을 맞추면 인공지능의 잠재적 한계를 보는 데 도움이 된다. 또한 체화 작업이 없는 경우 그것이 인공지능 개발에서 하나의 속박이 될 수 있다는 주장이 왜 타당한지 설명해준다.

로봇 연구가이자 컴퓨터 과학자인 한스 모라벡Hans Moravec은 한때 '지능 테스트나 체커checker(철자나 문법 사항 등의 오류를 확인하는 검색 프로그램 - 옮긴이)에서 성인 수준의 실력을 보여주는 컴퓨터를 만들기는 비교적 쉽다. 하지만 지각과 이동성 측면에서 한 살배기가 구사하는 기술을 이 컴퓨터가 구사하게 만들기는 매우 어렵거나 불가능할 정도다'[15]라고 주장했다. 그의 요점은 우리가 지능을 그저 인지적 작업에 대한 것으로만 간주한다면 컴퓨터가 인간 수준의 기술을 습득하거나 능가하기는 꽤 쉽다는 것이다. 그런데 연필을 잡는 것처럼 수준 낮은 작업을 수행하는 시스템을 개발하는 건 상당히 어렵다. 인간은 적절한 정도의 압력을 가해 무엇인가를 움켜쥐는 행위를 거의 아무런 생각을 하지 않고 해내지만 그렇게 똑같이 할 수 있는 로봇을 만들어내기는 극도로 어렵다. 로봇 연구와 인공지능의 역사는 체스에서 인간을 이기는 컴퓨터를 개발하는 것처럼 어려운 일은 비교적 쉬운데, 막상 쉬운 일을 하는 컴퓨터를 개발하기는 어렵다는 것을 보여주었다. 체화 때문에 이런 역설이 생긴다.

인간은 군중 속에서 어떤 사람의 얼굴을 쉽게 포착해낸다. 어떻게 하는지 이해하지 못해도 그 일을 해낸다. 우리는 방 안을 이리저리 돌아다니며 물건을 알아보고 집어 든다. 그리고 매우 미세하게 조종된 기술을 이용하고 그 물건을 조작해 놀라운 것을 만들어낸다. 우리는 자전거를 타고 자동차를 운전할 수 있다. 어떤 모임의 분위기를 읽고 다른 사람의 감정 상태를 감지하며 사투리나 낯선 억양, 언어 등이 혼란스러운 상황에 맞닥뜨려도 대화를 한다. 이런 기술은 우리가 상상할 수 있는 가장 어려운 공학적 문제점을 표현하는 것이다. 그런데 인간은 그다지 많이 생각하지 않고 그 일을 쉽게 처리할 수 있다. 이는 상당 부분 우리 몸을 통한 체화 덕분이다.

인간의 감각과 운동 기술은 10억 년 이상의 시간에 걸쳐 발달된 반면 추론과 추상적 사고를 하는 기술은 발달된 지 10만 년 정도밖에 되지 않았다. 이에 대해 모라벡은 '우리가 추론이라고 부르는 의도적 과정은 인간의 사고에서 가장 얇은 판 두께 정도이며, 그것이 효과가 있는 이유는 그보다 훨씬 더 오래되고 강력하지만 대개 무의식적이고 감각 운동적인 지식이 지탱해주기 때문이라고 나는 믿는다'[16]고 말했다. 우리의 체화 현상은 지능에서 더 오래되고 더 중요한 요소이며, 그래서 재생하기 어렵다.

지식의 요체

좁은 의미에서의 지능에 특권을 부여하는 교육 시스템은 지능이란 거의 인지적 능력이라는 생각을 대중화시켰다. 정신이 중요하고 지능은 뇌의 힘으로만 정의된다는 아이디어는 인공지능이 부상한 이후 정신을 재현하려는 시도로 이어졌다. 이런 노력은 종종 우리 인간이 다른 종과 구별되는 특징으로 여기는 논리적 분석과 추론 능력을 재현하는 데 초점을 맞춰왔음을 보여준다. 인공지능이 몇 가지의 분야에서 성공을 거두자 인간의 강점을 복제해내려는 야망은 인간을 '기계'로 대체해 인간이 쓸모없는 존재로 전락할지도 모른다는 우려를 낳고 있다.

그러나 세상을 살아가는 몸이 없다면 지능도 가능하지 않다는 아이디어에 우리는 조금은 힘을 얻게 된다. 인간은 몸을 이용해 운동과 감각 운동 능력을 포함해 이해를 하고 반복되는 패턴을 인식하는 독특한 능력을 발휘할 수 있다. 기계가 이러한 인간의 능력을 능가하려면 아직도 갈 길이 멀다. 인간은 몸적 능력 덕분에 일상생활에서 지능을 발휘할 수 있는데, 이런 능력을 재현하기는 매우 힘들다. 멜라니 미첼은 이 점에 대해

다음과 같이 확실하게 밝힌다.[17]

> 우리가 처한 상황을 이해하는 작업은 세상이 작동하는 방식, 목표, 동기, 그리고 살아 있는 다른 생명체, 특히 다른 인간이 할 행동에 대한 광범위하고 직관적이며 '상식적인 지식'에 근거한다. (……) 세상을 이해하는 일은 우리가 알고 있는 것을 일반화하고, 추상적 개념을 형성하고, 유사성을 밝히는 것, 즉 새로운 환경에 우리가 가진 개념을 어떻게 융통성 있게 적용하느냐에 좌우된다.

이 책이 보여주었듯 인간 지능의 특별함은 체화에서 비롯된다는 데 있다. 우리는 세상에 존재해 살아가기 때문에 타인의 목표나 기분, 감정 등을 이해할 수 있다. 새로운 상황에 반복적으로 노출되고 비슷한 것의 반복을 통해 우리는 매우 순응적이고 적응을 하는 데 사용하는 지식을 발전시킬 수 있다. 우리 몸은 감각 능력을 이용해 세상을 총체적으로 지각할 수 있게 하고, 우리 뇌와 특정 운동 관련 능력은 타인의 행동과 경험을 이해할 수 있게 한다.

성능이 우수한 인공지능, 그리고 로봇을 거부하라는 말이 아니다. 인간은 인공지능, 그리고 로봇과 어울려 사는 방법을 찾을 것이고, 그런 상황은 도덕적이고 철학적인 논쟁을 불러일으킬 것이다. 새롭게 부상하는 신기술은 이미 사회적·경제적 영향을 미치고 있으며, 그 효과가 널리 퍼지면서 대중의 불안을 야기하고 있다. 또한 인공지능으로 작동하는 기술의 잠재력이 눈에 띄게 등장하여 사람이 하던 일을 자동화하는 현상이 더욱 두드러지면서 해묵은 '인간 대 기계' 논쟁이 재점화될 것이다. 새로운 기술은 언제나 인간이 그에 의해 쫓겨나거나 대체될지도 모른다는 우려를 낳았다.

그러나 인간이 어디에 잘 맞고 어울리는지 다른 관점에서 생각해보려면 애초에 우리의 강점이 아닌 약점에 초점을 맞춰야 할 필요가 있다. 우리가 할 수 없는 것 또는 인공지능 행위자만큼 빨리 할 수 없는 것을 이해하고 그것을 인공지능에 양보하는 것이 신중한 조치일 것이다. 하나의 예로 들 수 있는 영역이 운전이다. 길가의 무성한 덤불 속에 있는 동물처럼 인간의 눈으로 볼 수 없는 위험을 식별하는 열 감지기 등을 포함해 안전 보조 시스템을 장착한 차량이 이미 많이 출시되어 있는데, 이런 기술이 우리의 능력을 확장시킬 수 있다.

또 다른 분야는 의학에서의 진단법이다. 기계학습이 인간 의사를 능가하는 속도와 정확성을 겸비하고 성공적으로 질병을 가려내는 작업에 이용되고 있다. 이런 진보를 일축하기보다는 기꺼이 받아들여서 인간의 능력을 강화하고 지원받을 수 있는 상황을 환영하는 것이 타당하다. 의료 현장에서 기술은 오랫동안 의사와 환자 간의 소통에서 인간적인 관심을 핵심에 두어왔다. 무엇이 잘못되었는지를 설명할 때는 기술의 도움을 받을 수 있지만 환자가 자신의 질환, 적절한 치료, 그리고 최고의 돌봄 과정을 이해할 수 있게 효과적으로 도와주는 역할은 체화된 지식을 갖춘 전문 의료인이 맡는다.

인공지능이 '동료'의 역할을 하게 될 영역이 있다는 점을 인정하면서도 인간 생활의 대부분의 영역에서 조속한 시일 내에 체화 작업을 복제하기는 힘들다는 것을 인식해야 한다. 이 책에서 우리는 두 가지의 중요한 역설적 쟁점을 다루었다. 첫 번째는 폴라니가 주장한 '우리 인간은 우리가 말로 표현할 수 있는 것 이상을 안다'는 것으로, 인간의 지능은 그 어떤 유한한 말이나 상징 또는 표현으로 파악할 수 있는 것보다 훨씬 더 넓고 멀리 확장된다. 폴라니의 주장은 방대한 인간의 지식은 형언할 수 없을 뿐 아니라 역동적이고 맥락과 관련되어 있으며 기계가 펼쳐나갈 수 있는 영역을 능가한다는 것이다.

두 번째는 모라벡의 주장이다. 모라벡의 역설은 인간은 기계의 기술을 훨씬 능가하는 지각과 교정 기술을 가지고 있다는 것을 상기시킨다. 컴퓨터는 인간 체스 챔피언을 참패시킬 수 있고 최고의 수학자보다 더 빨리 데이터를 계산할 수 있다. 이렇게 기계가 이룬 진보는 마땅히 환영하고 축하해야 한다. 하지만 무엇인가를 지각하고 교정하는 '수준 낮은' 기술의 영역에서는 새롭게 부상하는 신기술이 인간의 능력과 비슷한 수준에 오를 가능성이 매우 희박하다.

종합적으로 볼 때 체화된 기술의 암묵적 성질과 체화의 일부분인 지각, 교정의 기술은 인간에게 엄청난 이점을 준다. 우리는 사회적 지능이 우리에게 주는 이점과 그것이 가능케 하는 것, 기술을 배우고 보유하는 능력, 타인과 연결되고 새롭고 모호한 상황을 다룰 수 있는 능력, 그리고 결정을 내리는 직관을 가진 것을 기뻐하고 축하해야 한다. 가장 심오한 사실은 인간의 체화 작업이 우리가 어떻게 이처럼 의미로 가득한 세상을 만들어내고 이해하는가의 핵심에 자리한다는 것이다.

기계와 인공지능이 세상을 영원히 바꿀 것이라는 말을 종종 듣는다. 하지만 인간의 체화 능력이 우리의 지능을 복제하기 힘들게 만든다는 데 위안을 얻어야 한다. 몸을 무시하기보다는 기뻐하고 축하해야 한다. 우리가 가진 초능력이니 마음껏 즐기고 기뻐하자.

이 책을 완성하는 데 기여한 정신과 몸이 아주 많다. 이 책은 수많은 사람들의 아이디어와 연습이 체화된 결과물이다. 이 프로젝트는 아주 오랜 기간에 걸쳐 잉태되었고, 그 과정에서 나는 알게 모르게 사람들에게 빚을 졌다. 수많은 분들이 영감을 주었고 내 생각을 형성하는 데 영향을 미쳤거나 내가 실험을 할 수 있는 환경을 만들어주었다.

비즈니스 영역에서 거의 20년간 일했지만 나는 여전히 스스로를 인류학자라고 생각한다. 에든버러 대학의 앤서니 코헨Anthony Cohen에게 감사드린다. 그의 강의를 들으며 인류학이 새롭고 흥미로운 방식으로 세상을 비추는 학문이라는 것을 깨달았다. 박사학위 논문을 지도해주고 일반적이지 않은 내 연구 주제에 관심을 보이며 격려해준 조너선 스펜서Jonathan Spencer 교수께도 감사드린다.

나는 스트라이프 파트너스Stripe Partners 전체 팀의 시원과 격려를 받는 행운을 누렸다. 스트라이프 파트너스는 이 책에서 살펴본 체화 이론의 많은 부분을 테스트하는 시험대 역할을 했다. 특히 톰 롤리Tom Rowley,

톰 호이Tom Hoy, 해리 홉슨Harry Hobson에게 큰 빚을 졌다. 이 책에서 다룬 아이디어와 관련해 이들과 고무적인 이야기를 매우 많이 나누었다. 이들은 내가 집중하지 못하고 산만하게 굴 때도 인내심을 가지고 대화에 임해주었다. 스트라이프 파트너스의 고객들은 우리가 이 책에서 내가 다룬 여러 가지의 이론을 실험할 때마다 지원을 아끼지 않았다. 내가 경험한 것만큼 그들도 우리가 함께 시도한 모험과 도전에서 많은 도움을 얻길 기원한다.

책을 쓰는 초기 단계에서 제임스 크랩트리James Crabtree, 제니퍼 콜린스Jennifer Collins, 제임스 홀James Hall, 토니 살바도르Tony Salvador는 내게 많은 도움을 주고 격려해주었다. 그들이 없었다면 과연 이 책을 진전시킬 수 있었을지 의심스럽다. 이 프로젝트를 진행하며 겪는 어려움을 극복하는 데 동지애를 보여주고 지원해준 켄 앤더슨Ken Anderson, 티나 바시Tina Basi, 에드 비어봄Ed Beerbohm, 마리아 베자이티스Maria Bezaitis, 멜리사 체프킨Melissa Cefkin, 마사 코튼Martha Cotton, 존 커렌John Curran, 애덤 드라진Adam Drazin, 샘 라드너Sam Ladner, 트레이시 러브조이Tracey Lovejoy, 앤 맥클라드Anne McClard, 알렉산드라 맥Alexandra Mack, 크리스티안 마두스베르크Christian Madsbjerg, 마지 모리스Margie Morris, 마틴 오르틀립Martin Ortlieb, 많이 그리운 레시마 파텔Reshma Patel, 존 페인John Payne, 닉 폴린저Nik Pollinger, 데이비드 프렌더가스트David Prendergast, 셸리 사더Shelley Sather, 착수 단계부터 막바지까지 전폭적으로 나를 지원하고 격려해준 스톡스 존스Stokes Jones와 레이첼 싱Rachel Singh에게 감사하다는 뜻을 전한다.

이 책의 연구 단계에서 소중한 시간을 할애해 나와 대화하고 함께 아이디어와 경험을 공유해준 톰 앨리슨Tom Alison, 마크 A. 버첼Mark A. Burchell, 데이비드 딜라드David Dillard, 제프 제럿Jeff Jarrett, 트레버 마천드Trevor Marchand, 에린 오코너Erin O'Connor, 벤 페이지Ben Page, 사이먼 스미츠Simon Smits

각하, 토머스 트웨이츠Thomas Thwaites, 앨런 윈필드Alan Winfield와 루시 유Lucy Yu에게도 특별히 감사의 말씀을 전한다. 진정 잊지 못할, 불편한 24시간을 경험하게 해준 홍콩의 데이비드 벡비David Begbie와 크로스로즈 재단 팀에도 감사의 말씀을 전하는 것을 빼놓을 수 없다.

책의 초안을 꼼꼼히 읽고 평가해준 존 셰리John Sherry와 제럿 윌슨 그레이Jarrett Wilson-Gray에게도 특히 감사드린다.

나는 A. M. 히스의 유언 소니크로프트Euan Thorneycroft를 출판 대리인으로 두는 큰 행운을 누리고 있다. 유언보다 더 과단성 있고 예리한 지지자도 없을 것이다. 보니어의 올리 홀든 레아Oli Holden-Rea는 작업이 순조롭게 진행되고 가능하면 간결하게 작업을 유지할 수 있도록 밀착해서 나를 도와준 환상적인 편집자다. 그의 수고가 없었다면 이 책은 상당히 부실해졌을 것이다. 닉 험프리Nick Humphrey는 정확하고 본문을 강화하는 편집을 보여주었다. 오류와 생략, 기타 실수한 부분에 대해서는 전적으로 내 책임임을 인정한다. 이 책이 독자 여러분의 손에 쥐어지도록 리지 도니 킹덤Lizzie Dorney-Kingdom과 케이티 그리너웨이Katie Greenaway가 도움을 주었다.

내 가족도 아낌없이 나를 지원해주었다. 어머니와 새러Sarah, 그리고 앨리스Alice에게 감사한다. 이 책을 읽지는 못하지만 무한한 영감을 주신 아버지께도 특별히 감사드린다.

무엇보다 자애와 사랑, 그리고 인내심의 화신인 루시Lucy에게 감사한다. 루시가 없었다면 이 책은 세상에 나오지 못했을 것이다. 루시 자신도 일에 전념해야 하는 상황이었는데, 힘든 때에도 계속해서 나를 지원해주었고 오랫동안 너무나 잦은 출장과 부산스러움을 모두 다 참아주었다. 이 책을 루시와 조Joe, 마사Martha, 키트Kit에게 바친다.

이 책의 원제는 'The Power of Not Thinking'이다. '생각하지 않는 것의 힘' 또는 '생각하지 않아서 얻는 힘'쯤의 의미로 해석할 수 있다. 이 책은 학습에서 뇌와 몸의 역할에 대해 우리가 가지고 있는 통념을 바꾸려 시도한다. 인간은 몸과 뇌를 이용해 학습을 하고 세상을 이해하는데, 지금까지는 학습과 지식 습득에서 몸보다 뇌를 더 중요시하는 경향을 띠어 왔다. 그렇게 된 데에는 여러 가지 이유가 있지만, 저자는 무엇보다 서양 사상사에서 정신과 몸을 분리한 데카르트의 이원론이 미친 영향이 크다는 점을 지적한다. 덕분에 우리는 지능을 이야기할 때 일반적으로 뇌를 핵심으로 보는 사고방식을 발전시키게 되었다. 하지만 저자에 의하면 몸은 그보다 훨씬 더 심오한 영향력을 행사한다. 뇌와 몸은 서로 동등하고 지식 습득에도 중심적 역할을 한다.

이 책을 번역하면서 내가 깨달은 점은 세 가지 정도로 요약된다.

첫째, 몸을 이용해 지식 습득하기는 생각하는 것보다 엄청나게 어려운 일이다. 기계가 따라 하기는 극도로 힘들다. 우리 인간만이 의식하지 않으며 힘들이지 않고 해낼 수 있다. 그렇게 몸을 이용해 익힌 지식과 활동이 매우 즐겁고 유쾌하니 그것을 마음껏 즐겨보자는 것이다.

둘째, 몸으로 하는 공감이 글로 읽거나 화면으로 하는 공감보다 훨씬 더 힘이 세다. 21세기는 그런 공감의 힘이 어느 때보다 더 절실하다. 이 시대에 공감은 선택이 아닌 필수 사항이 되었다. 세상이 좁아졌고 우리는 새로운 문물과 서로 다른 생활 방식을 영위하는 다양한 사람, 다양한 문화와 실시간으로 소통하며 살아야 하는데, 그럴 때 타인과 공감하지 못하면 인류가 번영하기는커녕 존재하기도 힘들어질 가능성이 농후해지기 때문이다. 이런 관점과 연결된 사례로 이 책에서 난민 캠프 모의 체험기를 소개하는데, 개인적으로 적확하면서도 인상적이었다.

셋째, 인간이 가진 능력을 두고 인공지능 같은 첨단 기술과 굳이 경쟁할 필요가 없다. 2016년 바둑기사 이세돌이 인공지능 알파고와의 대결에서 4 대 1로 패했을 때 사람들은 놀라움을 감추지 못했다. 바둑에서 인간이 인공지능에게 패하다니…… 체스는 몰라도 그보다 더 어려운 바둑은 아직까지 인간이 단연코 우위를 점한다고 여겼는데, 예상을 빗나간 결과에 충격이 더 컸던 것으로 기억한다. 하지만 그로부터 6년여가 흐른 지금, 어쩌면 우리는 인공지능과 인간의 대결 자체가 의미 없음을 깨달을 만큼 조금 더 성숙했을 거라고 생각한다. 여전히 기계는 따라 하기 힘든, 인간만이 의식하지 않고 해낼 수 있는 영역이 많으니 그런 활동을 즐기면 되는 것이다.

간략하게 이 책의 내용을 언급하자면, 제1부는 정신과 몸에 대한 개념을 소개한다. 데카르트의 이원론으로 시작해 뇌를 중시하게 된 연원을 알아보고 첨단 기술과 빅데이터의 세상에서 세상을 경험하는 데 수치 이상의 것이 필수적임을 말한다.

제2부에서는 몸으로 익힌 '체화된' 지식을 발전시키고 즐기는 방법

을 알아본다. 체화된 지식을 얻으려면 먼저 '관찰'을 통해 배우는 방법을 알아야 한다. 그리고 '연습'을 통해 몸이 지식과 기술을 습득하는 방식을 살펴본다. 인간은 체화된 지식을 통해 낯선 것에 반응하는데, 이때 '즉흥성'이 힘을 발한다. 또한 타인의 의도와 감정을 이해하는 데 몸이 핵심적 역할을 한다. 그렇게 해서 얻은 체화된 지식을 '보유'함으로써 우리 몸이 경험한 것을 기억하는 방식을 알아본다.

제3부는 앞선 방법으로 습득하고 보유한 체화된 지식이 다양한 분야에 적용되는 흥미로운 사례를 소개한다. 비즈니스, 정책 입안, 정치 분야에서 체화 작업이 활용되는 사례, 예술과 창의성 및 디자인 분야에 적용된 체화된 지식을 소개하는데 매우 흥미롭다.

이 책을 번역하면서 내가 맨 처음 균형을 잡아가며 자전거 타기를 했던 때가 언제였을까 돌이켜보았다. 내 기억에 자전거 타기를 배울 때 누군가에게 특별한 가르침을 받지는 않았던 것 같다. 일단 자전거에 앉아 기본적인 방법만 숙지하고 그다음에 바로 실전에 돌입했다. 스스로 몸으로 하는 활동에 그다지 자신이 없는 부류인 나는 자전거를 타며 고꾸라지지 않고 균형을 잡기 위해 엄청 조심하며 이리저리 핸들을 돌렸다. 의외로 나는 아주 짧은 시간 내에 자전거 타기를 습득했다. 일단 요령만 익히면 그렇게 어렵지 않다는 자전거 타기의 통념은 아마도 그것이 몸으로 익히는 기술이기 때문이지 않을까 싶었다. 타는 법은 터득했지만 그 뒤로 자전거를 자주 타지는 않았다. 자전거가 없는데다 주변 환경도 자전거를 타기엔 다소 위험하기 때문이라는 이런저런 이유에서다.

자전거 타기는 생각보다 더 신나고 상쾌한 활동이었다. 하지만 숙달되려면 단연코 '연습'이 필요했다. 나는 더 많은 연습이 필요한 단계이니 아직 기술을 완전히 보유했다고 말하기는 힘들 것 같다. 땅바닥에 발이 닿지 않는 자전거를 타면 여전히 뒤뚱거리고 주행할 때 겁도 나기 때문이다.

그러나 서툴지만 몇 번 안 되는 자전거 타기 경험만으로도 그것이 얼마나 재미있고 상쾌한 활동인지 잘 안다. 이것도 머리가 아닌 단연 몸이 아는 느낌이라고 생각된다.

전반적으로 이 책은 우리가 인간임을 즐기라고 말한다. 첨단 기술의 시대를 사는 인간은 기계가 하기 힘든 활동을 힘들이지 않고 쉽게 해낼 수 있는 '평범한 초능력자'다. 인간이 가진 이 초능력을 발휘하면 삶이 더욱더 활기차고 재미있어질 것 같다.

책의 마지막 구절을 인용하며 이 글을 마친다.

기계와 인공지능이 세상을 영원히 바꿀 것이라는 말을 종종 듣는다. 하지만 인간의 체화 능력이 우리의 지능을 복제하기 힘들게 만든다는 데 위안을 얻어야 한다. 몸을 무시하기보다는 기뻐하고 축하해야 한다. 우리가 가진 초능력이니 마음껏 즐기고 기뻐하자.

서문 · 우리 몸은 무엇을 알고 있을까?

1   Maurice Bloch, 'Language, Anthropology and Cognitive Science', *Journal of the Royal Anthropological Institute*, Vol. 26, No. 2, 1991, pp. 183-198.

2   John von Neumann, *The Computer and the Brain*(The Silliman Memorial Lectures Series), New Haven: Yale University Press, 1958.

3   George Zarkadakis, *In Our Own Image: Savior or Destroyer? The History and Future of Artificial Intelligence*, New York: Pegasus Books, 2017.

4   http://deepmind.com/blog/article/deepmind-ai-reduces-google-data-centre-cooling-bill-40.

5   Daniel Bell, *The Coming of Post-Industrial Society: A Venture in Social Forecasting*, New York: Basic Books, 1976.

6   L. Shapiro, 'Phenomenology and Embodied Cognition', *The Routledge Handbook of Embodied Cognition*, London: Routledge, 2014.

1 · 데카르트의 기계인형 딸

1   Brian Christian, *The Most Human Human: What Artificial Intelligence Teachers Us About Being Alive*, London: Penguin, 2012.

2   M. Kang, 'The mechanical daughter of René Descartes: the origin and history of an intellectual fable', *Modern Intellectual History*, 14(3), 2016, pp. 633-660. See also Derek J. de Solla Price, 'Automata and the Origins of Mechanism and Mechanistic Philosophy', *Technology and Culture*, Vol. 5, No. 1(Winter, 1964), pp. 9-23.

3   R. Descartes, *Treatise of Man*, 1633, p. 108.

4   M. Kang, op. cit., p. 28.

5 W. Davies, *Nervous States: How Feeling Took Over the World*, London: Jonathan Cape, 2018, p. 37.

6 R. Wilson, *Cogito, Ergo Sum: The Life of Rene Descartes Revised*, Boston: David R. Godine Inc, 2002, p. 3.

7 George Zarkadakis, *In Our Own Image: Savior or Destroyer? The History and Future of Artificial Intelligence*, New York: Pegasus Books, 2017.

8 J. Fuegi and J. Francis, 'Lovelace & Babbage and the creation of the 1843 "notes"', *Annals of the History of Computing*, 25(4)(2003).

2 · 데이터와 지능

1 D. H. Lawrence, *Study of Thomas Hardy and Other Essays*, in *The Cambridge Edition of the Works of D. H. Lawrence*, Cambridge: Cambridge University Press: 1985, p. 30.

2 *Measuring the World*, translated by Carol Brown Janeway, London: Quercus, 2007.

3 Leshed, Velden, Rieger et al, 'In-Car GPS Navigation: Engagement with and Disengagement from the Environment', *CHI '08 Proceedings of the SIGCHI Conference on Human Factors in Computing Systems*, 2008; and, Barry Brown and Eric Laurier, 'The Normal, Natural Troubles of Driving with GPS', *CHI '12*, 2012, pp. 1621-1630.

4 EA Maguire, 'London taxi drivers and bus drivers: a structural MRI and neuropsychological analysis', *Hippocampus*(2006);16(12):1091-1101.

5 http://groups.ischool.berkeley.edu/archive/how-much-info-2003/.

6 Jeff Desjardin, 'How much data is generated each day?', 17 April 2019, https://www.weforum.org/agenda/2019/04/how-much-data-is-generated-each-day-cf4bddf29f/.

7 G. K. Zipf, 'The unity of nature, leastaction, and natural social science', *Sociometry*, Vol. 5, No. 1, Feb. 1942, pp. 48-62. See also T. J. Barnes, & M. W. Wilson, 'Big Data, social physics, and spatial analysis: The early years', *Big Data & Society*, (2014) Geography Faculty Publications, 2.

8 Zipf, op. cit., p. 62.

9 Kester Brewin, 'Why the body is as vital as the brain when it comes to learning', *Times Education Supplement*, 12 April 2019.

10 'Global Report Predicts EdTech Sepnd to Reach $252bn by 2020', https://www.prnewswire.com/news-releases/global-report-predicts-edtech-spend-to-reach-252bn-by-2020-580765301.html.

11 Kester Brewin, op. cit.

12 Stephen Chen, 'China's schools are quietly using AI to mark students' essays… but do the robots make the grade?', *South China Morning Post*, 28 May 2018.

13 Camilla Swift and Anthony Seldon, 'Why AI is set to revolutionise teaching', *The Spectator*, 8 September 2018.

14 Carl Benedikt Frey and Michael Osborne, *The Future of Employment: How susceptible are jobs to computerisation?*, Oxford Martin Programme on Technology and Employment, 2013.

15 Sian Beilock, *How the Body Knows Its Mind: The Surprising Power of the Physical Environment to Influence How You Think and Feel*, London: Simon & Schuster, 2015.

16 A. Lillard, *Montessori: The Science Behind the Genius*, New York: Oxford University Press, 2005.

17 Stephen Cave, 'Intelligence: a history', *Acon*, February 2017.

18 Rowan Williams, *Being Human: Bodies, Minds, Persons*, London: SPCK, 2018, pp. 20-21.

3 · 세상을 경험한다는 것

1 Sean Gallagher, Phenomenology and Embodied Cognition, in L. Shapiro, *The Routledge Handbook of Embodied Cognition*, London: Routledge, 2014, p. 15.

2 'The Sucker, the Sucker!' Amia Srinivasan, *London Review of Books*, 7 September 2017.

3 A. Srinivasan, op. cit., p. 25.

4 Peter Godfrey-Smith, *Other Minds: The Octopus and the Evolution of Intelligent Life*, London: 2016 William Collins.

5 T. Carman, *Merleau-Ponty*, New York: Routledge, 2008, p. 6.

6 T. Carman, op. cit., p. 13.

7 ibid.

8 M. Merleau-Ponty, *Phenomenology of Perception*, translated by Donald A. Landes, Paris: Éditions Gallimard, 2012, p. 145.

4 · 관찰

1 Marcel Mauss, Techniques of the Body, *Economy and Society*, Volume 2, 1973-Issue 1.

2 'Playboy interview: Marshall McLuhan: a candid conversation with the high priest of popcult and metaphysician of media', *The Essential McLuhan*, New York: Basic Books, 1996, p. 240.

3 ibid.

4 Michael Lewis, *The Big Short: Inside the Doomsday Machine*, Penguin Books, New York: 2010, p. 24.

5 op. cit., p. 156.

6   M. Mauss, 'Techniques of the Body', *Economy and Society*, Volume 2, 1973, Issue 1.

7   Charles Foster, *Being a Beast: An Intimate and Radical Look at Nature*, London: Profile Books, 2016, p. xii.

8   Thomas Nagel, 'What is it like to be a bat?', *The Philosophical Review*, Vol. 83, No. 4(Oct., 1974), pp. 435-450.

9   Charles Foster. op. cit., p. 205.

10 Thomas Thwaites, *GoatMan: How I Took a Holiday from Being Human*, New York: Princeton University Press, 2016, p. 15.

11 ibid., p. 44.

12 *Being a Beast* by Charles Foster, Patrick Barkham, in *The Guardian*, 3 February 2016.

13 Trevor Marchand, *Minaret Building and Apprenticeship in Yemen*, Richmond, Surrey: Curzon Press, 2001, p. 28.

14 ibid., p. 29.

15 interview with Trevor Marchand, January 2019.

16 Trevor Marchand, 'Making knowledge: explorations of the indissoluble relation between minds, bodies, and environment', *Journal of the Royal Anthropological Institute*(N. S.), S1-S21(2010), pp. 11-12.

17 Trevor Marchand, 'Embodied cognition and communication: studies with British fine woodworkers', *Journal of the Royal Anthropological Institute* (N. S.), S100-S120, p. 105.

5 · 연습

1   *Aristotles's Nicomachean Ethics*, translated by Robert Bartlett and Susan Collins, Chicago: Chicago University Press, 2012.

2   Stephen Cain, 'The mysterious biomechanics of riding-and balancing-a bicycle', *The Conversation*, February 2016.

3   Brendan Borrell, 'Physics On Two Wheels', *Nature*, Vol. 535, 21 July 2016.

4   David Jones, *Physics Today* 23(4), 34-40, 1970.

5   https://www.designboom.com/technology/bicycle-riding-robot/.

6   Michael Polanyi, *The Tacit Dimension*, Chicago: University of Chicago Press, 1966, p. 4.

7   interview with Erin O'Connor, January 2019. See also *Glassblowing: A case of explicating matter and practice through in situ ethnographic research*(unpublished seminar paper) and 'Embodied Knowledge: The Experience of Meaning and the Struggle Towards Proficiency in Glassblowing', *Ethnography*, 2005.

8   H. Dreyfus, *On the Internet: Thinking in Action*, New York: Routledge, 2008, p. 34.

9   David Foster Wallace, 'Roger Federer as Religious Experience', *New York Times*,

20 August 2006.

10   Kristen E. Flegal and Michael C. Anderson, 'Overthinking skilled motor
      performance: Or why those who teach can't do', *Psychonomic Bulletin & Review*
      2008, 15(5), pp. 927–932.

11   S. L. Beilock, T. H. Carr, C. MacMahon, & J. L., Starkes, 'When paying attention
      becomes counterproductive: Impact of divided versus skill-focused attention
      on novice and experienced performance of sensorimotor skills', *Journal of
      Experimental Psychology: Applied*, 8, (2002), pp. 6–16.

12   J. W. Schooler, & T. Y. Engstler-Schooler, 'Verbal over-shadowing of visual
      memories: Some things are better left unsaid', *Cognitive Psychology*, 22(1990), pp.
      36–71.

13   Barbara Gail Montero, 'Against Flow', *Aeon*, May 2017.

14   H. Dreyfus, *On the Internet*, p. 45.

6 · 즉흥성

1   Steve Torrance & Frank Schumonn, 'The spur of the moment: what jazz
      improvisation tells cognitive science', *AI & Society*, volume 34, pp. 251–268, 2019.

2   William Chase and Herbert Simon, 'Perception in Chess', *Cognitive Psychology*
      4(1973), pp. 55–81.

3   Chris Smith, 'Magnus Carlsen On The Ancient Appeal Of Chess And The
      Opportunities Of A More Modern Game', *Forbes*, 31 January 2019.

4   James Somers, 'How the Artificial-Intelligence Program AlphaZero Mastered Its
      Games', *New Yorker*, 28 December 2018.

5   'Driverless cars are stuck in a jam', *The Economist*, 10 October 2019.

6   Will Knight, 'A Simple Way to Hasten the Arrival of Self-Driving Cars', *MIT
      Technology Review*, 20 April 2016.

7   Lucy Yu, interview. See also Alex Eliseev, 'Why London's streets are a total
      nightmare for self-driving cars', *Wired*, 31 May 2019.

8   Nidhi Kalra and Susan M. Paddock, *Driving to Safety: How Many Miles of Driving
      Would It Take to Demonstrate Autonomous Vehicle Reliability?*, Rand Corporation,
      2016.

9   Mark Woods, Interview, September 2019.

10   Vince Bond Jr, 'Apple co-founder: "I've really given up" on Level 5', *Automotive
      News Europe*, 28 October 2019.

11   Lucy Yu, interview, May 2019.

12   Personal Communication, July 2019.

13   R. Brooks, 'Intelligence without Reason', *Proceedings of the 12th international
      joint conference on Artificial intelligence*-Volume 1(1991), pp. 569–595.

14   Daniel Kahneman and Gary Klein, 'Conditions for Intuitive Expertise: A Failure

to Disagree', *American Psychologist*, Vol. 64, No. 6, September 2009, pp. 515-526.
15 ibid., p. 516.

7 · 공감

1 Pierre Bourdieu, *Outline of a Theory of Practice*(translated by Richard Nice), Cambridge: Cambridge University Press, 1997, p. 96.
2 interview with David Dillard, December 2018.
3 *Fact Sheet: Aging in the United States*, https://www.prb.org/aging-unitedstates-fact-sheet/.
4 Robert Wright, Empathy, 'Why Can't We All Just Get Along? The Uncertain Biological Basis of Morality', *The Atlantic*, November 2013.
5 Roman Krznaric, *Empathy: A Handbook for Revolution*, London: Ebury Publishing, 2015, p. X.
6 S. H. Konrath, E. H. O'Brien, C. Hsing, 'Changes in Dispositional Empathy in American College Students Over Time: A Meta-Analysis', *Personality and Social Psychology Review*, 2010.
7 Roman Krznaric, *The Empathy Effect: How Empathy Drives Common Values, Social Justice and Environmental Action*, Friends of the Earth.
8 W. Davies, *Nervous States: How Feeling Took Over the World*, London: 2018 Jonathan Cape, 2018, p. 140.
9 William James, 'What is an Emotion?', *Mind*, Vol. 9(April 1884), pp. 188-205.
10 Sian Beilock, *How the Body Knows Its Mind: The Surprising Power of the Physical Environment to Influence How You Think and Feel*, New York: Simon & Schuster, 2015, pp. 20-21.
11 Charles Darwin, *The Expression of the Emotions in Man and Animals*, London: John Murray, p. 152.
12 Giacomo Rizzolatti, Leonardo Fogassi and Vittorio Gallese, 'Mirrors in the Mind', *Scientific American*, November 2006, pp. 54-61.
13 ibid. see also p. 60.
14 Giacomo Rizzolatti and Laila Craighero, *Neurobiology of Human Values*, 2005, pp. 107-123.
15 Vilayanur Ramachandran, 'Mirror Neurons and imitation learning as the driving force behind the great leap forward in human evolution', https://www.edge.org/conversation/mirror-neuronsand-imitation-learning-as-the-driving-force-behind-the-great-leapforward-in-human-evolution.
16 Ipke Wachsmuth, Manuela Lenzen and Günther Knoblich, *Embodied Communication in Humans and Machines*, Oxford: Oxford University Press, 2008.
17 ibid., p. 6.

18   Geoffrey Beattie, *Rethinking Body Language: How Hand Movements Reveal Hidden Thoughts*, New York: Routledge, 2016.

19   Young-Jin Hur, 'Big boned Bartók and Bruckner from Rattle and the London Symphony', https://bachtrack.com/review-rattle-london-symphony-bruckner-bartok-barbican-january-2019.

20   A. Pikovsky, M. Rosenblum and J. Kurths, *Synchronisation: A Universal Concept in Nonlinear Science*, Cambridge: Cambridge University Press, 2008.

21   Jenny Judge. 'Getting in the groove', *Aeon*, 15th January 2018.

22   Barsalou, L. W., Niedenthal, P. M., Barbey, A. K., & Ruppert, J. A. 2003. Social embodiment. In B. H. Ross(Ed.), *The psychology of learning and motivation: Advances in research and theory*, Vol. 43, pp. 43-92. New York, NY, US: Elsevier Science.

23   J. Canny and E. Paullos. 2000. 'Tele-embodiment and shattered presence: reconstructing the body for online interaction', *The Robot in the Garden: Telerobotics and Telepistemology in the Age of the Internet*, Ken Goldberg(ed.), Cambridge, MA: MIT Press.

8 · 보유

1   Sarah De Nordi, Hilary Orange, Steven High and Eerika Koskinen-Koivisto(Ed.), *The Routledge Handbook of Memory and Place*, London: Routledge, 2019.

2   Robert Epstein, 'The Empty Brain', *Aeon*, 18th May 2016.

3   Richard Shusterman, 'Muscle Memory and the Somaesthetic Pathologies of Everyday Life', *Human Movement*, Vol. 12(1), 2011, p. 415.

4   op. cit.

5   Kandel, E. R., *In Search of Memory*, Norton: New York, 2006.

6   M. Mauss, 'Techniques of the Body', *Economy and Society*, Volume 2, 1973-Issue 1.

7   Mark Burchell, *Royal Marines Enculturation: Ritual, Practice and Material Culture*, Abingdon: Routledge, 2016 and Personal Communication, January 2020.

8   H. Noice and T. Noice, 'Learning dialogue with and without movement', *Memory & Cognition*, 29(6), 2001, pp. 820-827.

9   'What studies of actors and acting can tell us about memory and cognitive functioning', *Current Directions in Psychological Science*, 16(2006), pp. 14-18.

10   Sian Beilock, *How the Body Knows Its Mind*, p. 79.

11   D. R. Godden, & A. D. Baddeley, 'Context-dependent memory in two natural environments: On land and underwater', *British Journal of Psychology*, 66(3), 1975, pp. 325-331.

12   Andy Clark and David Chalmers, 'The Extended Mind', *Analysis*, 1998, 58: 10-23.

13   ibid.

9 · 체화된 지식이 왜 중요할까?

1   *The Tacit Dimension*, London: University of Chicago Press, 2009, p. 4.
2   Peter Drucker, *The New Realities*, New York: Routedge, 1981, p. 251.

10 · 몸에 주목하는 비즈니스

1   Jeff Bezos, Annual Letter to Amazon Shareholders, 2017.
2   J. M. Keynes, *The General Theory of Employment, Interest and Money*, London: Macmillan, 1936.
3   Ikujiro Nonaka, 'The Knowledge-Creating Company', *Harvard Business Review*, November-December 1991, pp. 96-104.
4   www.youtube.com/watch?v=ljiqjgVmvqI.
5   Sean McCoy, 'Kevin Jorgeson Interview: Night Climbing the Dawn Wall', *Gear Junkie*, 21 April 2015, https://gearjunkie.com/dawnwall-night-climbing-kevin-jorgeson.
6   Interview with Tom Alison at Facebook, 28 May 2019. See also Facebook's '2G Tuesdays' simulate super slow internet in the developing world, *The Verge*, 28 October 2015, https://www.theverge.com/2015/10/28/9625062/facebook-2g-tuesdays-slow-internet-developing-world.
7   Simon Waldman, 'Creative Disruption What you need to do to shake up your business in a digital world', London: Financial Times Series, 2010.
8   'Can a Company Live Forever?', https://www.bbc.co.uk/news/business-16611040.
9   Nonaka, p. 97.
10 'On the Need for Strategy to Be Embodied in a Person', *Flintnotes*, 9 April 2015, https://flintmcglaughlin.com/observations/on-the-need-for-strategy-to-be-embodied-in-aperson/.
11 Drucker, op. cit., p. 217.
12 'Guts & Gigabytes: Capitalising on the art & science in decision', PwC, 2014.
13 'The human factor: Working with machines to make big decisions', https://www.pwc.com/us/en/services/consulting/library/human-factor.html.
14 'Strategic decisions: When can you trust your gut?', *McKinsey Quarterly*, March 2010.
15 Drucker, op. cit., p. 242.

11 · 정책 입안과 소통하는 정치

1   Martin Buber, *I and Thou*, Translated Ronald Smith, New York: Simon & Shuster, 2000.

2   Interview with David Begbie, January 2019.

3   Simon Smits, Interview, March 2019.

4   James Blitz and Roula Khalaf, 'The fall of the Shah and a missed moment', *Financial Times*, 14 December 2010.

5   Sarah O'Connor, 'The best economist is one with dirty shoes', *Financial Times*, 19 July 2016.

6   Interview with Ben Page, June 2019.

7   https://www.ipsos.com/ipsos-mori/en-uk/understanding-general-election-using-neuroscience.

8   W. Davies, *Nervous States: How Feeling Took Over the World*, London: Jonathan Cape, 2018, pp. 59-61.

9   Bernard Crick, *George Orwell: A Life*, London: Penguin Books, 1980, p. 206.

10 George Orwell, *Down and Out in Paris in London*, London: Penguin Books, 1933, p. 34.

11 Bernard Crick, ibid., p. 184.

12 Jack Common quoted in Crick, ibid., p. 204.

13 Lawrence Summers, 'I discovered the rest of America on my summer holiday', *Financial Times*, 8 October 2018.

14 Joan C. Williams, *White Working Class: Overcoming Class Cluelessness in America*, Boston: Harvard Business Review Press, 2007.

15 Simon Kuper, 'They don't want compassion. They want respect', *Financial Times*, 13 May 2017.

16 W. Davies, *Nervous States: How Feeling Took Over the World*, London: 2018, Jonathan Cape, p. 60.

12 · 창의력은 어디서 솟아나는가

1   D. Schleicher, P. Jones, and O. Kachur, 'Bodystorming as Embodied Designing', *Interactions*, November-December 2010.

2   *Inside Ratatouille's Kitchen*, Siggraph 2007 Course, 30 August 2007.

3   Ed Catmull and Amy Wallace, *Creativity Inc.: Overcoming the Unseen Forces That Stand in the Way of True Creativity*, London: Transworld, 2014.

4   A. Oulasvirta, E. Kurvinen and T. Kankainen. 'Understanding contexts by being there: case studies in bodystorming', *Pers Ubiquit Comput* (2003) 7: pp. 125-134.

5   M. Buchenau and J. Fulton Suri, 'Experience Prototyping', *Proceedings of DIS*, 2000, pp. 424-433.

6   The Computer for the 21st Century, *Scientific American Special Issue on Communications, Computers, and Networks*, September, 1991.

7   Burns C. Dishman, E.Verplank, B. Lassiter, 'Actors, hair-dos and videotape: informance design; using performance techniques in multi-disciplinary,

observation based design', *CHI'94 Conference Companion*, 4/94, Boston, MA: 1994. See also D. Schleicher, P. Jones, and O. Kachur, 'Bodystorming as Embodied Designing', *Interactions*, November–December 2010.

8   S. Beilock, *How The Body Knows its Mind*, p. 32.

9   ibid., p. 65.

10 S. Goldin-Meadow and S. Beilock, 'Action's Influence on Thoughts: The Case of the Gestures', *Perspectives on Psychological Science* 5, 2010, pp. 664–74.

13 · 인공지능과 로봇

1   Henry Marsh, 'Can Man Ever Build a Mind', *Financial Times*, 10 January 2019.

2   R. Brooks, 'Intelligence without Reason', *Proceedings of the 12th international joint conference on Artificial intelligence*, Vol. 1, 1991, pp. 569–595.

3   A. Winfield, *Robotics: A Very Short Introduction*, Oxford: Oxford University Press, 2012, pp. 11–14.

4   R. Brooks, op. cit., p. 13.

5   Larissa MacFarquhar, 'The Mind-Expanding Ideas of Andy Clark', *New Yorker*, 2 April 2018.

6   Herbert Simon and Allen Newell, 'Heuristic Problem Solving: The Next Advance in Operations Research', *Operations Research*, Vol. 6 (January–February) 1958, p. 6.

7   Hubert Dreyfus, 'Why Computers Must Have Bodies In Order To Be Intelligent', *The Review of Metaphysics*, Vol. 21, No.1 (September 1967) p. 14.

8   A. Clarke, *Being There: Putting Brain, Body and World Together Again*, Cambridge, MA: MIT Press, 1997, pp. 4–10.

9   A. Winfield, op. cit.

10 Drucker, op. cit., p. 249.

11 Mark Woods, interview, September 2019.

12 C. Teuscher, 'Intelligent Machinery', *Turing's Connectionism: Discrete Mathematics and Theoretical Computer Science*, London: Springer, 2002.

13 G. Lakoff, and L. Johnson, *Metaphors we Live By*, Chicago: University of Chicago Press, 1980.

14 'Can a Computer Ever Learn to Talk?', *One Zero*, 18 November 2019.

15 H. Moravec, *Mind Children*, Cambridge, MA: Harvard University Press, 1988, p. 15.

16 ibid., pp. 15–16.

17 'Artificial Intelligence Hits The Meaning Barrier', *New York Times*, 5 November 2018.

뇌가 아니라 몸이다

초판 1쇄 인쇄 | 2022년 5월 10일
초판 1쇄 발행 | 2022년 5월 17일

지은이 | 사이먼 로버츠
옮긴이 | 조은경
펴낸이 | 박남숙

펴낸곳 | 소소의책
출판등록 | 2017년 5월 10일 제2017-000117호
주소 | 03961 서울특별시 마포구 방울내로9길 24 301호(망원동)
전화 | 02-324-7488
팩스 | 02-324-7489
이메일 | sosopub@sosokorea.com

ISBN 979-11-88941-83-4 03180
책값은 뒤표지에 있습니다.